基金项目：

国家社会科学基金重大项目（20&ZD185）

河南省自然科学基金项目（212300410326）

河南省高校哲学社会科学应用研究重大项目（2022-YYZD-02）

河南省高等学校重点科研项目（23B790001）

县域经济
高质量发展测度、机制与应对

宋双华　郭荣朝◎著

中国财经出版传媒集团

经济科学出版社

Economic Science Press

图书在版编目（CIP）数据

县域经济高质量发展测度、机制与应对/宋双华，
郭荣朝著．－－北京：经济科学出版社，2022.12
ISBN 978－7－5218－3246－4

Ⅰ.①县…　Ⅱ.①宋…②郭…　Ⅲ.①县级经济－区
域经济发展－研究－中国　Ⅳ.①F127

中国国家版本馆 CIP 数据核字（2023）第 008280 号

责任编辑：孙丽丽　撤晓宇
责任校对：王肖楠
责任印制：范　艳

县域经济高质量发展测度、机制与应对
宋双华　郭荣朝　著
经济科学出版社出版、发行　新华书店经销
社址：北京市海淀区阜成路甲 28 号　邮编：100142
总编部电话：010－88191217　发行部电话：010－88191522
网址：www. esp. com. cn
电子邮箱：esp@ esp. com. cn
天猫网店：经济科学出版社旗舰店
网址：http：//jjkxcbs. tmall. com
北京季蜂印刷有限公司印装
710×1000　16 开　14.75 印张　280000 字
2022 年 12 月第 1 版　2022 年 12 月第 1 次印刷
ISBN 978－7－5218－3246－4　定价：60.00 元
（图书出现印装问题，本社负责调换。电话：010－88191545）
（版权所有　侵权必究　打击盗版　举报热线：010－88191661
QQ：2242791300　营销中心电话：010－88191537
电子邮箱：dbts@ esp. com. cn）

摘　要

经过改革开放以来40余年的发展，我国经济社会发展水平已经进入一个新的时代。新时代的高质量发展，就是能够很好地满足人民日益增长的多样化美好生活需要的发展，就是能够体现"创新、协调、绿色、开放、共享"新发展理念的发展。高质量发展是我国经济发展适应新时代的主动选择，是全面贯彻新发展理念的根本体现，是适应社会主要矛盾变化的必然要求，是建设现代化经济体系的必由之路。

近些年来，国内外专家学者对经济高质量发展的研究主要集中于理论分析、制约因素与动力机制、测度方法、实现路径、经验借鉴、教训汲取、国家以及区域之间的比较等方面，侧重于国家、省域等空间尺度，对县域经济高质量发展的研究成果则较少。县域经济发展在我国经济高质量发展过程中起着最基础的作用，县域经济高质量发展水平测度、机制创新与应对策略等方面的研究将会引起更多专家学者的关注。

西方发达国家（地区）的经济高质量发展起步较早，积累了诸多不同类型特色的切实可行的经济高质量发展模式的经验，为我国县域经济高质量健康发展提供了有益的借鉴与启示。

县域经济高质量发展涉及经济产业、社会文化、生态环境等方面，劳动地域分工理论、产业结构转型升级理论、经济发展阶段理论、产业集群理论、地域生产综合体理论、低碳经济理论、生态学原理、环境库兹涅茨理论以及可持续发展理论等，为其水平测度、机制创新与应对策略研究奠定了良好的理论基础。

各县域经济高质量发展水平存在很大差异。分析影响县域经济高质量发展因素，选择构建经济高质量发展水平测度指标体系、内部耦合协调关系评价指标，确定内部耦合协调评价模型，计算内部耦合协调水平并分类，分析其空间差异，以便于更加深入地分析不同地域类型县域经济高质量发展问题。

不同类型县域经济高质量发展的条件千差万别，机制创新的侧重点明显不同，主要包括：科学技术支撑机制创新、政策法规引导机制创新、财政金融支持机制创新、社会文化导向机制创新、经济发展促动机制创新、生态环境约束机制创新、空间结构优化机制创新，以及要素耦合驱动机制创新等，尤其是要素耦合驱动机制创新。

不同类型县域发展条件不同，机制创新的侧重点不同，经济高质量发展的主导模式确定、实现路径选择等应对策略也具有明显的差异。主导模式确定主要包括：县域产业高质量发展主导模式、县域清洁生产主导模式、县域产业转型升级主导模式、县域林业高质量发展主导模式、县域农业高质量发展主导模式、县域产业结构调整主导模式、县域能源结构优化主导模式、县域空间结构优化主导模式、县域城镇高质量建设主导模式、县域乡村高质量建设主导模式等各有侧重的县域经济高质量发展模式。实现路径选择主要有：县域产业高质量发展路径、县域能源清洁生产路径、县域林业高质量发展路径、县域农业高质量发展路径、县域产业结构优化升级路径、县域能源结构优化路径、县域空间结构优化路径、城镇高质量建设路径、县域乡村高质量建设路径等。

本书是对县域经济高质量发展的实证研究，以河南省为案例。河南不仅是我国的户籍人口大省，也是我国的农业大省，县域经济高质量发展研究具有典型代表性。测度河南县域经济高质量发展水平、内部耦合协调情景，并进行分类，分析其空间差异，以便于深入地分析不同地域类型县域经济高质量发展过程中比较优势的充分利用，指出存在问题，提出有针对性的可操作的应对策略建议。

目录
CONTENTS

第一章

引　言

高质量发展，就是能够很好地满足人民群众日益增长的多样化的美好生活需要的发展，就是能够体现"创新、协调、绿色、开放、共享"新发展理念的发展，即把创新作为第一动力、协调作为内生特点、绿色作为普遍形态、开放作为必由之路、共享作为根本目的的发展。高质量发展是我国经济发展适应新常态（新时代、新阶段）的主动选择，是全面贯彻新发展理念的根本体现，是适应我国社会主要矛盾变化的必然要求，也是建设现代化经济体系的必由之路。

第一节　高质量发展问题的提出

一、高质量发展提出背景

（一）我国经济社会发展进入新阶段

1978 年 12 月 18 日至 22 日，党的十一届三中全会在北京召开，全会的中心议题就是根据邓小平同志的指示讨论把全党的工作重点转移到经济建设上来，标志着我国的改革开放正式开始。经过 40 余年的改革开放，我国经济社会发展取得了举世瞩目的成就：从高度集中的计划经济体制成功转向充满活力的全面开放的具有中国特色的社会主义市场经济体制，从温饱半温饱的生活状态转向全面建成小康社会，综合国力得到了极大提升。从 1978 年到 2017 年我国年均经济增长速度为 9.5%，2017 年经济总量已达到 80 万亿元，占世界经济总量的份额已从

1978 年的 1.8% 提升至 15% 左右，对世界经济的贡献率已经达到 30%，已经成为世界经济发展的主要动力源；经济总量仅次于美国，居世界第二位，工业、货物贸易、外汇储备等方面的地位均居世界第一（见表 1 – 1）。

表 1 – 1   1978 ~ 2017 年我国经济发展变化情况一览

2017 年 GDP	年均增速	经济地位	工业地位	货物贸易地位	外汇储备地位	对世界经济贡献率
80 万亿元	9.5/%	世界第二	世界第一	世界第一	世界第一	30%

资料来源：刘晓萍. 深圳市深化"放管服"改革激发市场主体活力的调研报告 [J]. 中国物价，2019（4）：71 – 74.

随着我国经济总量的快速提升，人均 GDP 也发生了翻天覆地的变化，由 1978 年的 381 元（人均 226 美元）增长到 2020 年的 71948 元（人均 10914 美元，按 2020 年 12 月汇率计算），年均增速达到 29.26%（按美元计年均增速为 20.74%，见表 1 – 2）[①]。由于我国人均国民生产总值的快速增加，人民群众的生活水平也提升到了一个新的高度——人民日益增长的美好生活需要。空调、冰箱、彩电、洗衣机、微型计算机、平板电脑、智能手机、摩托车、小轿车等商品已经普遍成为寻常百姓家的必备设备，甚至地面清洁机器人等也已进入寻常百姓家庭。2019 年我国国内旅游市场游客已经达到 60.06 亿人次，人均出游 4.29 次；出境旅游市场游客为 1.68 亿人次，多年保持着世界第一大出境旅游客源国地位，国内外旅游早已成为人民生活中的刚需[②]。由此可以看出，对质量要求更高的需求收入弹性系数更大的品牌服装、时尚服装、休闲度假旅游等高档商品或服务的需求将成为我国未来社会市场需求发展的趋势。

表 1 – 2   2020 年全国各省市自治区经济社会发展情况一览

地区	常住人口（万人）	人口城镇化水平（%）	地区生产总值（亿元）	第一产业产值（亿元）	第二产业产值（亿元）	第三产业产值（亿元）	一二三次产业构成比例（%）	人均GDP（万元）
全国	141212	63.89	1015986.20	77754.10	384255.30	553976.80	7.65 : 37.82 : 54.53	7.19
北京	2189	87.55	36102.55	107.61	5716.37	30278.57	0.30 : 15.83 : 83.87	16.49
天津	1387	84.70	14083.73	210.18	4804.08	9069.47	1.49 : 34.11 : 64.40	10.15

① 国家统计局. 中国统计年鉴（2021）[M]. 北京：中国统计出版社，2021.
② 国家统计局. 中国文化和旅游统计年鉴（2020）[M]. 北京：中国统计出版社，2020.

地区	常住人口（万人）	人口城镇化水平（%）	地区生产总值（亿元）	第一产业产值（亿元）	第二产业产值（亿元）	第三产业产值（亿元）	一二三次产业构成比例（%）	人均GDP（万元）
河北	7464	60.07	36206.89	3380.14	13597.20	19229.55	9.34：37.55：53.11	4.85
山西	3490	62.53	17651.93	946.68	7675.44	9029.81	5.36：43.48：51.15	5.06
内蒙古	2403	67.48	17359.82	2025.12	6868.03	8466.67	11.67：39.56：48.77	7.22
辽宁	4255	72.14	25114.96	2284.61	9400.91	13429.44	9.10：37.43：53.47	5.90
吉林	2399	62.64	12311.32	1553.00	4326.22	6432.10	12.61：35.14：52.25	5.13
黑龙江	3171	65.61	13698.50	3438.29	3483.51	6776.70	25.10：25.43：49.47	4.32
上海	2488	89.30	38700.58	103.57	10289.47	28307.54	0.27：26.56：73.15	15.55
江苏	8477	73.44	102718.98	4536.72	44226.43	53955.83	4.42：43.06：52.53	12.12
浙江	6468	72.17	64613.34	2169.23	26412.95	36031.16	3.36：40.88：55.76	9.99
安徽	6105	58.33	38680.63	3184.68	15671.69	19824.26	8.23：40.52：51.25	6.34
福建	4161	68.75	43903.89	2732.32	20328.80	20842.77	6.22：46.30：47.47	10.55
江西	4519	60.44	25691.50	2241.59	11084.83	12365.08	8.73：43.15：48.13	5.69
山东	10165	63.05	73129.00	5363.76	28612.19	39153.05	7.33：39.13：53.54	7.19
河南	9941	55.43	54997.07	5353.74	22875.33	26768.00	9.73：41.59：48.67	5.53
湖北	5745	62.89	43443.46	4131.91	17023.90	22287.65	9.51：39.19：51.30	7.19
湖南	6645	58.76	41781.49	4240.45	15937.69	21603.35	10.15：38.15：51.71	6.29
广东	12624	74.15	110760.94	4769.99	43450.17	62540.78	4.31：39.23：56.46	8.77
广西	5019	54.20	22156.69	3555.82	7108.49	11492.38	16.05：32.08：51.87	4.41
海南	1012	60.27	5532.39	1135.98	1055.26	3341.15	20.53：19.07：60.39	5.47
重庆	3209	69.46	25002.79	1803.33	9992.21	13207.25	7.21：39.96：52.82	7.79
四川	8371	56.73	48598.76	5556.58	17571.11	25471.07	11.43：36.16：52.41	5.81
贵州	3858	53.15	17826.56	2539.88	6211.62	9075.06	14.25：34.84：50.91	4.62
云南	4722	50.05	24521.90	3598.91	8287.54	12635.45	14.68：33.80：51.53	5.19
西藏	366	35.73	1902.74	150.65	798.25	953.84	7.92：41.95：50.13	5.20
陕西	3955	62.66	26181.86	2267.54	11362.58	12551.74	8.66：43.40：47.94	6.62
甘肃	2501	52.23	9016.70	1198.14	2852.03	4966.53	13.29：31.63：55.08	3.61
青海	593	60.08	3005.92	334.30	1143.55	1528.07	11.12：38.04：50.84	5.07
宁夏	721	64.96	3920.55	338.01	1608.96	1973.58	8.62：41.04：50.34	5.44
新疆	2590	56.30	13797.58	1981.28	4744.45	7071.85	14.36：34.39：51.25	5.33

资料来源：国家统计局．中国统计年鉴（2021）［M］．北京：中国统计出版社，2021．

我国经济社会发展已经进入一个新时代，经济发展由高速增长转向中低速增长，经济发展质量被提到重要的议事日程。然而，我国的经济质量方面仍然存在诸多问题。

一是经济结构有待于进一步优化升级。经济结构优化，尤其是产业结构的转型升级已被提到重要的议事日程。主要表现在高新技术产业、金融业、旅游业等新兴产业所占比重有待于进一步提升，传统的钢铁产品、农产品等工农业产品出现结构性过剩，供给侧的结构性改革任重道远，要进一步巩固"三去一降一补"（即去产能、去库存、去杠杆、降成本、补短板）成果，引导生产要素向高效率产业或地方流动，继续处置"僵尸企业"，加速壮大新动能，加速降低营商成本，使我国的经济社会发展逐步由中国制造向中国创造转变，使经济产业结构发生根本性改变。

二是自主创新能力有待进一步加强。尽管我国的经济总量已稳居世界第二经济大国地位，但我国的自主技术、核心技术的弱点仍然比较突出，"芯片"技术等许多方面仍然受制于人；我国的技术进步贡献率仍然有待于进一步提升，尤其是工业的技术进步、技术选择、研发效率仍待进一步提高；企业技术创新制度体系仍然有待于进一步完善；技术创新的基本路径有待于进一步探讨；知识型、科技型企业管理与薪酬激励有待于进一步放开。

三是城镇化质量有待进一步提升。改革开放40多年来我国的城市化水平、城镇常住人口、城市数量、城市人口规模以及城市建成区面积都发生了巨大的变化，有力地促进了经济社会的快速发展（见表1-3；刘晓萍，2019）。然而，我国的城镇化质量仍然存在诸多问题。例如，2019年我国城镇常住人口城镇化水平已经达到60.6%，而户籍城镇化水平却只有44.38%，二者相差16.22个百分点，说明农村转移人口城镇化仍然任重道远。

表1-3　　　　　　　　　1978～2019年我国城市发展情况一览

指标	1978年	2019年	增长情况
城市化水平（%）	17.92	60.60	年均增长1.045个百分点
城镇常住人口（亿人）	1.72	8.48	年均增加0.165
城市数量（个）	193	668	3.46倍
400万人以上城市（个）	1	20	20倍
城市建成区面积（万平方公里）	0.7	5.85	8.36倍

资料来源：国家统计局. 中国统计年鉴（2020）[M]. 北京：中国统计出版社，2020.

四是乡村振兴战略有待进一步推进。农村、农业、农民等乡村发展问题已经成为制约我国经济—社会—环境健康可持续发展的主要瓶颈，党的十九大报告明确提出"实施乡村振兴战略"，也就是有序推进乡村的建设发展，逐步消除城乡二元结构，统筹城乡发展，最终实现城乡一体化发展。

我国经济发展已由注重"快"转向对"质"的需求上，这是对单纯追求经济高速增长带来的弊端引起的反思，更是对我国社会主义发展阶段和主要矛盾的科学认识。高质量发展，尤其是实现质的跨越，有利于解决以下问题：第一，可以更好地解决我国的社会主要矛盾。在新时代的背景下，社会主要矛盾已经转变为以人民日益增长的美好生活需要和不平衡不充分的发展之间的矛盾，必须以人民意愿为主体，推动经济高质量发展，提高人民的生活水平，满足人民对高品质生活的需求，促进人民自由全面发展，最终实现共同富裕。第二，可以更好地解决我国经济发展方式问题。经济发展的背后出现了许多经济与社会发展不协调以及不匹配的问题，供给与需求矛盾突出，以破坏资源环境、生态环境以及生活居住环境的恶化为代价的发展方式是不可持续的，不符合协调发展理念。我国的经济要实现健康持续发展，应当向以创新为驱动的高质量发展转变。第三，可以更好地适应我国在全球化过程中角色的变化。以前依靠廉价劳动力、低价的产品参与到全球化当中，现在已经难以适应世界经济的发展趋势，导致出现产能过剩，所以急需中国产品在国际市场中占领一定份额，必须以高质量的产品作为全球化的引领（秦放鸣、唐娟，2020）。

（二）我国的碳达峰碳中和战略

高质量发展的一个重要方面就是单位 GDP 碳排放量不断降低，但由于 GDP 总量的快速增加，碳排放总量仍然持续增长，逐步达到峰值，继而实现碳中和目标。

从 1751~2021 年，美国的二氧化碳排放量累计 4000 亿吨，约占全球的 25%，居世界第一位；中国二氧化碳排放量 2884 亿吨，约占全球的 11.4%，居世界第二位；俄罗斯累计排放 1104 亿吨，约占全球的 6.9%，居世界第三位。巴西、印度尼西亚、德国、印度、英国、日本、加拿大分别累计排放 720 亿吨、656 亿吨、560 亿吨、544 亿吨、480 亿吨、432 亿吨、416 亿吨，约占全球的 4.5%、4.1%、3.5%、3.4%、3.0%、2.7%、2.6%，分别居世界第四至十位。[①]

---

① 深圳可持续发展研究院．全球碳排放的现状与情景［J/OL］．https：//www.sohu.com/a/513501055_121196929.

尤其是我国，近些年来尽管单位生产总值的二氧化碳排放量大幅下降，但二氧化碳排放总量却在快速增加，从 2005 年的 52.34 亿吨增加到 2020 年的 106.68 亿吨，年增速达到 4.73%（见表 1-4）。从人均水平来看，2020 年我国人均二氧化碳排放量也已达到 7.62 吨，远超过世界平均水平。

表 1-4　　　　　　　　2005～2020 年中国二氧化碳排放情况一览

年份	二氧化碳排放量（亿吨）	二氧化碳排同比增速（%）	二氧化碳排放年增量（亿吨）
2005	52.34		
2006	57.40	9.66	5.06
2007	61.41	6.98	4.01
2008	63.32	3.12	1.92
2009	66.46	4.95	3.13
2010	71.28	7.25	4.82
2011	77.62	8.90	6.34
2012	81.02	4.38	3.40
2013	97.00	19.72	15.98
2014	100.05	3.05	3.05
2015	99.32	-0.73	-0.73
2016	98.75	-0.58	-0.57
2017	101.53	2.74	2.78
2018	104.16	2.52	2.63
2019	105.92	1.66	1.76
2020	106.68	0.71	0.76

资料来源：（1）杨珍. 中国低碳经济发展水平的综合评价 [D]. 辽宁大学，2013.（2）2000 到 2021 年中国历年碳排放量（中国历年二氧化碳排放数据汇总）[EB/OL]. 碳资讯，2022-03-20，https：//www.tzixun.com/tzx/4791.html.

二氧化碳等温室气体排放量的逐年大幅度增加，导致大气温室效应进一步积累增强，全球气候不断变暖。根据仪器记录，1860～1900 年，全球平均气温上升 0.75℃；特别是 1979 年以来的气候变暖趋势十分清晰（陆地温度上升幅度约为海洋的一倍，陆地上升 0.25℃，海洋上升 0.13℃）。进入 21 世纪以来，不断刷新最热单年纪录（见图 1-1）。

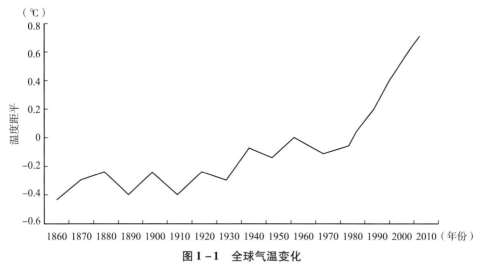

图 1-1 全球气温变化

资料来源：曹清尧．西部地区低碳经济发展研究［D］．北京林业大学，2012.

党中央、国务院一直高度关注气候变化对国家和社会的影响，并积极推进碳减排的工作，2020 年正式提出 2030 年前碳达峰、2060 年前碳中和的战略目标，2021 年政府工作报告和"十四五"规划中均提到要制定 2030 年前碳达峰行动方案，锚定努力争取 2060 年前实现碳中和。2022 年 3 月 31 日，中国工程院发布《我国碳达峰碳中和战略及路径》，提出了相应的碳达峰碳中和方案，以落实巴黎气候协定中国的承诺。

二、高质量发展特点和要求

高质量发展是 2017 年中国共产党第十九次全国代表大会首次提出的新表述，表明中国经济由高速增长阶段转向高质量发展阶段。党的十九大报告明确提出："建立健全绿色低碳循环发展的经济体系"，为新时代高质量发展指明了方向。中央强调，高质量发展，是能够很好满足人民日益增长的美好生活需要的发展，是体现新发展理念的发展。从经济学视角看，高质量发展就是以高效率、高效益生产方式为全社会持续而公平地提供高质量产品和服务的经济发展，是一个高质量、高效率和高稳定性的供给体系（见图 1-2）。

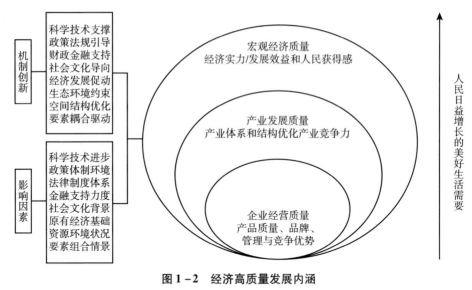

图 1 - 2 经济高质量发展内涵

资料来源：赵剑波，史丹，邓洲. 高质量发展的内涵研究 [J]. 经济与管理研究，2019，40（11）：15 - 31. 并据此修改。

（一）高质量发展特点

高质量发展是一个渐进性、系统性的发展过程。渐进性特点，说明高质量发展不是一蹴而就的，而是一个不断变化、缓慢演进的过程，是一个积小变为大变、从量变到质变的过程。在这个过程中，要素、产品和产业质量、产出效率、经济增长动力，以及经济增长的稳定性和发展的可持续性等均出现了渐进性变化。产出质量的提升通常从微观要素质量的提高发端，继而经济增长动力由要素驱动转向效率驱动和创新驱动，同时微观要素使用效率、宏观全要素生产率不断提高，并为产出质量的提高奠定基础。高质量发展的渐进性也是需求层次渐次提升的结果，供给的高质量不能脱离满足需求这一根本目的而孤立存在，需要首先满足低层次的需求再向满足高层次需求转变。系统性特点，说明高质量发展是一个全方位、系统性的变化过程，各领域高质量发展既是前提也是结果。在这个过程中，供给和需求两端、投入和产出两方面、微观和宏观各领域等都发生了系统性变化。既包括供给端的产业结构优化，也包括需求端的消费升级换挡；既包括投入端的劳动、资本等要素和中间投入品质量的提高，也包括产出端产品质量性能的提升；既包括微观要素使用效率的提高，也包括宏观全要素生产率的提升；既包括短期增长动力转换，也包括长期发展更加公平、更可持续。高质量发展还是一个螺旋式上升过程，既是量积累到一定阶段必然转向质的提升的客观必然规律，也是政策发力攻坚克难、主动作为的结果（孙学工、郭春丽、李清彬，2019）。

（二）高质量发展要求

（1）发展目标是更好满足人民日益增长的美好生活需要。与高速增长阶段的单纯吃饱穿暖的物质文化需要不同，高质量发展阶段的物质条件极大改善，人民需要的内涵、结构发生巨大变化，对物质需要的质量更高，对精神文化方面的需求更多，教育优质、工作稳定、收入满意、社会保障可靠、医疗卫生服务好、居住条件舒适、生活环境优美等，逐步从物质文化需要转向精神文化需要，向包括物质文明、精神文明、社会文明、制度文明和生态文明在内的全面美好生活跃升和转变。高质量发展的目标要以解决不平衡不充分矛盾、满足人民日益增长的美好生活需要的成效为重点。

（2）发展理念是创新、协调、绿色、开放、共享。发展理念直接决定着发展成效乃至成败。高质量发展阶段，对 GDP 增速的追求已经让位于质量第一和效益优先。坚持质量第一，就是在经济运行的各个领域和各个环节严格把好质量关，促进微观产品与服务质量以及宏观经济增长质量"双提高"。坚持效益优先，就是抓住经济运行中的生产要素高效配置这个关键，推动生产要素向优质高效领域流动，实现各方面效益的最大化。提升经济发展质量与效益的出发点和归宿，就是坚持创新、协调、绿色、开放、共享，让创新成为引领发展的第一动力，让协调成为持续健康发展的内生特点，让绿色成为永续发展的必要条件和人民对美好生活追求的重要体现，让开放成为国家繁荣发展的必由之路，让共享成为经济发展的根本目的。

（3）经济运行的主要矛盾是结构问题，矛盾的主要方面在供给侧。有针对性地解决主要矛盾和矛盾的主要方面，以实现"牵一发而动全身"功效。高质量发展阶段，我国经济发展面临的突出矛盾和问题，不是或主要不是物质短缺，而是产能过剩。不是或主要不是需求不足，而是需求变了，供给的产品却没有变；经济形势的变化，不是或主要不是周期性和短期性因素的作用，而是越来越呈现为周期性变化和趋势性变化相叠加、短期性变化与长期性变化相交织。"既有周期性因素，但更多是结构性、体制性的"。因此，我国经济运行中的主要矛盾是结构问题，矛盾的主要方面在供给侧，根源是重大结构性失衡导致的经济循环不畅。高质量发展阶段的经济工作重点应是改善优化供给结构、提升供给质量效益，以满足市场需求变化趋势，实现由低水平供需平衡向高水平供需平衡跃升。

（4）宏观经济政策主线是供给侧结构性改革。在由多条政策所构成的相互协调、互为依托的政策体系中，必有一条是主要线索，它的实施和运行决定或影响着其他或其他方面政策的存在和运行。高质量发展阶段经济运行的主要矛盾是结构问题，矛盾的主要方面在供给侧。宏观经济政策的主要立足点转向供给侧，要注重在供给侧发力；主要聚焦点从供求总量平衡扩展至供求结构平衡，要更加注重结构性调整，更加注重激发经济增长活力。供给侧结构性改革已成为宏观经济政策的主线。

（5）宏观调控手段主要是深化改革行动。高质量发展阶段面对主要根源于体制机制性障碍的供给侧结构性矛盾和问题，只能用体制机制变革的办法来清除。供给侧结构性改革的核心和关键，是在识别供给侧结构及其失衡的基础上，通过改革来改善总供给结构，提高总供给的能力和质量。既包括宏观政策层面调整，也包括制度变革，"更多采取改革的办法，更多运用市场化、法治化手段"，才是高质量发展阶段实施宏观调控的必由之路，等等（高培勇，2019）。

第二节　国内外研究述评

世界各国发展历程，尤其是西方发达国家的现代化历程表明：不断提升经济发展质量和效率、持续转换发展动力，追求经济高质量发展是各国发展的共同目标，更是驱动世界走向更加美好的重要力量（王蕴、姜雪、盛雯雯，2019）。

一、高质量发展理论渊源与比较研究

高质量发展是一种满足人民美好生活需要的经济发展模式。我国经济发展进入新阶段，推动经济高质量发展是我国"十四五"时期乃至更长时期的重要任务。马克思经济发展质量思想为经济高质量发展提供了理论源泉。习近平总书记指出，我国经济发展方式已经发生了深刻转变，质量是我们追求的最终目标。必须协调发展速度与质量的关系，坚持质量第一，效益优先，关键要提高全要素生产率，实现新旧动能转换（金碚，2018；秦放鸣、唐娟，2020；廖军华，2021；吴帆，2022）。

美国20世纪80年代左右（1975～1985年）、德国80年代末到90年代中期（1985～1995年）、韩国90年代中后期（1995～2005年）、英国70年代中后期左右（1975～1985年）、日本70年代到80年代（1970～1980年）作为与我国相似的发展阶段（打破以人均GDP水平作为主要依据的局限，考虑了各国所处外部发展环境的可比性、经济发展阶段转变的迫切性和必要性），其发展经验等对我国经济高质量发展将产生较为重要的借鉴启示价值（王蕴、姜雪、盛雯雯，2019）。

二、成功经验借鉴与失败教训汲取

通过对中美两国在经济产值、产业结构和制造业结构三个指标的比较，以确定美国的后工业化初级阶段，向该阶段转换的基本逻辑和条件，包括完善的交通信息基础设施、强大的制造业、庞大的市场需求规模和技术创新支撑等。尤其是美国"阳光地带"和"铁锈地带"在该阶段的转型成败经历，对中国的启示包括：转型途径的多样化、现代化的交通信息基础设施、注重价值链而非简单的产业更替以及强化创新驱动的主导地位等（张永恒、郝寿义、史红斌，2021）。

三、高质量发展制约因素与动力机制研究

宝贵的人才资源、充足的资本供给、消费需求升级、研发投入增长、宏观调控能力、"集中力量办大事"的社会主义制度、全面深化改革等我国经济高质量发展的重要支撑与引擎动力（许光建，2020）；突破经济发展面临的约束以重构经济高质量发展动力机制，在新发展阶段下尤其应推进高等教育制度、收入分配制度、自贸试验区开放型制度和新型城镇化配套制度这四类重要且全面的制度改革（李子联，2021）；以便于进一步加快核心技术创新、加大创新人才培养与激励、提高创新资金支持力度与投资效率、加强市场与政府相互协作，实现创新驱动经济高质量发展（张治河、郭星、易兰，2019）。

英国作为发达国家之一，在推动经济低碳绿色高质量发展时十分重视科技进步、战略扶持、法制保障以及政府角色转换等因素的综合作用。例如2003年英国政府文件首次提出"低碳经济"，并辅助实施（杜重年，2005；彭博，2013）。

四、高质量发展测度方法研究

主要运用熵权法、耦合模型等方法，以经济实力和新发展理念为基础，构建国别、省域可比的经济高质量发展指标体系，对世界主要国家、我国各省区的经济高质量发展水平进行测度比较（胡晨沛、吕政，2020；李强，2021；王婉、范志鹏、秦艺根，2022）。

五、高质量发展实现路径研究

要基于我国基本国情，深化体制机制改革，深化供给侧结构性改革，通过提高资源配置效率，提升全要素生产率和劳动生产率，转变发展方式，促进产业结构转型升级，加强生态环境保护，创新绿色发展模式，不断提升产品和服务质量，促进区域协调发展，推动经济高质量发展，以实现宏观、中观与微观层面的有效耦合（师博，2018；黄速建、肖红军、王欣，2018；王雄飞、李香菊，2018；刘国斌等，2019；毋娆，2019；秦放鸣、唐娟，2020；廖军华，2021）。

六、区域经济高质量发展研究

主要包括省域、城市、县域等不同尺度范围的区域经济高质量发展研究（李泽众、沈开艳，2020；姜霞、张俊威，2020；陈健生等，2022）。

七、发展中国家高质量发展任重道远

泰国、马来西亚等发展中国家与西方发达国家的高质量发展仍然存在较大差距，高质量发展任重道远（王蕴、姜雪、盛雯雯，2019）。

综上所述，专家学者对经济高质量发展的研究主要集中于理论分析、制约因素与动力机制、测度方法、实现路径、经验借鉴、国家以及区域之间的比较等方面，侧重于国家、省域等空间尺度，对县域经济高质量发展的研究成果较少。县域是我国千百年来最稳定的行政单位，县域经济发展在我国经济高质量发展过程中起着最基础的作用，县域经济高质量发展水平测度、机制创新与应对策略研究具有重要的理论意义和实践价值。

第三节　经济高质量发展经验借鉴

依靠科学技术进步，推动经济低碳、绿色、高质量发展，是美国、德国、日本、英国、俄罗斯等许多发达国家和发展中国家所推动的战略。国内外所形成的科技强国战略以及低碳绿色经济高质量发展战略思路、相应的政策体系以及实践经验，为我国县域经济高质量发展提供了宝贵的经验借鉴与启示。

一、经济高质量发展的成功经验

20 世纪 80 ~ 90 年代，美国、德国、日本等发达国家同样经历了与我国目前相类似的经济由数量投入型增长向质量投入型增长、由高速增长向高质量发展的转变，这些国家立足自身实际情况，对经济高质量发展进行了富有成效的创新，已经形成比较成熟的各具特色的政策、科技、资金等支撑体系（王蕴、姜雪、盛雯雯，2019）。相关经济高质量发展的成功经验为我国县域经济高质量发展提供了有益借鉴。

（一）美国经济高质量发展经验

20 世纪 70 ~ 80 年代，美国经济陷入滞胀期，GDP 占全球比重呈现出持续下降态势，重视经济增长速度成为这一阶段经济政策转向的突出特点，政策重点从需求管理转向供给管理。美国政府通过采取一系列措施，推动经济动能向市场主导和创新驱动转型，以便于盘活存量、激活流量，奠定了长达 20 多年的经济繁荣基础。具体措施包括：一是减少政府干预，降低制度性成本。引入竞争，大幅放宽航空、铁路、汽车运输、电信、天然气等关键行业领域的干预和管制，使制造业的制度性成本大幅降低。1981 年，放松管制特别小组就审核了 91 项管制条例，其中，撤销和放宽的条例就有 65 项。二是鼓励企业兼并重组，提高市场集中度。美国修订了《反托拉斯法》，设立《反托拉斯诉讼程序改进法》，出台《合并指南》，产业政策由"公平"转向"自由""效率"，推动了资本和实体经济有效结合。三是大规模减税，降低企业生产经营成本。美国出台《1981 经济复苏税法》，大幅降低各种税率，减轻企业负担。四是推进金融自由化改革。摒弃金融监管体制对美国银行业发展的过度限制，使金融产品自由定价、金融创新大量涌现，金融服务实体经济质效大幅提升，多层次资本市场促进了高新技术产业发展。

美国是世界上最主要的二氧化碳等温室气体排放国之一。在应对全球气候变暖问题上既不积极，也不落后。美国强调市场的主导地位，通过完善低碳经济政策，由市场主体的企业自行决策发展低碳产业，进而推动经济高质量发展。一是制定完善的市场经济鼓励政策。美国制定出台了《美国新能源计划和气候政策》，全力将经济以及产业重心调整到低碳经济方向；颁布《美国复苏与再投资法案》，使低碳发展项目成为经济刺激计划中的重要一部分，推动节能减排低碳技术研发，促进经济低碳高质量发展。二是颁布实施市场主导的法律法规。在低碳经济发展领域，美国政府相继颁布实施了《低碳经济法案》《清洁空气法》《能源政策法》《美国清洁能源安全法案》等，设定二氧化碳等温室气体减排时间表，建立温室气体总量控制与交易制度（2007 年）、其他地区温室气体排放倡议（2008年）、可再生能源比例标准（RPS，2007 年）、可再生燃料标准（RFS，2007年）、机动车温室气体排放标准（2009 年）等，为市场主体——企业等经济实体的决策提供了相应的法规制度保障，促进企业经济实体自觉地节能增效、开发新能源、应对气候变化，促进美国经济及时进行低碳转型。三是出台推动市场主体的国家投资计划。2009 年，美国政府、国会相继出台了"美国复兴和再投资计划""美国复苏与再投资法案"，联邦政府经济复兴计划投资主要用于新能源的开发利用，以推动低碳技术研发与标准化应用，促进具有美国特色的经济低碳高质量发展。四是法制化市场主体之间的碳贸易体系。出台"美国清洁能源和安全法案"，使碳排放权和交易体系机制法制化，提出高耗能工业部门温室气体排放额将逐步减少，超额排放需要购买排放权，等等（任力，2010；陈小姣，2011）。

（二）德国经济高质量发展经验

20 世纪 80～90 年代中期，德国经济增长放缓、失业高企、财政濒危。德国政府采取"适当干预，制造业立国，财政平衡"的社会市场经济发展模式，通过减税减负、加大人力资本投资、控制货币供给撬动供给侧结构性改革，实现经济高质量发展的动能转换，进一步巩固了欧洲第一大经济体、世界制造强国和出口大国地位。政府坚持"大市场、小国家"方针，1984 年颁布《减税法》，分阶段大规模减税，降低企业经营成本。通过"有秩序的调整""有目的的保留""有远见的塑形"，分类推进产业结构升级，使制造业产能利用率由 1982 年的 75%提升到 1989 年的 90%。坚持中性货币政策，保证币值稳定，促进贸易投资便利化、欧洲经济货币一体化，缓解升值压力。根据企业要求和官方标准，建立"双元制"职业教育体系，着力增强劳动力市场灵活性，不断提升人力资本投资质量（王蕴、姜雪、盛雯雯，2019）。

（三）日本经济高质量发展经验

1970 年代初，日本经济从赶超阶段的高速增长向转型阶段的中低速增长回落，生态环境急剧恶化，贸易结构失衡，纺织、钢铁、造船等行业产能过剩，经济社会发展面临较大压力。日本政府通过一系列措施，化解产能过剩，降低生产成本，推动经济增长向技术创新驱动转变，实现经济高质量发展。出台《特定萧条产业安定临时措施法》（1978 年），对相关行业进行结构性调整，制定差异化的淘汰和补偿机制。设立"基础技术研究开发促进税制""中小企业技术基础强化税制"等，对研发活动予以税收优惠、提供低利融资等，鼓励企业研发活动，加快培育技术密集型产业竞争力，以《80 年代通商产业政策展望》为标志，经济发展转向技术创新驱动。颁布《新国家能源战略》（2006 年），大力发展节能技术，修改节能基准；大力发展太阳能、风能、燃料电池以及植物性燃料等新能源；在研发新一代原子能发电设施、大力推进新能源的国际合作和培育日本自己的核心石油开发企业等方面推行新能源战略。为此，日本政府相继出台了一系列规划计划，主要包括：（1）2008 年，日本经济产业省发布《清凉地球能源创新技术计划》，综合科学技术会议公布了《低碳技术计划》，环境省公布了《构建低碳社会的 12 项行动》，全球气候变暖对策推进本部第 21 次会议通过了《构建低碳社会行动计划》，以及日本首相的"福田蓝图"等；（2）2009 年，日本环境省的《绿色经济与社会变革》政策草案，以及自民党的《推进低碳社会建设基本法案》（王蕴、姜雪、盛雯雯，2019）。

（四）英国经济高质量发展经验

英国是世界上最早进入工业化的国家，而在 1998 年金融危机尚未结束之际，英国政府就已经把发展低碳经济提升到国家战略高度，将其视为未来竞争力的核心所在，以力争占据全球经济社会发展的制高点。2003 年英国政府明确提出"创建低碳经济"，要通过不断发展、应用和输出低碳技术创造新的商机和就业机会，到 2050 年把英国建成为一个低碳经济国家，占据世界的先导地位。英国政府先后实施了低碳转型、低碳工业、低碳交通以及可再生能源开发利用的系列战略性文件（刘助仁，2010）。

英国低碳经济发展的经验主要包括四个方面：一是战略引领。2003 年英国能源白皮书确立了低碳经济理念，并把实现低碳经济作为英国能源政策的战略性目标。随后相继颁布了《气候变化法案》（2008）、《英国低碳转型计划：能源和气候国家战略》（2009）、《碳计划：实现低碳未来》（2011）等法律和国家计划，把发展低碳经济上升为国家层面的全局性重大战略，并成为政府各部门和全国上下的统一意志和共同行动。二是法制保障。英国颁布实施了一系列推动保障低碳发展的法律，最著名的就是 2008 年颁布的《气候变化法案》，使英国成为世界上第一个为减少温室气体排放、应对气候变化而专门立法的国家。该法案设定了2050 年英国二氧化碳排放量比 1990 年减少 80% 的具有法律约束力的目标，建立了碳预算制度，成立了气候变化委员会的法定独立机构，并对气候变化影响评估、碳交易、为应对气候变化提供支持等作出规定。三是政策扶持。英国出台一系列导向清晰、操作性强的具体政策措施，支撑低碳经济发展战略目标的实现，主要有：包括碳预算和有关补助、奖励的财政支持措施；征收气候变化税，也就是能源使用税，目的是提高能源使用效率，促进节能减排，增强企业和有关方面的低碳发展意识；通过节能信托、碳信托基金和绿色银行等融资方式，推动低碳发展；大力加强可再生能源电力、热力和交通运输燃料的利用，逐步调整能源结构；先后制定减碳技术战略，化石燃料碳减排技术发展战略，重点支持碳捕获与封存、提高能效技术、海上风力发电、智能化电网、电动车等领域的关键技术创新，把低碳技术创新放在十分突出的位置。四是行动推动。2008 年相继成立了能源和气候变化部（DECC）、法定独立机构气候变化委员会，以便于采取行动，实现相应的阶段性低碳目标。

（五）俄罗斯经济高质量发展经验

2004 年 11 月，俄罗斯正式履行《京都议定书》规定的减排责任，将低碳发展全面纳入国家战略。俄罗斯首先选择具有比较优势的能源行业进行低碳转型，构建新型低碳产业链，以确保能源出口这一优势的进一步发挥。

为抢占未来能源战略的制高点，2003 年俄罗斯政府出台了《2020 年前俄罗斯联邦能源战略》，2009 年又提出了《2030 年前俄罗斯联邦能源战略》，全面制定俄罗斯能源转型战略规划。

与此同时，俄罗斯联邦政府先后颁布并实施了《俄罗斯联邦节能法》《俄罗斯联邦天然气出口法》《外资对战略经济领域的准入法》《俄罗斯联邦关于节约能源和提高能源利用效率法》等，不断完善能源转型法律体系。在国家与地方两个层面先后出台系列行动方案和具体的节能计划，共同推动低碳经济发展。

（六）总体经验

一是明确经济高质量发展方向。无论是工业化较早、曾经深受环境污染之害的英国、德国、日本等，还是资源能源丰富、科学技术先进、经济实力雄厚的美国，乃至俄罗斯等发展中国家，都先后把低碳高质量发展作为未来本国（地区）经济社会发展的方向，以占领未来世界经济社会发展的制高点，提升国家乃至企业等经济实体的竞争力，以获得相应的主动权。

二是侧重点不同的经济高质量发展模式。不同的国家与地区，因其自身的自然条件、资源能源条件、经济社会发展基础、科学技术水平等方面的不同，在经济高质量发展过程中的比较优势也有着明显的不同。因此，德国等欧盟国家侧重于政策激励，美国侧重于市场主导，日本则选择了技术创新驱动的经济高质量发展模式，俄罗斯首先从具有比较优势的能源产业着手低碳转型。

三是政策法规导向与市场调节机制的有机结合。无论是德国等欧盟国家的政策激励、美国的市场主导，还是日本的技术创新驱动、俄罗斯的能源转型，其经济高质量发展过程中都需要相应的国家政策法规制度作保障，都需要市场机制对生产要素进行优化配置，都需要企业这一经济实体的规范积极参与。这些国家的经济高质量发展，都需要国家政策导向、法规制度约束、市场有效调节、企业积极参与等方面的有机耦合，最终才能有效推动符合本国国情的经济高质量发展模式的有序推进。

四是经济社会环境的协调发展。经济高质量概念的提出背景是经济高速增长转向中低速度增长，从追求数量转向追求质量的经济发展转折阶段，需要稳定的经济社会环境。此时的经济社会发展稳定性一般都比较高，有利于经济高质量发展的稳步推进。

二、对我国经济高质量发展的启示

（一）深刻把握高质量发展的核心要义

高质量发展的核心要义，可以简单地概括为"三个更高"，即更高的供给体系质量、更高的投入产出效率、更高的发展稳定性。与美国、德国、日本、英国等西方经济发达国家比较，我国的主要领域仍然存在明显差距，但总体上呈现出持续甚至加快缩小的趋势。一是供给体系质量方面，我国正在从数量追赶型国家向质量追赶型国家迈进，与发达国家之间的差距持续缩小。二是投入产出效率方面，我国的全员劳动生产率和物质资本生产率均在不断提升，差距不断缩小。三是发展的稳定性方面，我国社会和谐发展快速改善，低碳绿色发展模式正在形成，金融系统逐渐趋稳与经济稳定增长相互促进，为经济高质量发展创造了良好的环境条件。区域经济发展在供给体系质量、投入产出效率、发展稳定性三方面越来越高，说明在向高质量发展方向推进。

（二）符合以高质量发展为核心的阶段转型变化特征

劳动参与率由增加转为下降的转折性变化，平均受教育年限呈加快提高趋势。劳动力数量的变化具有相对长期性，决定了要实现较高质量的经济增长必须更多转向质量型要素投入增加的路径上。我国劳动参与率自 2005 年开始下降，2021 年保持在 68%，高于主要发达国家，这将为转向高质量发展提供更有利的劳动要素投入条件①。全要素生产率由降转升的转折性变化，物质资本产出率呈现持续提升态势，反映了增长驱动效率更高；相对于要素投入数量和质量的提高，全要素生产率的提高对实现高质量发展具有重要意义。经济发展阶段转型时期一般都是发展稳定性显著提高的阶段。以高质量发展为方向的发展转型时期一般都是可持续发展理念深入落实的阶段，经济平稳健康发展内含着社会发展更加公平、资源环境更加友好和更可持续的要求。具体表现为资源环境可持续发展程度、金融稳定性和经济抗风险能力总体较强。

（三）明确经济高质量发展战略目标

经济高质量发展必须有的放矢。在确定经济高质量发展总体战略目标时，既要充分考虑我国的实际情况，又要考虑各个省、市、县的具体情况以及所处的经济发展阶段等。各省、市乃至各县级政府部门在确定经济高质量发展战略时，也要以经济高质量发展战略和自身的实际情况为基础，采取相应的具有可操作性的对策措施，以便于顺利实现各自所确定的经济高质量发展战略目标。

（四）市场有效、政府有为和微观主体有活力是实现高质量发展的重要抓手

从美国、德国、日本等发达国家经济高质量发展的经验可以看出，提升市场机制的有效性、正确发挥政府的引导性以及激发微观主体活力，是实现高质量发展的共性方式。从历史来看，每一次重大经济发展阶段转型，都是对政府与市场关系的再认识、再适应和再调整。在顺应经济结构客观变化趋势的前提下，各国政府要重视发挥好政府的作用，要处理好政府与市场之间的关系，使"看不见的手"与"看得见的手"协调发挥作用。减轻税收负担，降低制度性交易成本等，激发微观主体发展活力，是经济得以持续增长重要因素之一。

（五）新旧动能有序转换是实现高质量发展的必然选择

经济向高质量发展转变，客观上必然要求经济增长方式向内涵挖掘转变，以实现经济发展的供给体系质量更高、投入产出效率更好、发展稳定性更强的基本要求。这就意味着推动经济高质量发展的新旧动能必须及时有序转换。美国、德国和日本的经济高质量发展实践表明：一是针对不同行业情况，要妥善地或适应性地调整传统动能，或者退出，或者转型升级；二是要积极培育有助于增强经济

---

① 王蕴、姜雪、盛雯雯.经济高质量发展的国际比较［J］.宏观经济管理，2019（5）：5－11.

竞争力的新动能，二者必须有机结合，以便于新旧动能的有序转换。各个国家或地区，由于面临的行业产能过剩情况不同以及经济社会发展的环境条件差异，所采取的促进新旧动能转换措施必然存在着明显差异。美国以放松相关行业管制以及配套适当的政府支持，为新兴产业发展提供更加宽松的环境。德国则以相关行业联邦持股企业的私有化，以及提升人力资本投资质量等为主要措施，促进新兴行业的发展。日本多措并举化解过剩产能，尽快实现传统产能市场出清下的新平衡，并通过"技术立国"战略增加研发投入，积极扶持新兴产业赶超式发展。

（六）货币政策稳健、币值稳定是高质量发展的必要条件

发达国家经验表明，大水漫灌的货币政策不利于淘汰落后产能、发展新产能。稳健中性的货币政策，有利于对内控制通货膨胀，对外保持汇率稳定，既可防止结构调整时期政策转向投资刺激的倾向，也可提高国内产品的出口竞争力。为避免经济增速下行时期进入债务通缩陷阱，保障就业市场稳定，有必要通过积极的财政政策，实施需求端政策托底配合。同时，为确保不良资产的及时处置以及保障新兴、战略性行业能以合理的成本获得融资，需要辅之以结构性、灵活、偏宽松的货币政策取向，但要避免债务风险累积等挑战。

（七）打破金融约束，稳步推进金融改革

目前，我国金融市场化改革正在稳步推进，改革的方向总体有利于金融市场的开放、包容、创新，也有利于企业打破金融约束，改善中小企业融资难、融资贵的问题，但政府和监管机构对市场的直接干预仍然广泛存在，资本市场发展深度仍有待提升，刚性兑付仍广泛存在，扭曲了市场风险定价。随着化解过剩产能和结构性降杠杆的不断推进，有可能出现历史累积的信贷风险集中爆发，为金融机构稳健经营带来潜在风险。金融改革涉及金融机构主体的市场化、金融产品定价和竞争机制的市场化等多个方面。在长期范围内，我国应坚持金融市场化改革大方向，严格准入和规范市场的同时鼓励多种资本、各类型金融机构主体发展，适时继续推进多层次资本市场的建立，破除扭曲的市场价格，逐步退出过多行政干预，以市场化的发展方式打破金融资源和需求之间的双重错配。

第四节 县域经济高质量发展研究意义

我国的行政区划几经变化，县是我国最基本的行政单元，也是最基本的经济

单元。2019 年，我国县域生产总值已达 39.1 万亿元，约占全国生产总值的 41%，占比虽然呈现下降趋势，但由于县域经济总体上侧重于农业生产，事关国家粮食安全、社会稳定，县域经济高质量发展在我国经济社会健康发展过程中占据极为重要的基础地位。县域经济高质量发展水平测度、机制创新与应对策略研究具有重要价值。

一、理论意义

县域经济高质量发展测度、机制与应对研究涉及县域新能源开发与能源高效利用、科技与制度创新、工农业与第三产业发展方式转变、产业结构调整、空间结构重组、生态环境演变、区域协调发展等诸多方面，不仅对经济学、地理学、生态学、资源环境经济学等学科的理论建设与学科发展具有重要意义，而且也有利于指导我国最基本的经济单元——县域经济健康协调高质量可持续发展。

（一）丰富区域经济研究新内容

利用经济学、生态学、地理学等学科理论，通过测度，以便于深入分析不同地域类型县域经济高质量发展的比较优势，及时创新县域经济高质量发展机制，培育壮大具有自身比较优势的县域经济高质量发展主导模式，选择确定县域经济高质量发展路径，以实现新时代县域经济的健康发展，尤其是"三农"研究内容的更新变化。

（二）推动县域经济研究进入现阶段

根据不同地域类型县域的比较优势，研究如何因地制宜，"扬长避短"，尤其是"扬长补短"，形成各不相同的经济高质量发展主导模式，以解决人民日益增长的美好生活需要和不平衡不充分的发展之间的矛盾，以实现不同地域类型县域比较优势发挥与经济高质量发展的无缝对接，促进不同地域类型县域经济健康高质量发展。

（三）实现县域经济研究理论提升

本书选择典型的具有不同比较优势的不同地域类型县域进行测度实证研究，有利于深入分析不同地域类型县域比较优势转化为县域经济高质量发展优势的路径选择，提出相应的对策建议，为县域经济高质量发展提供借鉴，不断提升县域经济研究的理论水平。

二、实践意义

（一）政策建议价值

本书有利于指导县域经济高质量发展，推动县城提质增效与乡村振兴战略实施过程中的宏观导向和具体落实，使其更加具有针对性与可操作性。

（二）模式推广价值

本书概括提炼创新不同地域类型县域经济高质量发展机制、主导模式确定和实施路径选择，有利于不同地域类型县域经济高质量发展过程中的产业高质量发展、清洁生产、产业转型升级、产业结构调整、能源结构优化、空间结构优化等主导模式的选择培育，促进县域经济健康高质量发展。

（三）社会生态价值

有利于不同地域类型县域高质量发展过程中经济、社会、环境效益的有效结合，最终实现县域经济的可持续发展。

第五节　县域经济高质量发展研究框架

本书的研究对象是县域经济高质量发展的水平测度、机制创新与应对策略问题。具体研究框架如下：

第一章为引言。具体包括：高质量发展问题的提出；国内外研究述评；经济高质量发展经验借鉴；县域经济高质量发展研究意义；县域经济高质量发展研究框架等。

第二章为县域经济高质量发展的理论基础。阐述了劳动地域分工理论、产业结构演进升级理论、经济发展阶段理论、产业集群理论、地域生产综合体理论、低碳经济理论、生态学原理、环境库兹涅茨曲线（Environmental Kuznets Curve）理论、脱钩发展理论、可持续发展理论等内涵及应用，以及与县域经济高质量的关系。

第三章为县域经济高质量发展水平测度。县域经济高质量发展与城市有着本质的不同，要根据县域特点，分析县域经济高质量发展的影响因素，确定县域经济高质量发展水平评价指标体系的构建原则与思路，选择具有代表性的指标，阐述构建方法，确定指标权重，构建评价指标体系，说明计算过程，分析空间差异。与此同时，还选择了县域经济高质量发展水平内部耦合协调关系的评价指标，确定内部耦合协调评价模型，计算内部耦合协调水平并分类，以便于重点分析研究县域经济高质量发展过程中的耦合协调程度。

第四章为县域经济高质量发展机制创新。新时代县域经济高质量发展，需要进一步创新科学技术支撑机制、政策法规引导机制、财政金融支持机制、社会文化导向机制、经济发展促动机制、生态环境约束机制、空间结构优化机制等，尤其是创新要素耦合驱动机制，最终推动县域经济健康高质量发展。

第五章为县域经济高质量发展应对策略。依据不同地域类型县域条件，概括提炼出县域产业高质量发展主导模式，县域清洁生产主导模式，县域产业转型升级主导模式，县域林业高质量发展主导模式，县域农业高质量发展主导模式，县域产业结构调整主导模式，县域能源结构优化主导模式，县域空间结构优化主导模式，县域城镇高质量建设主导模式，县域乡村高质量建设主导模式等。由于不同地域类型县域条件的差异，形成了不同类型的县域经济高质量发展主导模式，县域经济高质量发展路径也会不同。具体包括县域产业高质量发展路径、县域能源清洁生产路径、县域林业高质量发展路径、县域农业高质量发展路径、县域产业结构优化升级路径、县域能源结构优化路径、县域空间结构优化路径、县域城镇高质量建设路径、县域乡村高质量建设路径等。

第六章为县域经济高质量发展河南案例。首先说明了河南县域经济高质量发展水平测度以及内部耦合协调关系分析的数据来源、数据处理情况，分析县域经济高质量发展测度结果与空间差异，以及内部耦合协调水平与分类。以便于进一步阐释对河南不同地域类型县域经济高质量发展比较优势的充分利用，指出县域经济高质量发展过程中存在的问题，提出不同地域类型县域经济高质量发展的模式路径选择等应对策略建议。

第七章为结论与讨论。本章归纳概括了研究结论，指出本书的创新点，提出有待于进一步讨论的问题。

第二章

县域经济高质量发展的理论基础

理论是行动的指南。在县域经济高质量发展过程中，除了有效借鉴国外发达国家与地区的经济高质量发展经验之外，还必须具有相应的理论基础作指导，以便于科学有序地推动县域经济健康可持续发展。

第一节 劳动地域分工理论

一、劳动地域分工理论的发展

传统的劳动地域分工理论：一是亚当·斯密的绝对优势说。绝对优势说认为，按照各个地区或国家的绝对优势进行地域分工生产，将会使各个地区或国家的单位资源、劳动力和资本得到最有效的利用，致使生产成本降低（见表 2 - 1 ~ 表 2 - 3）。绝对优势说为资本主义制度下的国际贸易奠定了理论基础，并从流通领域转移到生产领域，促进了世界各个国家或地区之间的经济贸易交流；对解释当时的地域分工起着积极作用。但不利于落后地区或国家发展国际贸易。二是大卫·李嘉图的比较成本说。比较成本说，也被称作相对成本说，其认为各个地区或国家均以较低的成本生产各种产品，从而使各个地区或国家之间进行地域分工和贸易，以获得相应的利益（见表 2 - 4 ~ 表 2 - 6）。该理论能够较好地解释劳动地域分工和国际贸易问题；但该理论分析与实际差异较大，又被称为国际贸易的纯理论。约翰·穆勒的相互需求理论、巴朗斯基的地理分工论等，这些理论侧重静态分析，缺乏动态的对各国的禀赋资源与比较优势的分析（崔功豪、魏清泉、刘科伟，2006）。

表 2 – 1 　　　　　　　　　　分工之前的投入—产出状况

	小麦		布匹	
	劳动投入量	产出量	劳动投入量	产出量
英国	150	120	50	100
美国	100	120	100	100

资料来源：崔功豪，魏清泉，刘科伟. 区域分析与区域规划［M］. 北京：高等教育出版社，2006.

表 2 – 2 　　　　　　　　　　分工之后的投入—产出状况

	小麦		布匹	
	劳动投入量	产出量	劳动投入量	产出量
英国	0	0	200	400
美国	200	240	0	0

资料来源：崔功豪，魏清泉，刘科伟. 区域分析与区域规划［M］. 北京：高等教育出版社，2006.

表 2 – 3 　　　　　　　　　　贸易以后各地区的产品获得量

	小麦获得量	布匹获得量
英国	120	200
美国	120	200

资料来源：崔功豪，魏清泉，刘科伟. 区域分析与区域规划［M］. 北京：高等教育出版社，2006.

表 2 – 4 　　　　　　　　　　分工之前的投入—产出状况

	葡萄酒		毛呢	
	劳动投入量	产出量	劳动投入量	产出量
葡萄牙	100	120	100	100
英国	400	120	200	100

资料来源：崔功豪，魏清泉，刘科伟. 区域分析与区域规划［M］. 北京：高等教育出版社，2006.

表 2 – 5 　　　　　　　　　　劳动生产率与相对劳动生产率

	葡萄酒	毛呢
葡萄牙的劳动生产率	120/100 = 1.2	100/100 = 1.0

续表

	葡萄酒	毛呢
英国的劳动生产率	120/400 = 0.3	100/200 = 0.5
相对劳动生产率（英国/葡萄牙）	0.3 × 1.2 = 0.25	0.5/1.0 = 0.5

资料来源：崔功豪，魏清泉，刘科伟．区域分析与区域规划［M］．北京：高等教育出版社，2006.

表 2 - 6　　　　　　　　　　　分工之后的投入—产出状况

	葡萄酒		毛呢	
	劳动投入量	产出量	劳动投入量	产出量
葡萄牙	200	240	0	0
英国	0	0	600	300

资料来源：崔功豪，魏清泉，刘科伟．区域分析与区域规划［M］．北京：高等教育出版社，2006.

　　波特的国家竞争优势理论能够较好地解释国家的企业（或行业）如何取得持久的国际竞争力。只有将企业竞争优势与国家经济发展水平结合在一起，才能形成国家竞争优势。竞争优势的四个因素包括：要素条件，需求条件，相关支撑产业，企业战略、结构与竞争，还有机会与政府的作用（钻石体系模型）（见图 2 - 1）。

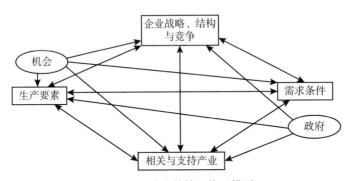

图 2 - 1　波特的钻石体系模型

资料来源：崔功豪，魏清泉，刘科伟．区域分析与区域规划［M］．北京：高等教育出版社，2006.

　　劳动地域分工理论的特点：一是区域生产的专业化、特色化；二是区域之间的经济联系，即贸易和交换；三是区际劳动分工的层次性和综合性。劳动地域分工模式主要包括垂直、水平以及混合三种分工模式。地区或国家之间劳动地域分工的联系纽带就是区际间的要素流动以及区际间的贸易交换。

二、劳动地域分工理论与县域经济高质量发展

劳动地域分工理论，要求县域经济高质量发展必须因地制宜，以便于根据市场需求变化趋势，充分发挥城市郊区、平原地区、山丘地区等不同地域类型县域的比较优势，培育形成各具特色的产业集群。县域经济高质量发展方向的确定，必须符合劳动地域分工理论的实际应用，必须依据不同地域类型县域的资源禀赋优势，也就是根据不同地域类型县域的自然生态环境条件以及经济社会条件等方面的比较优势，以及市场需求变化趋势，因地制宜，科学合理地进行专业化分工，才能培育发展形成具有不同地域类型特色的县域产业集群。

第二节 产业结构演进升级理论

一个国家或一个地区的经济高质量发展过程，实际上就是该国或该地区根据自身条件依据经济发展阶段理论推进产业结构不断优化转型升级的演进过程。

一、产业结构

（一）产业

产业，是指具有某种同类属性的经济活动的集合或系统。目前，我国政府统计部门现行的产业统计是三次产业划分法。

（二）产业结构（industrial structure）

产业结构，顾名思义，就是研究各产业之间的联系与构成比例关系的理论（罗仁会，2004）。

二、产业结构演进升级理论

（一）工业生产生命循环阶段论

1968 年，美国哈佛大学弗农、雷蒙德（Vernon，Raymond）等提出工业生产

生命循环阶段理论。该理论认为各工业部门、各工业产品在其发展过程中必须经历创新、发展、成熟、衰老四个阶段。兴旺部门或产品的产生逐步取代衰退的部门或产品，循环往复，实现产业或产品的不断升级（见图 2 - 2）。

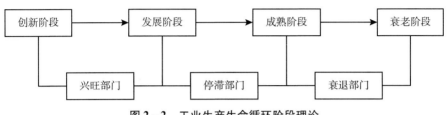

图 2 - 2 工业生产生命循环阶段理论

在此基础上，区域经济学者创造性地提出了区域经济梯度转移理论。即在一定的时期内，每个国家或地区都处在一定的经济发展梯度上，出现的新行业、新产品、新技术，都会随时间推移由经济高梯度地区向经济低梯度地区传递。梯度推移理论明确了一个落后国家或地区在产业结构调整演进过程中必须循阶梯而上，不可超越；首先应该重点发展具有自身比较优势的初级产业，尽快承接从经济高梯度国家或地区外溢来的产业，如钢铁、纺织、食品产业等，加快产业转移过程，促进落后国家或地区的经济快速发展（慈中阳，2005）（见图 2 - 3）。

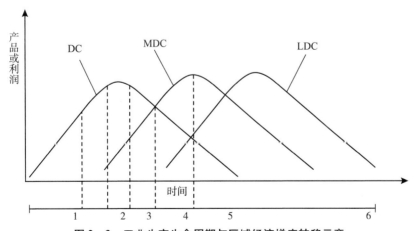

图 2 - 3 工业生产生命周期与区域经济梯度转移示意

注：其中，DC 为发达国家；MDC 为比较发达国家；LDC 为欠发达国家。

（二）雁行产业发展形态说

雁行产业发展形态说是由日本经济学家从日本纺织业的发展过程中总结提炼而来，这一理论立足于经济落后的发展中国家。该学说的基本模型为：第一只雁代表进口，即以商品进口来刺激本国消费，形成国内需求，培育国内市场。第二只雁代表国内生产，进口引发国内生产浪潮，并促进国内大规模投资与技术引进，从商品进口升级为设备和技术的进口，它促进了现代技术和国内低工资相结合，并促进了劣势产业发展。第三只雁代表出口，国内生产规模扩大和低工资优势使产品成本大幅度降低，在市场上形成价格优势，既挤占了进口商品的市场份额，也提高了开拓国际市场的竞争能力，从而形成该产业的出口浪潮（周起业、刘再兴、祝诚等，1989）（见图2－4）。

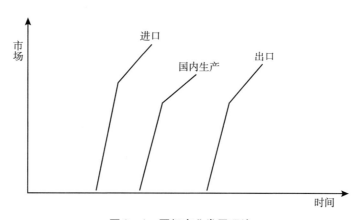

图2－4　雁行产业发展理论

（三）动态比较费用说

动态比较费用说，又被称为动态比较成本论、比较利益论。按静态"比较成本学说"，任何一个经济系统只能根据自己的优势要素禀赋，建立自己的生产系统，获得系统之间贸易比较利益。由此导致发达国家的产业结构越来越先进，越来越富；发展中国家的产业结构越来越落后，并更加贫穷，其间的收入差距进一步扩大。

在此基础上，日本经济学家创造性地提出了动态比较费用说，认为在国际贸易中一时处于劣势的产业有可能转化为优势产业，并促进产业结构进入高级化轨道。其核心就是，在重点发展传统的具有相对优势但技术层次较低的产业的同时，必须扶持有发展前途的新兴产业，使之逐步发展成为主导产业，通过不断更新主导产业促进产业结构高级化。

（四）非均衡发展学说

非均衡发展学说认为，由于地区比较优势不同，在产业结构调整过程中，应选择能够充分发挥其比较优势的主导产业部门优先发展，通过大力扶持、重点发展，使其能够带动整个国民经济或地区经济发展。日本经济学家认为主导产业的选择应根据需求收入弹性大、比较劳动生产率高、防止过度密集和丰富劳动的要求进行，并予以重点发展。

需求收入弹性是指某特定条件下，某种商品需求量对收入变动的相对反应，以需求收入弹性系数表示。

$$需求收入弹性 = \frac{需求量的增长率}{收入额的增长率}$$

一般情况下，需求收入弹性系数大于 1 的产业为高端消费产品，需求收入弹性系数小于 1 的产业主要为基本需求产品。主导产业一般是需求收入弹性系数大、市场需求增长较快的产业（张秀生、卫鹏鹏，2005）。

三、产业结构演进升级理论与县域经济高质量发展

产业结构演进升级理论是区域经济发展变化的基本规律，它说明一个区域的产业结构演变与优化升级是一个过程，必须循序渐进。因此，县域经济高质量发展也是一个相对于原来或者说现在，产业结构得到了一定程度的优化和提升。县域产业结构优化升级的过程，就是县域经济高质量发展的过程；反之，县域经济高质量发展的过程，也就是县域产业结构演进升级的过程，必须有序推进。

第三节　经济发展阶段理论

一、代表人物

经济发展阶段理论的代表人物主要有克拉克（C. Clark）、费雪（A. G. B. Fisher）、胡佛（E. M. Hoover）、费雪（J. Fisher）、罗斯托（Rostow W. W.）和弗

里德曼（J. Friedmann）等，他们将经济发展分为不同的阶段。20 世纪 60 年代中期，弗里德曼基于核心—边缘理论提出了具有空间特征的区域发展阶段理论（空间均衡分布阶段，核心—边缘结构阶段，多核心结构阶段，等级体系结构阶段）（马弘毅，2007）。目前，应用比较广泛的主要是罗斯托的经济增长阶段理论。

二、罗斯托的经济增长六阶段理论

1960 年，美国经济学家罗斯托（Rostow W. W. ）首次提出经济发展阶段说，其后又进行了补充和完善。他按照科学技术及工业发展水平的差异将区域发展划分为六个阶段，即：传统社会阶段，主要依靠手工劳动，农业居于首位；为"起飞"创造条件阶段，近代科技开始在工农业中应用；"起飞"阶段，即工业化开始阶段，科技在工农业中得到推广应用，主导工业部门迅速增长，农业生产效率提高；走向成熟阶段，现代科技得到普遍推广和应用，新工业部门迅速发展，国际贸易迅速增加；高额消费阶段，主导部门转向耐用消费品生产方面；追求生活质量阶段，主导部门转为服务业和环境改造事业（林迎星，2003；王燕，2007；杨金红，2009）。

三、经济发展阶段理论与县域经济高质量发展

对于一个区域来说，其经济发展的不同阶段，必定有相对应的产业或产业结构。区域经济发展阶段的演进过程，实际上就是区域产业结构演进升级的过程，也就是区域经济高质量发展的过程。这就要求，县域经济高质量发展必须根据县域所处的经济发展阶段、比较优势、未来发展趋势以及市场需求变化趋势，培育壮大具有自身特色的高质量发展主导模式，选择切合实际的实施路径，并与县域社会文化水平、生态环境情景之间形成良性互动，以便于有效推动县域经济高质量发展。

第四节　产业集群理论

一、产业集群

产业集群，又被称为产业簇群，它是指相关产业形成地理上的集中性，包括

上下游产业的制造商、互补性产品的制造商、专业化基础设施的供应商，以及相关机构（政府、大学、科研机构、行业协会等）。

由图 2-5 可以看出，某区域的四个主导产业集群为：金融商务服务（银行、基金、债券、保险）；权力部门（政府机构、贸易协会、经济组织）；旅游业（宾馆饭店、旅游景点、娱乐场所）；创造性制造业（研发机构、高新技术产业、传统产业的改造）。除此之外，还分布着一系列相关产业集群，对四个主导产业集群起着加固作用。其中，四个产业集群间具有很强的互补性，其间相互支撑，相互促进，并通过创造性制造业、金融商务、旅游业等特色产业集群与全球产业链进行链接，从而对区域乃至世界经济发展产生一定影响。

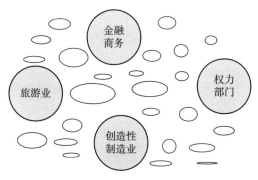

图 2-5　某区域特色产业集群示意

二、特色产业集群模式

特色产业集群形成大致经历单个企业发展阶段、产业集群发展阶段（小城镇层面）、城市特色产业集群阶段（城市层面）和区域特色产业集群阶段（区域层面）四个阶段，尤其是区域特色产业集群是区域内各城市（县域内各城镇）分工合作、协同发展的结果（见图 2-6、表 2-7；郭荣朝、苗长虹，2010）。

例如，特色农业产业集群包括：特色农业生产基地、特色农业生产上下游产业的制造商、互补性产品的制造商、专业化基础设施的供应商、联系紧密的旁侧产业，以及相关机构（政府、大学、科研机构、行业协会、专业合作社等）（见图 2-7）。这些产业以特色农业产业发展为核心，其间相互支撑、高度互动、共享各种资源，具有高度的专业化分工协作，与区域、国家乃至全球产业链进行链接，从而对区域、国家乃至全球经济发展产生重要影响（郭荣朝，2016）。特色农业产业集群发展充分说明乡村三产融合发展、集群发展的重要性和紧迫性。

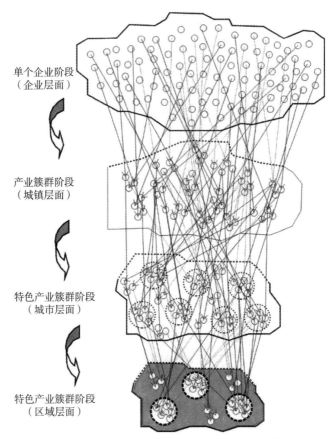

单个企业阶段
（企业层面）

产业簇群阶段
（城镇层面）

特色产业簇群阶段
（城市层面）

特色产业簇群阶段
（区域层面）

图 2 - 6　区域特色产业集群与空间结构优化关系

表 2 - 7　　　　　　　　　　区域空间结构演变过程

产业集群 演化阶段	单个企业	产业集群 （企业集群）	城市特色产业集群	区域特色产业集群
空间演变 形式				
产业分布 特点	均匀分散分布	以城镇工业园区集群 分布为主	以城市产业集聚区集 群分布为主	以区域产业集聚区集群分 布为主
产业集群 形成动因	供不应求卖方 市场	供应增加，出现竞争	市场竞争日趋激烈	全球范围竞争更加激烈

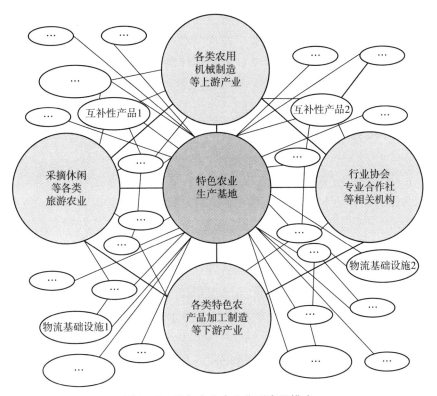

图 2 - 7　特色农业产业集群发展模式

资料来源：郭荣朝. 河南省特色农业产业集群发展模式及应用研究［J］. 湖北农业科学，2016，55（8）：2167 - 2170.

三、产业集群理论与县域经济高质量发展

主导产业及其关联产业只有集群发展，才能将县域分散的工业企业以及一家一户的农业生产组织起来与国内外大市场进行有效链接，才能进一步提高县域资源利用效率，形成相应的规模效益，最终实现工业企业的集群发展、三次产业的有效衔接以及生产、生活、生态的有机融合，推动县域经济社会环境协调高质量发展。只有将按照劳动地域分工理论形成的具有不同地域类型县域特色的产业集群优势充分发挥出来，才能实现县域经济的高质量发展等系列目标。

第五节　地域生产综合体理论

该理论源于苏联，代表人物主要有科洛索夫斯基、涅克拉索夫、阿甘别吉

扬等。地域生产综合体是指在一个区域范围内，一个或几个专业部门的高度结合，这些部门共同利用生产性和非生产性基础设施，以此降低生产成本，提升产品的市场竞争能力。该理论虽是计划经济体制下的产物，但至今有很多可取之处。

一、地域生产综合体的特征

（1）综合体的专业化生产部门建立在区域自然资源比较优势基础之上。（2）综合体的主体是专业化生产部门及其相关的综合发展部门。（3）地域内要形成完整的生产体系和完善的基础设施配置。（4）综合体是在科学规划指导下有计划地建设形成的（张晓莉，2009）。我国已从计划经济体制转向市场经济体制，计划在区域经济发展中的作用大为减弱，但地域生产综合体的科学规划原理和建设方法仍然给予县域经济高质量发展提供诸多借鉴（李彦，2007；张金杰，2007；陈玉英，2009）。

二、地域生产综合体的类型划分

根据不同的目的和标准，可以把地域生产综合体划分为许多类型。主要有以下两种划分方法：（1）按经济结构特征划分，包括原料型、加工型、综合型三种类型的地域生产综合体。（2）按形成的主要因素划分，包括矿物原料型、燃料动力型、农业原料型、劳动力资源型、消费品型五种类型（周起业、刘再兴、祝诚等，1989）。

综上所述，地域生产综合体是在高度的计划体制下总结提炼出的一种区域经济发展规律，但因体制本身的障碍与弱点，使其还存在着活力不足、缺乏经济地域扩展与演化规律探讨等方面的不足。

三、地域生产综合体理论与县域经济高质量发展

县域经济、社会、环境是一个有机整体，三者之间相互制约、互促互进、共同发展。说明县域经济的高质量发展不是孤立的，而是与社会文化、生态环境有着密切的关系，经济的高质量发展，离不开社会文化水平的不断提高，离不开生态环境的优化美化；当然，县域经济的高质量发展，将会促进社会文化水平的提

高以及生态环境的改善。反之，县域经济、社会、环境之间将相互制约，甚至出现恶性循环。

第六节　低碳经济理论

2003年英国政府首先提出低碳经济一词，其后一些专家学者对低碳经济进行了多方面的阐释。综合各方面的观点，我们认为低碳经济是以碳循环理论为基础，以生态足迹理论、环境库兹涅茨曲线理论、"脱钩"发展理论、可持续发展理论为指导，以低碳科技创新为支撑，以低碳法规制度完善为保障，以产业转型升级、集群集约发展为载体，以绿色生态发展为主要内容，以清洁能源利用为动力，以空间结构优化为手段，全面减少传统化石能源资源消耗，走以低能耗、低排放、低污染、高增长为特征的发展道路，最终实现经济社会环境健康协调可持续发展的一种"多赢"目标的经济发展模式（曹清尧，2012）。

一、低碳经济内涵

低碳经济是工业革命之后的又一次产业革命，它告别了传统经济发展模式下的高能耗、高排放、高污染和低增长，实现了能源资源的高效利用、二氧化碳等温室气体的减排或零排放、生态环境的低污染（生态环境可承受范围内）或零污染以及低碳经济发展模式下的高增长（见图2–8）。

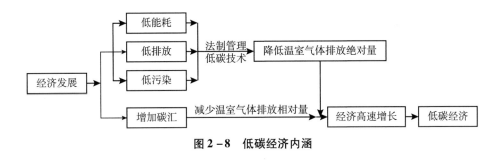

图2–8　低碳经济内涵

（一）低能耗

工业革命以来，传统经济发展模式下的高能耗致使二氧化碳等温室气体排放大幅度增加，大气温室效应进一步显现，全球气候变暖严重影响人类生产生活和经济社会的健康发展。为应对全球气候变暖，必须改变传统的以大量消耗化石能源的经济增长模式，实现以低碳科学技术创新为支撑的经济高速增长，全面降低单位经济总量的能源消耗和单位能源的碳排放强度，达到严格控制不断增长的二氧化碳等温室气体排放量的目的。低碳经济是目前最可行的、可量化的高质量发展模式之一。

（二）低排放

低能耗意味着能源资源的高效利用以及清洁能源的广泛应用，意味着以可再生能源为主的多元化能源结构体系的逐步形成，意味着二氧化碳等温室气体废弃物排放的大幅度减少，甚至达到零排放，真正实现"脱钩发展"。

（三）低污染

为应对全球气候变暖而形成的一系列低碳科技创新，其目的是进一步提高化石能源资源的利用效率，进一步加快清洁能源的开发、应用与推广，以摆脱人类现代化进程中经济社会发展的高碳化倾向，以减少二氧化碳等温室气体排放总量，实现经济社会发展对地球生态环境的低污染（生态环境承载范围之内）或零污染，推进低碳经济健康发展。

（四）高增长

人类在发展，社会在进步。只有经济社会的健康可持续发展，才能满足人们日益增长的高质量的需求。因此，发展低碳经济既要强调低碳，减少二氧化碳等温室气体排放总量，减少单位经济产值的碳排放量，又要强调经济高质量发展，在低碳化过程中实现经济的高速增长，经济的持续健康高质量发展是低碳经济发展的最终目的。

二、低碳经济外延

低碳经济外延主要包括低碳产业、低碳工业、低碳农业、低碳城镇、低碳乡村、碳源碳汇等诸多方面（见图2－9）。

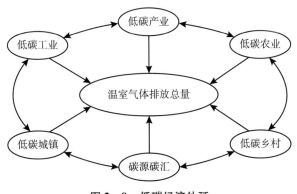

图 2 - 9　低碳经济外延

（一）低碳产业

主要是通过提高行业（产业）市场准入门槛（标准），限制高碳产品（产业）进入，实现低能耗、低排放和控制污染的目的。技术知识密集型产业、现代服务业以及旅游业等均属于低碳产业范畴，这是产业结构转型升级的主要趋势，也是产业结构高级化的主要发展方向。西方发达国家的低碳产业在生产总值构成中已占据主要地位，实现了低碳经济的健康发展。因此，就我国低碳经济发展而言，尤其是在县域低碳经济发展过程中，必须大力发展低碳产业，不断优化产业结构，加快产业转型升级步伐。

（二）低碳工业

传统工业发展模式是在以化石能源为主的能源结构基础上形成的一整套高碳工业体系。实践也已证明，高碳排放的传统工业发展模式难以为继。然而，重化工阶段是一个国家或地区经济健康发展过程中的必经阶段。因此，发展中国家工业化初期乃至中期的一定时期内能源结构难以有颠覆性变化。西方发达国家拥有较强的科技实力、经济实力，但其低碳工业发展也是"渐进式"推进，以确保已有的制造业优势。

我国县域低碳工业发展过程中面临着更多的困难，必须通过产业结构转型升级，逐步淘汰高能耗、高排放与高污染的"三高"产业，不断提高行业（产业）的市场准入门槛；同时根据自身情况，集中比较优势，以合理的财税激励政策和产业政策引导企业等经济实体和社会资金投入到低碳工业项目建设中，逐步形成具有自身特色的低碳工业体系。

（三）低碳农业

传统农业发展是建立在化石能源大量投入的基础上，即通过大量使用化肥、农药来提高农产品产量，在此过程中产生了一系列的生态环境问题。因此，发展低碳农业要通过农业结构调整，耕种模式整合，最大限度地实现农业资源的循环综合利用，进一步提高农业资源利用效能，充分利用农业生态系统中的各类生物质能源，以形成低碳农业的能源支柱，全面降低各类化肥和农药的使用量，最终促进低碳农业以及碳汇农业的健康可持续发展。

（四）低碳城镇

城镇是从事非农产业（二三产业）居民的聚居地，在建筑景观、文化景观以及生态系统等方面与乡村有着本质的区别。因此，低碳城镇不仅要注重二三产业的低碳化，还要注重产业之间、经济社会环境之间各环节低碳化的有机衔接，最终形成城镇综合运行过程的低碳化。

（五）低碳乡村

乡村主要是从事第一产业居民的聚居地，在建筑、文化、生态等方面形成独特的乡村田园景观。低碳乡村不仅要注重高碳农业的低碳化改造以及碳汇农业发展，还要注重低碳空间、低碳建筑、低碳交通、低碳社会文化等诸多内容。

（六）碳源碳汇

低碳经济发展包括二氧化碳等温室气体排放的相对减少与绝对减少。发展低碳经济就是要实现"减法"和"加法"两条腿走路。减少二氧化碳等温室气体排放总量就是要做好"减法"，增加森林碳汇、农业碳汇就是要做好"加法"。"碳汇"（carbon sink）包括森林碳汇、农田碳汇、产业碳汇、生态碳汇等诸多方面。在应对全球气候变暖的实践过程中，碳汇越来越受到各国、各地区的重视和关注。增加"碳汇"在一定程度上就是减少工业碳源二氧化碳等温室气体的排放。环境就是生产力，植树造林，扩大森林面积，强化生态保护，是减少二氧化碳等温室气体排放绝对量的最有效途径之一。

三、低碳经济与生态经济、绿色经济、循环经济的区别与联系

低碳经济与生态经济、绿色经济、循环经济的区别主要是发展经济的视角不

同、侧重点不同，所追求的和强调的重点不同，但在一定程度上具有相同的目的，即经济社会环境的协调健康可持续发展（杨芙蓉，2009；张洋，2012）。

四、低碳经济理论与县域经济高质量发展

县域经济低碳、绿色发展的过程，实际上就是经济高质量发展的过程。县域经济的低碳、绿色发展，并不是完全退回到我国 20 世纪计划经济时代的绿色低碳，而是在充分满足人民群众对美好生活向往的多样化需求的基础上的低碳、绿色、有机发展，也就是县域经济的高质量发展。县域经济高质量发展的过程，实际上就是经济发展低碳化、绿色化、有机化的过程。低碳经济理论对县域经济高质量发展具有重要的指导作用。

第七节　生态学原理

一、互利共生理论

生态学认为，互利共生是两物种相互有利的共居关系，彼此间有着直接的营养物质的交流，相互依赖，相互依存，双方获利（杨士弘，2003）。

县域经济社会高质量发展与生态环境之间也是一种相互依存、共生共荣的关系。共生导致有序，共生的结果使县域城乡生产、生活、生态融合发展，生态环境持续保持良好的状态，特色禀赋优势资源得到合理的开发利用，经济社会高质量发展，城乡系统获得经济、社会、环境等多重效益，系统功能得以提升。共生者之间差异越大，系统多样性越高，从共生中受益也就越大。城乡生产—生活—生态之间有效融合，结构合理优化，功能不断提升，城乡生物多样性越高，生态环境良性循环，将会促进县域经济—社会—环境协调健康高质量发展；县域城乡经济高质量发展也有利于城乡生产—生活—生态的进一步融合，使城乡生态环境质量不断提高。不同地域类型县域生产、生活、生态的融合与其经济高质量发展之间有着直接的物质流、能量流、信息流、生态流的密切交流关系，二者相互依赖，互利共生（见图 2 - 10）。

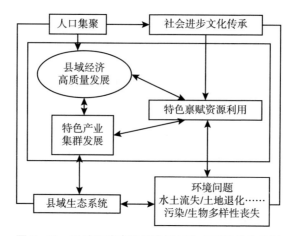

图 2-10 县域经济高质量发展与生态环境共生机制

资料来源：作者根据杨士弘（2003）的研究修改。

二、协同进化理论

生态学上，协同进化是指在物种进化过程中，一个物种的性状作为对另一物种性状的反应而进化，而后一物种性状的本身又作为前一物种性状的反应而进化的现象（杨士弘，2003）。县域经济高质量发展与其生态环境之间就是一种协同进化关系。县域特色主导产业高质量发展有利于生产力合理布局，有利于加大生态建设资金、技术投入，使"三废"排放减少、"三废"处理率提高，污染在源头得以治理，生态环境得到进一步改善，最终使县域生产—生活—生态有效融合，系统功能得以提升（见图 2-11）。反之，县域经济畸形发展，城乡聚落之间的交叉污染，城乡生态环境日趋恶化，就会严重影响县域产业发展；县域经济产业不能健康发展将进一步导致县域财力不足，严重制约投入于城乡生态环境建设方面的人力、物力、财力，城乡生态环境日趋恶化，城乡的发展更加杂乱无序，最终将形成恶性循环（见图 2-11）（杨士弘，2003）。因此，我们要通过宏观引导和微观治理等措施不断调整优化县域生产—生活—生态之间的"三生"有效耦合，使其合理有序协调协同发展；同时也纠正了县域发展过程中生产生活布局不合理的现象，使县域经济高质量发展能够不断适应自然生态环境，最终实现其协同进化目标（见图 2-11）。

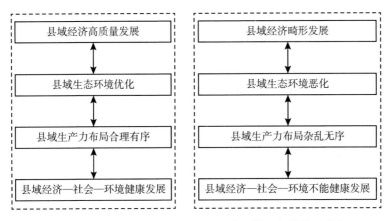

图 2 - 11　县域经济高质量发展与生态环境之间的协同进化

三、生态足迹理论

1992 年，加拿大生态经济学家威廉（William）提出生态足迹（Ecological Footprint，EF）。后来，其博士生（Wackernagel）对生态足迹进一步完善。

生态足迹，即一定科学技术水平和消费水平条件下，一个国家（地区、个人）持续发展或生存所必需的生物生产性土地面积。当一个国家（地区）的生物承载力大于生态足迹时，则产生生态盈余，表明该国家（地区）的生态容量足以支持其现有人口在现有生活水平下的消费负荷，有利于该国家（地区）经济社会环境协调健康可持续发展；否则，将会影响该国（地区）经济社会环境的持续发展（常文娟、马海波，2010）。

由此可以看出，生态足迹是从一个全新的角度定量测度一个国家（地区）的可持续发展状况，是一种定量评价可持续发展程度的方法，不仅可以测度人类对环境的影响程度，又代表人类对生存环境的需求情况。

任何一个国家（地区、城市或个人）的生态足迹，就是生产相应人口所消费的所有资源和消纳这些人口所产生的所有废弃物所需要的生物生产性土地面积（陈栋为、陈晓宏、孔兰，2009；姜秀娟，2010）。

生物生产性土地（包括陆地和水域）因生产力大小不同可将其划分为化石能源用地、可耕地、牧草地、森林、建筑用地、水域等。因此，在计算各类生物生产性土地面积时要乘以一个相应的均衡因子。又因不同国家（地区）间存在着生产管理水平的差异，在计算比较各个国家（地区）同类生物生产性土地面积时，需要将其面积乘以一个相应的产量因子。然后，进行国家（地区）不同生物生产性土地类型的空间汇总，即国家（地区）的生物生产性能力或生态足迹（见图 2 – 12）（常文娟、马海波，2010）。

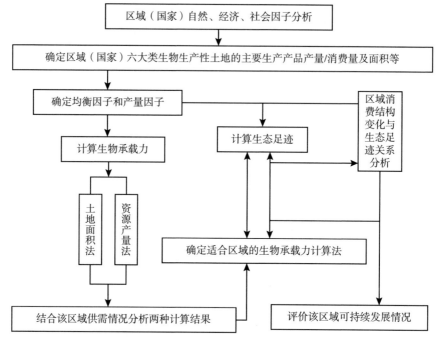

图 2 – 12　区域生态足迹模型技术路线流程

四、生态学理论与县域经济高质量发展

生态学理论为县域经济高质量发展奠定了重要的理论基础。首先，生态学的生物多样性原理要求县域经济的健康高质量发展应是多种多样的。其次，互利共生理论说明在县域经济高质量发展过程中，经济—社会—环境之间是互促互进的，要协调好三者之间的关系，使生产、生活、生态"三生"空间有机地融合在一起。最后，县域经济、社会、环境之间是一种协同进化的关系。

由此可以看出，县域资源环境条件、经济社会基础、科学技术实力是经济高质量的重要前提，就是处理好县域经济高质量发展与生态学之间有着密切的关系，生态学原理及内容不仅是县域优势得以充分发挥的重要前提，而且也为县域经济高质量发展提供了坚实的理论基础。

第八节 环境库兹涅茨曲线（EKC）理论

一、环境库兹涅茨曲线内涵

1993 年，Panayotou 首次提出环境质量与收入之间的关系为倒"U"形关系，因其借鉴了库兹涅茨倒"U"形曲线，被称为环境库兹涅茨曲线（EKC）（包桂英，2010）。其内涵主要包括以下四个方面的内容：

（一）环境质量需求

当收入水平很低或较低时，地球上的总人口有限，人类对自然资源的开发利用相对较少，生态环境质量相对也就较好。另外，就是当人们的收入提高到一定水平后，他们对现实和未来的生活环境更加关注，对高质量环境产生强烈需求，从而促进产业结构高级化，减缓环境恶化。

（二）环境规制

生态环境质量是一种公共产品，公共产品的外部性导致企业或个人在生产生活过程中肆意应用，最终导致生态环境质量的不断下降。EKC 强调必须建立健全相应的法规制度，进行环境规制，强化生态环境这一公共产品外部性成本内化，加强对个人、企业乃至政府不利于生态环境的行为的监管与惩处力度。环境规制的健全完善从一个侧面推动了产业结构优化升级，推动了高碳产业逐步低碳化。

（三）市场机制

随着市场机制的进一步完善以及在资源配置过程中的广泛应用，自然资源的市场供求调节机制将有利于减缓生态环境恶化。

（四）减污投资

不同的经济发展阶段，资本充裕程度有着较大差别，其环保投资规模因此而不同。减污投资与环境质量呈明显的正相关关系。

二、环境库兹涅茨曲线的解释力

EKC 理论较好地阐释了环境质量与收入之间的关系。但其假定收入仅是一个外生变量，无法揭示存量污染的影响以及长期的环境质量与收入的关系，无法阐释新技术与新的危险废弃物、环境规制趋同与触底竞争型等现实问题；在污染结构、非收入因素对污染的影响、发达国家与发展中国家间的差异等方面的解释力仍然存在着一定的问题（佘群芝，2008）。

三、环境库兹涅茨曲线理论与县域经济高质量发展

县域经济高质量发展，环境质量将会得到逐步改善；环境质量的提升，将进一步促进县域经济高质量发展，二者之间相互制约、互促互进。县域经济高质量发展过程，也是收入逐步提升的过程，根据 EKC 理论的观点，县域生态环境质量也将得到逐步改善，这也间接说明，县域经济高质量与环境质量提升之间是一个相互促进、良性互动的过程。

第九节　"脱钩"发展理论

一、"脱钩"发展理论内涵

"脱钩"发展（decoupling development），即经过一段时间演变，原来具有依赖关系的某两者之间将不再存在依赖关系。"脱钩"理论最早用来描述新兴市场与欧美经济走势的关系问题，由最初的依赖关系到最后的"脱钩"发展。1966年，国外学者提出了关于经济发展与资源环境压力的"脱钩"问题，正式将"脱钩"理论整合在经济发展领域，主要是研究经济发展与碳排放之间的相互关系，指出传统经济发展对自然环境的过度依赖，对资源环境的破坏也就如影随形，后来实行了保护环境的循环经济发展模式，经过一段时间以后，经济发展就不再危害生态环境了，它们之间就实现了全面"脱钩"。近些年来，"脱钩"发展理论进一步拓展到能源与环境、农业政策、循环经济等领域，并取得了阶段性成果（陈伍香，2012；陈飞，2009）。

二、脱钩发展理论应用

"脱钩"发展理论已得到一定程度的应用。研究表明，一国或地区工业发展初期或中期，资源消耗与经济总量提升呈明显的同步增长关系；在完成工业化中期后，资源消耗与经济增长开始呈现倒"U"形关系，即经济总量快速增长，而单位产值的资源消耗却大幅度下降。其主要原因为科学技术水平、管理水平以及劳动者素质的不断提高，使资源能源利用效率大幅度提高，生产效率不断提高，产业经济效益快速增长。因此，"脱钩"发展理论的重要内涵之一就是以坚持科学技术水平和管理水平的不断提高为前提，以提高能源资源利用效率为核心，不断降低能源资源消耗强度和碳排放强度，努力降低二氧化碳等温室气体排放增长率，实现经济增长与能源资源利用的逐步"脱钩"。

三、"脱钩"发展理论与县域经济高质量发展

县域经济增长与能源资源之间逐步"脱钩"的过程，就是经济高质量发展的过程。所谓经济高质量发展，其实质就是各种工农业以及生态产品的生产，既能够满足人们日益增长的对美好生活的向往需要，又能让生产成本越来越低，对资源、能源的依赖越来越少，对生态环境的影响越来越小，甚至降低到生态环境自身净化能力的许可范围内，也就意味着产品的竞争能力越来越强，经济效益越来越好。"脱钩"发展理论有利于县域经济高质量发展，县域经济高质量发展的过程，实际上就是"脱钩"发展理论的实际应用过程。"脱钩"发展理论对县域经济高质量发展具有重要的指导作用。

第十节 可持续发展理论

一、可持续发展理论内涵

20世纪中后期以来，由于各国（地区）的工业化进程快速推进，资源能源被广泛地开发利用，资源能源消耗不断增加，环境污染越来越严重，生态问题越来越突出。尤其是不可再生能源资源（矿产资源、化石能源）的大量开发利用，

使一些资源逐步枯竭；与此同时，一些稀有动植物不断灭绝，生物多样性快速减少。在此背景下，联合国环境与发展委员会的相关报告先后提出了可持续发展理论。其后，可持续发展理论又在经济、社会、生态等方面得到进一步完善。简单来说，可持续发展理论的内涵就是强调代内公平和代际公平，人与自然和谐共处。代内公平就是指同一时代内一些人或一些地区的发展不能影响其他人或其他地区的发展；代际公平是指当代人的发展不能影响下一代人（子孙后代）的发展，人与自然共生、和谐共处。

二、可持续发展理论应用

可持续发展理论提出以来得到各国（地区）政府的广泛认同，并付诸实际行动中。我国政府也于 20 世纪 90 年代制定了可持续发展的纲领性文件——《中国二十一世纪议程》，21 世纪初期以来，我国政府先后提出了相应的节能减排目标，制定出台了一系列法规制度，尤其是 2020 年我国宣布了碳达峰碳中和等国家自主贡献新目标，展现了贯彻新发展理念、建设清洁美丽世界的坚定决心。

三、可持续发展理论与县域经济高质量发展

可持续发展理论认为，县域是一个块状经济体，其内部的经济社会环境必须是一个完全协同的有机体，其间的协调、协同发展将成为县域经济高质量发展的关键；县域特色产业集群的转型升级，主要是通过产品的转型升级来实现，二者的转型升级、高质量发展，必将促进县域经济发展的不断升级与可持续发展。

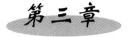

第三章

县域经济高质量发展水平测度

县域经济高质量发展水平测度是研究机制创新与采取应对策略的前提条件。我国地域广阔，不同类型县域经济高质量发展水平存在着很大差异。这是因为不同地域类型县域在科学技术进步、政策体制环境、法规制度体系、金融支持力度、社会文化背景、原有经济基础、资源环境状况等方面存在着明显差异，继而对各县域经济高质量发展产生重要影响，有些甚至起着决定性的影响。因此，我们深入分析这些影响因素，以便于更好地选择确定评价指标体系，进行县域经济高质量发展水平的实际测算。

第一节 县域经济高质量发展的影响因素

影响因素分析是县域经济高质量发展水平测度、机制创新与应对策略的前提和基础。

一、科学技术进步

科学技术进步是指科学技术通过对客观世界认识的扩大与深化来改造自然，使之更好地满足人类社会的物质与精神需求所取得的进化与革命。科学技术进步包含科学发明与进展及其在生产流通各个领域应用中的进步。

狭义的技术进步是指工程技术的发展与提高，包括改造旧设备，应用新设备；改造旧工艺，应用新工艺；采用新能源和新材料；改造老产品，提高其性能和质量；降低各种生产消耗；提高劳动者技能；等等。

广义的技术进步主要是指与经济发展关系密切的工程技术和管理与决策科学技术的发展。

科学技术进步对县域经济高质量发展的影响主要表现在以下两个方面:

(一) 影响县域自然资源的开发利用

科学技术水平越高,人类利用自然资源的种类越多、范围越大,尤其是提高了人们对自然资源的利用深度,甚至可以变废为宝,变害为利,进一步提高资源利用效率,大大降低单位 GDP 生产过程中的资源消耗成本。因此,科学技术进步是县域经济高质量发展的决定性因素,有利于降低县域经济发展过程中对非地产资源的依赖程度。在县域经济高质量发展过程中,主要通过挖掘内在潜力,提高要素效能,用较少的投入获得更多的产出;或者用同量的投入获得更多的产出,从而减少对本县域以及县域以外资源能源的依赖程度,提高县域经济发展的稳定性,增强县域竞争能力。例如,节能技术的发明推广应用,使得单位产出的能耗量大幅度降低,从而减缓了县域经济高质量发展的压力,尤其是能源缺乏地区县域经济高质量发展受能源市场价格上涨的影响,提高了能源安全程度,继而促进县域经济健康稳定高质量发展 (王文娟,2010)。

(二) 促进县域经济健康高质量发展

科学技术进步有利于县域产业结构转型升级,推动县域经济高质量发展。科学技术进步不仅促使经济总量增加,同时也将促使社会分工细化、协作与专业化加深、劳动生产率提高,推动经济结构变化,及时转型升级。例如,农业生产技术的提高,有利于更多的农业劳动者从农业生产中解放出来,从事其他社会经济活动,推动农业产业化和农业现代化的有序发展;工业技术进步直接降低了单位产品对原材料的需求(消耗),使工业产品逐步迈向"高、精、尖",推动工业结构转型升级,推动新型工业化健康发展;技术进步,加之人们的生活水平提高、消费结构变化,从而进一步提升了第二、第三产业在县域经济社会发展中的地位,尤其是第三产业地位的大幅提升,使产业结构逐步趋向高级化(刘桂文,2010;孙起生,2010)。

二、政策体制环境

科学技术进步创新,离不开良好的政策体制环境,既包括良好的政治思想条件,也包括符合社会发展需要完善的体制机制环境,其间必须协调发展。

（一）政治思想条件

习近平新时代中国特色社会主义思想是对马克思列宁主义、毛泽东思想、邓小平理论、"三个代表"重要思想、科学发展观的继承和发展，是当代中国马克思主义、21 世纪马克思主义，是中华文化和中国精神的时代精华，是党和人民实践经验和集体智慧的结晶，是中国特色社会主义理论体系的重要组成部分，是全党全国人民为实现中华民族伟大复兴而奋斗的行动指南，必须长期坚持并不断发展。习近平新时代中国特色社会主义思想强调必须坚持人民至上、坚持自信自立、坚持守正创新、坚持问题导向、坚持系统观念、坚持胸怀天下（黄坤明，2022）。我国经济发展已经由高速增长转向中低速增长，只有在习近平新时代中国特色社会主义思想指导下，通过高质量发展，才能解决人民日益增长的美好生活需要和不平衡不充分的发展之间的矛盾，实现我国经济社会与资源环境的协调健康可持续发展。

（二）体制机制环境

在习近平新时代中国特色社会主义思想指导下，在相关法规制度的约束引导下，逐步建立相应的完善的体制机制环境，为实现高质量发展打好基础。

第一，建设全国统一大市场，有利于有效发挥市场机制的作用，激发微观经济主体的活力和创造力。2022 年 4 月 10 日，《中共中央、国务院关于加快建设全国统一大市场的意见》明确提出：加快建立全国统一的市场制度规则，打破地方保护和市场分割，打通制约经济循环的关键堵点，促进商品要素资源在更大范围内畅通流动，加快建设高效规范、公平竞争、充分开放的全国统一大市场，全面推动我国市场由大到强转变，为建设高标准市场体系、构建高水平社会主义市场经济体制提供坚强支撑。

第二，构建国家现代治理体系，提高经济社会治理能力，打造具有国际竞争力的营商环境。国家治理体系，就是指在中国共产党领导下管理国家的制度体系，包括经济、政治、文化、社会、生态文明和党的建设等各领域体制机制、法律法规安排，也就是一整套紧密相连、相互协调的国家制度。国家治理能力则是运用国家制度管理社会各方面事务的能力，包括改革发展稳定、内政外交国防、治党治国治军等各个方面的能力。国家治理体系和治理能力的现代化，就是使国家治理体系制度化、科学化、规范化、程序化，从而把中国特色社会主义各方面的制度优势转化为治理国家的效能。党的十八届三中全会明确提出了全面深化改革的总目标，即"完善和发展中国特色社会主义制度、推进国家治理体系和治理能力现代化"。在市场经济中，通过市场监管方式改进、政策机制设计、转变政府职能等手段，来克服市场失灵，形成公平竞争和法治有序的市场环境。

第三，完善公共服务政策体系，改善消费市场环境，提高人民群众的获得感。进一步优化政府财政支出结构，提高公共资金使用的社会效益。完善促进消费领域的体制机制，进一步优化消费环境，增加有效供给，以满足人民群众日益增长的美好生活的需要。加强消费市场监管，加大消费侵权查处力度，严厉打击假冒伪劣商品，使人民群众安全和放心地消费。支持社会力量进入医疗、养老、教育、文化、体育等领域，以便于满足不同层次收入群体多样化的需要。

第四，培育要素市场，提高要素质量。高质量发展就需要高质量的要素。要建立能够合理反映各类要素价值的价格体系，充分发挥市场机制配置资源的决定性作用，进一步促进要素合理流动和配置。要增加对人力资本的投入，优化教育结构，提高人才培养质量。根据产业结构转型升级的需要，加强在职培训，提高人才对高质量发展的适应程度。建立多层次的人才政策，构建适应各类人才的薪酬和激励机制，调动各类人才的创造性和积极性。深入推进户籍制度改革以及公共服务等相关配套改革，促进人才合理流动。加强金融体制改革，健全多层次的资本市场，完善监管体制，促进金融为实体经济服务；加强对生态环境保护的监管，加大执法力度。通过税收、绿色信贷、生态补偿、排放交易等政策工具，建立严格监管与有效激励相结合的生态保护长效机制。

第五，要探索体现高质量发展的评价指标体系。加快形成推动高质量发展的指标体系、政策体系、标准体系、统计体系、绩效评价、政绩考核等。要实行总量指标和人均指标相结合，效率指标和持续发展指标相结合，经济高质量发展与社会高质量发展相结合。要有反映要素生产率的指标，提高全要素生产率，尤其要提高稀缺生产要素的投入产出率；要有反映创新创业、投资增长、产品质量和竞争力等经济活力指标；要有反映就业、人均可支配收入、人均公共品拥有量、人均寿命、出生率等指标，以便于体现以人民为中心，提高生活质量和幸福感。评价指标不能"一刀切"，各地应在总体框架下，因地制宜突出重点，使评价指标真正起到风向标和助推剂的作用（曹清尧，2012）。

三、法律制度体系

（一）法规制度现状

我国已初步构建了促进经济高质量发展的法律、方案和办法。全国人大常委会先后制定、修订完善了《中华人民共和国森林法》（1984年颁布，1998年第一次修订，2009 年第二次修订）、《中华人民共和国水污染防治法》（1984 年颁布，2008 年第一次修正，2017 年第二次修正）、《中华人民共和国矿产资源法》（1986 年制定，2009 年第一次修正）、《中华人民共和国大气污染防治法》（1987 年颁布，1995 年第一次修正，2000 年第一次修订，2015 年第二次修订，2018 年第二次修正）、《中华人民共和国环境保护法》（1989 年颁布，2014 年修订）、《中华人民共和国产品质量法》（1993 年颁布，2000 年第一次修正，2009 年第二次修正，2018 年第三次修正）、《中华人民共和国煤炭法》（1996 年颁布，2013 年修订）、《中华人民共和国节约能源法》（1997 年颁布，2007 年修订，2016 年修改）、《中华人民共和国环境影响评价法》（2002 年颁布）、《中华人民共和国清洁生产促进法》（2002 年颁布，2012 年修订）、《中华人民共和国可再生能源法》（2005 年颁布，2009 年修正）、《中华人民共和国循环经济促进法》（2008 年颁布，2018 年修正）、《中华人民共和国长江保护法法》（2020 年颁布）、《中华人民共和国乡村振兴民法典》（2020 年颁布）、《中华人民共和国乡村振兴促进法》（2021 年颁布）等，这些法规制度的出台为经济、社会、环境的健康协调发展提供了有力保障，为经济高质量发展提供了良好的法律环境，也为地方（县域）经济高质量提供了战略发展思路，为进一步制定可操作的经济高质量发展的具体措施奠定了良好基础。

（二）存在的问题及成因

20 世纪末期以来，我国在保护生态环境、治理环境污染、节约能源资源、推动经济高质量发展等方面作出了不懈努力，取得了一定成效。但仍然存在一些亟待解决的问题（曹清尧，2012）。

一是产业结构仍较为粗放，高质量发展任重道远。我国依然处于工业化中期阶段，虽然 2013 年第三产业占比已超过第二产业，2020 年第三产业占比已达到54.53%，远超过第二产业的 37.85%，但县域经济增长仍然主要依赖第二产业拉动[①]（见表 3 - 1）。2019 年我国共有 1710 个县（市），生产总值为 39.1 万亿元，约占全国生产总值的 41%[②]。无论是东部沿海发达地区（江苏等）省份的产业结构，还是中西部的河南、青海等欠发达省份的产业结构，尤其是县（市）域产业结构，第二产业仍然占据主要地位（见表 3 - 2 ~ 表 3 - 4），产业结构仍较为粗

---

① 国家统计局. 中国统计年鉴 2021 [M]. 北京：中国统计出版社，2021.
② CEIE 统计数据库. 中国劳动人口参与率 [EB/OL]. https://www.ceicdata.com/zh-hans/indicator/china/labour-force-participation-rate.

放，产业转型升级仍较为缓慢，县域经济高质量发展任重道远。

表 3-1　　　　　　　　　我国产业结构演变过程一览

年份	生产总值（亿元）	第一产业增加值（亿元）	第二产业增加值（亿元）	第三产业增加值（亿元）	一二三次产业比重（%）
1978	3645.2	1027.5	1745.2	872.5	28.19：47.88：23.93
1980	4545.6	1371.6	2192.0	982.0	30.17：48.22：21.61
1985	9016.0	2564.4	3866.6	2585.0	28.44：42.89：28.67
1986	10275.2	2788.7	4492.7	2993.8	27.14：43.72：29.14
1987	12058.6	3233.0	5251.6	3574.0	26.81：43.55：29.64
1988	15042.8	3865.4	6587.2	4590.2	25.70：43.79：30.51
1989	16992.3	4265.9	7278.0	5448.4	25.10：42.83：32.07
1990	18667.8	5062.0	7717.4	5888.4	27.12：41.34：31.54
1991	21781.5	5342.2	9102.2	7337.1	24.53：41.79：33.68
1992	26923.5	5866.6	11699.5	9357.4	21.79：43.45：34.76
1993	35333.9	6963.8	16454.4	11915.7	19.71：46.57：33.72
1994	48197.9	9572.7	22445.4	16179.8	19.86：46.57：33.57
1995	60793.7	12135.8	28679.5	19978.4	19.96：47.18：32.86
1996	71176.6	14015.4	33835.0	23326.2	19.69：47.54：32.77
1997	78973.0	14441.9	37543.0	26988.1	18.29：47.54：34.17
1998	84402.3	14817.6	39004.2	30580.5	17.56：46.21：36.23
1999	89677.1	14770.0	41033.6	33873.5	16.47：45.76：37.77
2000	99214.6	14944.7	45555.9	38714.0	15.06：45.92：39.02
2001	109655.2	15781.3	49512.3	44361.6	14.39：45.15：40.46
2002	120332.7	16537.0	53896.8	49898.9	13.74：44.79：41.47
2003	135822.8	17381.7	62436.3	56004.8	12.80：45.97：41.23
2004	159878.3	21412.7	73904.3	64561.3	13.39：46.23：40.38
2005	184937.4	22420.0	87598.1	74919.3	12.12：47.37：40.51
2006	216314.4	24040.0	103719.5	88554.9	11.11：47.95：40.94
2007	265810.3	28627.0	125831.4	111351.9	10.77：47.34：41.89
2008	314045.4	33702.0	149003.4	131340.0	10.73：47.45：41.82

续表

年份	生产总值（亿元）	第一产业增加值（亿元）	第二产业增加值（亿元）	第三产业增加值（亿元）	一二三次产业比重（％）
2009	340902.8	35226.0	157638.8	148038.0	10.33∶46.24∶43.43
2010	401512.8	40533.6	187383.2	173596.0	10.10∶46.67∶43.23
2011	473104.0	47486.2	220412.8	205205.0	10.04∶46.59∶43.37
2012	518942.1	52373.6	235162.0	231406.5	10.09∶45.32∶44.59
2013	592963.2	53028.1	261951.6	277983.5	8.94∶44.18∶46.88
2014	643563.1	55626.3	277282.0	310654.0	8.64∶43.09∶48.27
2015	688858.2	57774.6	281338.9	349744.7	8.39∶40.84∶50.77
2016	746395.1	60139.2	295427.8	390828.1	8.06∶39.58∶52.36
2017	832035.9	62099.5	331580.5	438355.9	7.46∶39.85∶52.68
2018	919281.1	64745.2	364835.2	489700.8	7.04∶39.69∶53.27
2019	986515.2	70473.6	380670.6	535371.0	7.14∶38.59∶54.27
2020	1015986.2	77754.1	384255.3	553976.8	7.65∶37.85∶54.53

资料来源：国家统计局.中国统计年鉴2021［M］.北京：中国统计出版社，2021.

表3-2　　　　　　　　江苏省县域产业结构演变情况一览

年份	生产总值（亿元）	第一产业增加值（亿元）	第二产业增加值（亿元）	第三产业增加值（亿元）	一二三次产业比例（％）
1990	89.39	33.07	40.52	15.80	37∶45∶18
1995	363.36	79.62	182.50	101.25	22∶50∶28
2000	558.66	97.96	269.89	190.81	18∶48∶34
2005	9097.76	1060.25	5062.78	2974.74	12∶56∶32
2010	21779.99	1781.27	11991.79	8006.92	8∶55∶37
2015	31346.74	2284.98	15369.55	13692.19	7∶49∶44
2020	42303.84	2884.02	19734.66	19685.23	7∶47∶46

资料来源：江苏省统计局.江苏经济统计年鉴（2021）［M］.北京：中国统计出版社，2021.

表3-3 河南省县域产业结构演变情况一览

年份	生产总值 （亿元）	第一产业增加值 （亿元）	第二产业增加值 （亿元）	第三产业增加值 （亿元）	一二三次产业比例 （％）
2000	3512.15	1055.71	1552.95	934.25	30：44：26
2005	7249.84	1700.87	3759.03	1789.94	23：52：25
2010	16112.48	2892.77	9482.83	3736.88	18：59：23
2015	25530.93	3747.33	13328.73	8454.89	15：52：33
2020	35305.38	4781.73	15324.23	15199.42	14：43：43

资料来源：河南省统计局. 河南经济统计年鉴［M］. 北京：中国统计出版社，2021.

表3-4 青海省县域产业结构演变情况一览

年份	生产总值 （亿元）	第一产业增加值 （亿元）	第二产业增加值 （亿元）	第三产业增加值 （亿元）	一二三次产业比例 （％）
1995	46.67	20.20	14.89	11.54	43：32：25
2000	111.29	29.79	48.98	32.53	27：44：29
2005	257.21	56.07	116.47	85.78	22：45：33
2010	946.28	132.26	588.85	224.65	14：62：24
2015	1430.83	213.99	789.83	427.01	15：55：30
2020	1883.81	330.38	838.17	715.26	18：44：38

资料来源：青海省统计局. 青海经济统计年鉴［M］. 北京：中国统计出版社，2021.

二是约束手段仍较单一，综合措施有待加强。我国目前的经济高质量发展对策措施主要靠宏观行政手段，企业自发提升产品质量等方面的积极性明显不足，尤其是生态环境的高质量发展，政府已经提出碳达峰碳中和，明确未来一段时期内各级地方政府应完成的节能减排总目标，尤其是历次"五年规划"中的节能减排约束性指标，主要是用行政指令的方式分解到各级地方政府部门，以约束地方政府和企业的经济行为。然而经济高质量发展仅靠行政指令是远远不够的，要及时采取法律保障、政府引导和市场运作等多种手段，通过各种手段的综合运用，才能推动县域经济健康高质量发展。

三是资源环境价格扭曲，绿色GDP亟待完善。在目前的县域资源能源开发利用过程中以及生态环境的使用领域，良好的市场机制尚未建立起来，自然资源及生态环境的稀缺性在经济社会发展过程中没有得到应有的反映，市场机制优化配置生产要素的作用没有得到有效发挥，主要表现为资源环境产品价格长期偏低，资源环境这一公共产品的外部性成本长期没有内化，不仅使地方保护主义抬头，助长了高碳产业的发展，而且也严重地阻碍了产业转型升级的积极性，抑制了新兴产业产业的兴起与发展。

四是干部任用考核机制不健全。我国地方政府官员的考核一般采用任期考核和任期内的不全面考核制度，注重一些容易衡量的 GDP 数据等，而忽视了一些不能够立竿见影的科学技术创新、新兴产业培育、传统产业改造、生态环境工程与生态效益提升等健康高质量发展的基础工作，给当地的节能减排、产业结构优化，乃至经济高质量可持续发展带来很大的困难。

四、财政金融支持

财政金融支持，既包括政府财政方面科技三项经费投入、税收减免、中小企业科技创新基金，也包括主要依靠金融市场方面的创业投资、绿色金融以及企业研发费用投入等。财政支持在科技研发以及经济高质量发展过程中的投入，主要起着一种导向作用，代表着科技创新的主攻方向以及经济产业的发展趋势，然而在科学技术进步以及产业转型升级过程中能够起到"四两拨千斤"的关键作用，带动其他工商资本和社会资金的大量投入，对经济高质量发展产生重要的助推作用。

（一）国际财政金融支持状况

20 世纪八九十年代，德国为了推动经济高质量发展，主要通过减税减负、控制货币供给等宏观经济手段进行适当干预，撬动供给侧改革，实现经济高质量发展的动能转换；日本则通过设立"基础技术研究开发促进税制""中小企业技术基础强化税制"等，对研发活动给予税收优惠、提供低利融资等，鼓励企业研发活动，加快培育技术密集型产业竞争力，使经济发展转向技术创新驱动等。

绿色金融方面，德国的主要经验为国家参与。一是国家出台政策，对环保、节能项目予以一定额度的贷款贴息，对于环保节能绩效好的项目，可以给予持续10 年、贷款利率不到1% 的优惠信贷政策，利率差额由中央政府予以贴息补贴。二是充分发挥政策性银行的作用，不断开发"绿色金融"产品。三是生态环境部门的认可，这是德国发展"绿色金融"取得成功的关键，通过生态环境部门审核，以确保贴息政策能够准确地支持节能环保项目。

碳金融市场建设方面，主要有欧盟排放交易体系（European Union Emission

Trading Scheme，EU－ETS）、芝加哥气候交易所（Chicago Climate Exchange，CCX）等机构，其交易品种是期货、期权、碳交易基金等金融衍生品，尤其是二级市场清洁气候机制（Clean Climate Mechanism，CDM）交易以来，其成交量和成交额几乎呈几何级数增长。碳交易市场的运行一方面鼓励促进了企业等经济实体节能减排、减少碳源的积极性，进一步加大低碳技术研发的投入，鼓励发展森林碳汇、农业碳汇，使生态农业、绿色农业、有机农业等低碳农业不断发展壮大；另一方面也使二氧化碳等温室气体排放以及废水废渣排放较大的企业付出应有的代价，对其碳排放行为进行了有效遏制，有力地促进了低碳经济、绿色经济发展，继而推动县域经济高质量发展（王冰、刘威，2010；杜莉、张云、王凤奎，2013；王增武，2009）。

（二）国内财政金融支持情况

我国在科学技术创新、经济高质量发展过程中的财政金融支持方面，也做了大量的工作。一是科技三项经费投入大幅度增长。在2011～2020年的10年中，我国科技经费投入大幅度增长，从2011年的8687亿元，增加到2020年的24393.1亿元；占国内生产总值的比重，也由2011年的1.84%提升到2020年的2.40%，提升了0.56个百分点（见表3－5）。二是成立科技型中小企业创新基金。1999年，国务院批准成立了科技型中小企业创新基金，主要用于支持科技型中小企业技术创新的政府专项基金，创新基金标志图形上端的金钥匙由C、T、E三个英文字母通过艺术变形组成，代表着资本、技术、创业者的最佳集合（Capital，Technologh，Enterpreneur）。通过拨款资助、贷款贴息和资本金投入等方式扶持、引导科技型中小企业的技术创新活动，促进科技成果的转化，培育一批具有中国特色的科技型中小企业，加快高新技术产业化进程，推动产业转型升级和产品结构优化，进一步扩大内需，创造新的就业机会，带动和促进国民经济健康、稳定、快速的发展等。每年的3月1日至12月31日均可申报，优先支持领域主要包括：电子信息方面的软件产品、微电子技术、计算机及网络产品、通信产品技术、广播电视技术产品、新型电子元器件、信息安全产品、智能交通产品等；生物医药方面的医药生物技术与产品、中药天然药物技术与产品、化学药技术与产品、医疗仪器设备、医用敷料与器材、轻化工生物技术及产品、生物医药高技术服务等；新材料方面的金属材料、无机非金属材料、高分子材料、精细化学品、新材料高技术服务；光机电一体化方面的工业生产过程控制系统，高性能、智能化仪器仪表，先进制造技术，新型机械产品，电力与电工行业技术产品，交通相关技术产品，光机电一体化高技术服务等；环境与资源方面的水污染防治技术，大气污染防治技术，固体废弃物的处理与综合利用技术，环境监测、应急和预警技术，清洁生产与循环经济的关键技术，资源高效开发与综合利用技术等；新能源与节能方面的可再生清洁能源技术及相关产品，新型高效能量转换与储存技术和相关产品，高效节能技术和相关产品，新能源与节能高技术服务等；新能源汽车方面的电动汽车动力系统平台关键技术，电控相关技术与产品，电池相关技术与产品，电机驱动相关技术与产品，电动化底盘及车载信息系统，充电、加氢基础设施相关技术与产品，电动汽车技术开发与集成应用高技术服务等；现代农业方面的良种培育，新型农业投入品，农业先进装备等。

表 3－5　　　　　　　　　2011～2020 年我国科技经费投入情况一览

项目	2011 年	2012 年	2013 年	2014 年	2015 年	2016 年	2017 年	2018 年	2019 年	2020 年
科技经费投入（亿元）	8687.0	10298.4	11846.6	13015.6	14169.9	15676.7	17606.1	19677.9	22143.6	24393.1
占 GDP 比重（%）	1.84	1.98	2.08	2.02	2.07	2.11	2.13	2.19	2.23	2.40

资料来源：2011～2020 年全国科技经费投入统计公报。

我国碳金融发展相对滞后，主要参与了国际 CDM 项目远期交易、碳基金运作、碳能效融资项目、碳结构类理财产品研发等方面合作，在内蒙古等地开展了具体的项目建设（张存刚、张小瑛，2010）。与此同时，我国相继成立了北京环境交易所、天津碳排放权交易所、上海环境能源交易所、深圳碳排放权交易所、广州碳排放权交易所、湖北碳排放权交易所、重庆碳排放权交易所七家碳排放权交易所。

五、社会文化背景

社会文化条件对县域经济发展理念的形成、经济高质量发展模式的确定与路径选择等方面产生重要影响（李捷，2013）。

（一）教育程度

受教育程度的高低，不仅影响人们对经济高质量发展的认知程度、接受程度以及经济高质量发展的模式确定、路径选择，而且还影响人们在产品消费方面的差异。一般情况下，受教育程度越高的人们对发展低碳经济、绿色经济越容易接受，越有利于经济的健康高质量发展。

（二）价值观

不同的社会文化背景下，人们对各种社会文化经济现象的态度和看法往往有着很大的不同，甚至是完全相悖。因此，人们的价值观念不同，对经济高质量发展的认识程度、发展理念、发展策略等方面也都有着褒贬不一的意见和态度，继而影响到县域经济的健康高质量发展。

（三）消费习俗

消费习俗，顾名思义，是指人们在特定的社会文化背景下长期以来形成的消费方式、消费理念、消费禁忌、消费习惯等。了解消费习俗这种"锁定效应"，不仅有利于县域政府部门主动地进行消费需求引导，也有利于预测目标市场产品消费的主要趋向。因此，消费习俗是县域经济高质量发展过程中进行市场预测的重要前提条件之一（刘孝徽，2011）。

（四）高质量发展的困惑

由于各县域的社会文化历史背景不同，在经济高质量发展过程中仍然存在着一些困惑。

党的十九大报告明确指出，我国经济已由高速增长阶段转向高质量发展阶段，正处在转变发展方式、优化经济结构、转换增长动力的攻关期，建设现代化经济体系是跨越关口的迫切要求和我国发展的战略目标。因此，如何建立现代化经济体系是困扰经济高质量发展的重要议题。

现有研究仍然存在一些困惑。例如，宏观经济结构失衡就是中国经济结构失衡的最突出表现。"经济结构失衡"是经济高速增长的一个必然结果，资源非均衡配置在经济增长的前期和中期大幅提高了经济增长率，即处在规模报酬递增阶段，但非均衡的增长模式导致经济结构日益失衡，结构失衡累积的矛盾随着经济发展进入中等收入水平后的规模报酬递减而愈发难以解决，进而制约了经济高质量发展。因此，如何有效解决"经济结构失衡"问题，是建立现代化经济体系的关键。

"质量"涵盖了宏观、中观和微观三个层次，高质量发展必然也应涵盖宏观层面的经济发展质量、中观层面的产业发展质量和微观层面的产品发展质量三个层面。国内外学者的相关研究主要集中于宏观经济运行层面，而针对中观产业层面和微观产品层面高质量发展的研究较少，仅有袁晓玲提出的建立"大质量观"，从宏观经济、中观经济、微观经济三个层面出发，全面衡量了经济发展质量，这对于提升全面发展质量、建立现代化经济体系具有重要指导意义。

六、原有经济基础

(一) 经济特色与经济地位

由于区域(县域)间的自然差异、位势差异、趋势差异等,任何一个地方不可能集各种优势于一身,而是相对于其他地方具有某种或某些优势,从而使该区域的竞争能力更强,资源能源利用效率更高,经济发展保持在较高水平。

区域优势包括:有形区域优势与无形区域优势,绝对区域优势和相对区域优势,局部优势与全局优势,空间优势与时间优势,现实优势与潜在优势,比较优势与竞争优势等多种类型。

区域比较优势使产业布局具有明显的指向性,具体包括自然环境条件与自然资源指向性产业、原材料指向性产业、消费市场指向性产业、劳动力指向性产业、高科技指向性产业、交通枢纽指向性产业等。区域比较优势也是特色产业集群形成发展的基础,只有遵循劳动地域分工规律来布局产业,才能突出区域比较优势,体现区域特色,形成地域特色产业集群,产生巨大的经济社会环境效益。

区域经济特色包括产业结构特色和产业布局特色两种表现形式。前者是指区域内形成了完整的产业结构,即主导产业、支柱产业、辅助产业、基础设施产业之间的协调健康发展。后者是指产业布局方面依据区域发展阶段的不同而不同,即传统农业阶段产业布局具有明显的分散性,工业化阶段主要围绕城镇体系布局产业结构。一个县域要保持经济健康高质量发展,就必须不断地培育自身比较优势,不断地形成县域特色产业(或特色产业集群),使县域产业结构能够及时转型升级,始终保持"人无我有,人有我优"的态势,才能长期保持县域经济发展的竞争优势,为县域经济高质量发展奠定良好的基础。

2019 年,我国县域生产总值已达 39.1 万亿元,约占全国生产总值的 41%,而县域土地面积却占到全国国土总面积的 95%,县域单位土地面积的生产总值远远低于城镇[1]。第一产业仍以家庭联产承包责任制为基础,以家庭生产为单位,土地的规模化、集约化经营程度仍然很低,农业现代化水平不高,传统农业生产仍然占据重要地位;第二产业生产规模较小,产品档次较低,科技含量不高,能

---

① CEIE 统计数据库. 中国劳动人口参与率 [EB/OL]. https://www.ceicdata.com/zh-hans/indicator/china/labour-force-participation-rate.

源资源利用效率普遍较低，产业链条短；第三产业发展滞后，仍以传统服务业为主，信息化水平较低。经济基础薄弱已影响到县域经济的健康高质量发展。

（二）收入水平与消费观念

一个地区居民的收入水平直接影响居民的消费品种类偏好、需求规模、购买力等诸多方面，继而影响到市场的需求结构。需求收入弹性系数很好地描述了收入与需求之间的关系，它是用来表示消费者对某种消费品需求量的变动对收入变动的反应程度。

在不违背规制的市场经济条件下，有需求就有生产。收入水平决定需求结构与需求水平，即市场需求结构，继而影响到县域比较优势的发挥、产业布局和产业规模，进而影响到县域经济的高质量发展。在同一科学技术水平条件下，人们需求的奢侈品增加，无形中就增加了对资源能源的消耗，废弃物排放增加，对生态环境的污染随之加重，继而影响到县域经济高质量的有序推进。

消费观念主要是指道德风尚、风俗习惯、行为模式、信仰及偏好等方面。消费观念构成产业布局与企业组织的软环境，直接影响到一些产业的布局和一些企业能否高质量发展。

（三）市场机制与市场化水平

市场机制有利于资源的优化配置，有利于资源的高效利用，有利于县域比较优势的充分发挥，有利于县域特色产业（集群）的逐步形成，有利于县域综合竞争力的不断提升，有利于推动县域经济的健康高质量发展。市场化水平主要从需求规模、市场层次结构、市场环境、市场意识等方面影响县域经济高质量发展。我国县域，尤其是内陆地区县域，第三产业发展水平相对滞后，信息化水平低，使人们的市场意识较为淡薄，继而影响到县域市场环境建设，最终导致市场化水平不高，降低了市场机制在优化配置资源能源中的作用，影响县域经济的健康高质量发展。

（四）基础设施与完善程度

基础设施在县域经济社会发展中起着重要的作用，基础设施是县域经济社会环境健康可持续发展过程中的必备条件。交通设施、教育设施、文化卫生设施、市政设施等社会基础设施的配置水平、完善程度是影响县域经济健康高质量发展的重要因素之一。例如，环保设施以及环保产业的发展可以有效地减少资源（能源）利用过程中对环境的污染，可以变废为宝，进一步提高资源能源利用效率，减少二氧化碳等温室气体排放。

七、资源环境状况

资源环境条件是影响县域经济高质量发展的基本条件，主要包括自然资源条件与自然环境条件两个方面。

（一）自然资源条件

自然资源是指存在于自然界，在一定的时间、地点和经济技术水平条件下，能被人类利用并能产生经济或社会价值的自然条件（或自然环境因素）。按照自然资源能否再生可以将其划分为可再生的自然资源和不可再生的自然资源两大类，前者主要指土地资源、水资源、生物资源、风能资源等，后者主要指矿产资源以及其中的化石能源等。

自然资源具有有限性、区域性、整体性、多用途性和社会性等特征。有限性是指资源的供应数量与人类不断增长的需求之间存在矛盾，形成经济学上自然资源供给的稀缺性。不同地区的同一资源存在数量质量差异以及不同地区资源品种组合上的差异，这种区域性也就是经济学上所说的自然资源的区域丰度。每种自然资源要素在生态上有机联系而形成一个有机整体就是自然资源的整体性，自然资源的整体性要求在对其进行开发利用时必须坚持全面研究与综合开发的原则。同一种自然资源适宜于多种用途的开发利用，这种多宜性在用途上并不是同等重要，自然资源的多用途性要求在确定其开发利用方式时要全面综合深入分析，以便做出慎重的选择。每一种自然资源要素都直接或间接地附加了人类劳动，构成自然资源的社会性。

自然资源对县域经济高质量发展的影响主要表现在以下三个方面：

一是自然资源是县域经济高质量发展的自然物质基础。自然资源不仅是县域生产力的重要组成部分，也是县域经济高质量发展的自然物质基础，即县域经济高质量发展不能完全脱离自然资源，只是相对于传统的经济发展模式而言对自然资源的需求呈不断减少趋势。因此，科学技术的发展创新只能加大对自然资源开发利用的广度与深度，不断提高其利用效率，但不能改变自然资源在县域经济高质量发展过程中的基础性作用。县域自然资源的组合情况直接影响县域产业构成、产业空间布局以及产业的转型升级过程。一般来说，县域范围内某种自然资源极为丰富，该县将形成以这种资源开发利用为主导的产业结构；如果某县域由多种自然资源组合而成，就可能形成以开发这些资源为主的不同的产业部门。自然资源对县域经济高质量发展的影响是一种基础性的作用（见图3-1）。

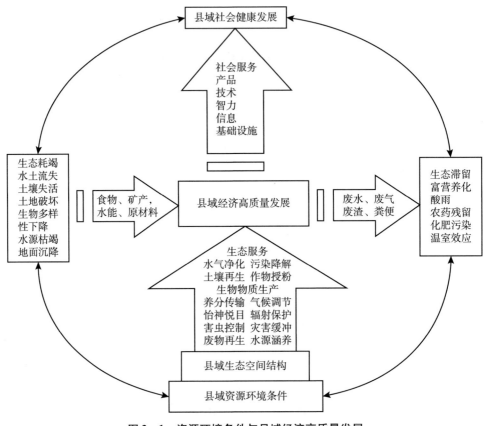

图3-1 资源环境条件与县域经济高质量发展

二是自然资源丰度影响县域经济高质量发展方向。例如，以丰富的煤炭资源为主的县域，将形成重要的煤炭能源基地，其经济高质量发展方向就要以煤炭为核心，从而进一步拉长产业链条，形成能源重化工产业集群，使煤炭资源循环重复利用，循环发展，尽可能地提高煤炭资源的开发利用效率。在对煤炭资源充分利用的同时，要做到未雨绸缪，及早建立产业发展基金，及早做好煤炭资源型县域的产业转型升级工作，以便于实现县域经济高质量发展的健康有序推进。

三是自然资源质量及开发条件影响县域经济高质量发展效益。自然资源质量不仅直接影响资源的开发成本，而且还影响资源利用过程中的治污成本。一般情况下，自然资源质量越高，其利用效率相对就越高，那么其排放的废弃物相对就越少，治理成本就越低；反之，治污成本就越高。另外，自然资源开发利用的环境比较恶劣、交通区位比较偏远，其开发利用成本以及治污成本自然就越高。自然资源质量以及开发条件直接影响县域经济活动效益的高低，同时还影响县域生态环境质量的好坏。

在建设具有中国特色社会主义过程中，县域经济发展质量有了一定程度的改善提高，但由于自然资源的影响，尤其是受到我国能源消费结构以及工业等全要素能源效率的影响（见表3-6和表3-7），在经济高质量发展方面仍然是困难重重，任重道远。我国很多县（市）煤炭等一次能源消费在能源消费构成中仍占很大比重，二氧化碳等温室气体排放一直居高不下，"高碳"经济特征仍很突出。我国县域经济高质量发展仍然面临着诸多资源环境质量问题，尤其是能源环境质量等方面的诸多重大挑战（刘桂文，2010）。

表3-6　　　　　　　　　2004~2013年我国能源消费构成情况一览

项目	2004年		2006年		2008年		2010年		2012年		2013年	
	总量（亿吨标煤）	占比（%）	总量（亿吨标煤）	占比（%）	总量（亿吨标煤）	占比（%）	总量（亿吨标煤）	占比（%）	总量（亿吨标煤）	占比（%）	总量（亿吨标煤）	占比（%）
能源消费	21.2	100	25.9	100	29.3	100	32.5	100	36.2	100	37.5	100
煤炭	14.8	69.8	18.4	71.0	20.5	70.0	22.1	68.0	24.1	66.6	24.7	65.9
石油	4.5	21.2	5.0	19.3	5.3	18.0	6.2	19.1	6.8	18.8	6.9	18.4
天然气	0.5	2.4	0.8	3.1	1.1	3.8	1.4	4.3	1.9	5.2	2.2	5.9
水电、核电、风电	1.4	6.6	1.7	6.6	2.4	8.2	2.8	8.6	3.4	9.4	3.7	9.8

资料来源：国家统计局，http：//data. stats. gov. cn/workspace/index？m＝hgnd。

表3-7　　　　　　　　　2002~2014年中美工业全要素能源效率　　　　　单位：%

行业名称	2002年		2006年		2010年		2014年	
	中国	美国	中国	美国	中国	美国	中国	美国
初级金属业	13.45	68.59	19.26	69.82	12.91	65.28	24.16	66.82
非金矿制业	14.65	100.00	12.66	100.00	13.66	100.00	9.93	100.00
化学制造业	25.44	100.00	25.92	100.00	16.47	100.00	13.50	100.00
纺织制造业	58.19	88.85	54.77	100.00	77.72	100.00	100.00	100.00
机械制造业	60.67	100.00	73.60	100.00	84.69	100.00	76.02	100.00
食品制造业	77.68	100.00	100.00	100.00	100.00	94.25	100.00	86.32
金属制品业	100.00	100.00	100.00	100.00	100.00	97.64	47.46	100.00

行业名称	2002 年		2006 年		2010 年		2014 年	
	中国	美国	中国	美国	中国	美国	中国	美国
电信仪器业	100.00	64.28	100.00	100.00	100.00	100.00	100.00	100.00
能源密集型行业	17.57	81.62	20.53	78.79	16.31	79.13	19.92	82.08
资本密集型行业	79.96	90.27	88.86	100.00	95.82	96.37	86.22	91.81
劳动密集型行业	65.51	100.00	61.57	100.00	72.39	99.41	69.13	100.00
行业合计	28.64	85.58	29.71	85.63	26.90	84.39	31.27	85.95

资料来源：金永刚. 中美工业能源利用效率比较研究［D］. 辽宁大学，2020.

（二）自然环境条件

自然环境是指人类产生和发展所必需的自然条件和自然资源的总和，是由岩石、土壤、水、大气、生物等自然要素有机结合而成的自然综合体，是自然条件和人类相互作用的一个特殊圈层，是人类生存和发展的物质基础（谷艳，2009）。自然环境条件对县域经济高质量发展的影响主要表现在以下三个方面：

一是一定条件下，自然环境的优劣及其变迁对县域经济高质量发展有着重要影响。例如，地处干旱半干旱的西北地区县域，水资源不仅成为该地区县域经济高质量发展的关键制约因素，同时由于缺水，生存条件比较恶劣，县域经济高质量发展缺乏应有的物质基础。因此，在沙漠地区，只要有水，就能形成绿洲，就有了人的生存与发展，也就有了县域经济高质量发展的基础。

二是自然环境对县域经济高质量发展过程中的"无烟"产业发展产生重大影响。不同的自然环境条件下，地域文化各具特色。独具特色的地域文化为县（自治旗）域经济高质量发展，尤其是县域文化旅游产业的高质量发展奠定了良好基础。

三是不合理的自然环境利用将会产生严重的生态环境问题。例如，水土流失、耕地减少、土地荒漠化、土壤盐渍化等，继而影响县域经济的健康高质量发展。

自然环境与县域经济高质量发展之间是一种互促互进的关系。县域经济高质量发展不应阻碍破坏县域范围内的自然演进过程，县域经济高质量发展需要围绕着自然生态环境的完整性来进行。县域资源环境条件，决定着县域生态空间结构演变方向及其合理化程度，继而影响到县域经济高质量能否持续推进。县域经济高质量发展是生态环境保护的前提条件，改善生态环境功能、提升生态环境容量，更加有利于推动县域经济高质量发展，县域经济高质量发展也是建立在生态环境质量不断改善提高基础上的持续健康发展。

八、要素组合情景

鉴于上述要素的综合作用，其组合情景不同，对县域经济高质量发展的影响将会产生很大的差异。

（一）产业链要素组合情景

一直以来，县域产业结构主要是以农业为主或是以初级加工工业、资源型工业为主，二三产业的企业规模构成中中小企业占据主要地位。二三产业比重低、企业规模小、高耗能工业比重较大、现代服务业发展滞后，特别是经济社会发展水平较低造成的基础设施配套不完善，形成的产业空虚和较低的产业关联度，长期以来的粗放发展方式短时间难以改变，经济高质量发展缺乏产业基础和科技支撑，既无法拉动相关产业发展，也不利于节能减排，不利于提高资源能源利用效率。由此可以看出，我国县域层面的产业链要素组合情景不容乐观：一是层次低，处于产业链的最低端，粗放经营，主要是原材料生产或者是初级加工；二是产业间关联度低，各产业之间大多独立发展，没有形成真正的集群发展，没有真正地与区域特色产业链、全国产业链乃至全球产业链连接起来。

（二）县域生产要素组合情景

县域空间尺度的进一步划分，将包括城镇和乡村两个层面。一是城镇生产要素组合情景。县域发展，尤其是中西部地区县域经济发展总体上比较落后，其在经济社会高质量发展过程中的愿望相对于大中城市发展来说更为强烈，在改革开放以来的对外招商引资过程中往往带有很大的盲目性，一定程度上成为东部沿海发达地区以及大中城市落后产能转移的承接地，在原有产业尚未完成新技术改造的同时，又增加了很大部分已经落后的产能，使其产业结构更为扭曲，进一步增加了经济高质量发展的难度。此外，县（市）域范围内由于科技三项经费投入严重不足、研发力量相当薄弱、技术支持体系严重缺位等原因，致使县域高质量经济发展举步维艰。因此，县域城镇，尤其是县城经济的高质量发展问题将成为县域经济高质量发展过程中的重中之重。

二是农村生产要素组合情景。经济社会环境的协调健康发展是县域经济高质量发展的核心目标。然而，我国的农村生态环境仍面临着如下诸多问题：第一，耕地面积占补平衡中"占优补劣"时有发生。一些地方在增加耕地面积、确保占补平衡的过程中，往往呈现出"占优补劣"等现象，补充的耕地质量难以保证。补充的耕地区位条件变劣、土层厚度变薄、有机质含量变低，出现耕地贫瘠化，生态危险性进一步加大。耕地质量不断下降将会对我国的粮食安全问题产生重要而深远的影响。第二，水资源短缺且有一定污染。2021年，我国水资源总量为29638.2亿立方米，居世界第六位，但人均水资源量常年保持在2100立方米左右，不到世界人均水资源的四分之一，水资源供需矛盾极为突出（见表3-8）。《2021年中国环境状况报告》指出，全国地表水总体为轻度污染。长江等七大流域和闽浙片、西北诸河、西南诸河的国控断面中，Ⅰ～Ⅲ类水质断面比例87.0%，Ⅳ～Ⅴ类12.1%，劣Ⅴ类0.9%，尤其是松花江流域、黄河流域的地表水质污染较为严重（见表3-9）；国控210个重要湖泊（水库），Ⅰ～Ⅲ类水质（水库）占72.9%，Ⅳ～Ⅴ类的21.9%，劣Ⅴ类的5.2%。在地下水环境质量1900个国家级监测点中，Ⅰ～Ⅳ类水质点位占79.4%，Ⅴ类占20.6%，主要超标指标为硫酸盐、氯化物和钠。第三，水土流失不容乐观。2021年，全国现有水土流失面积269.27万平方千米，占国土面积的28.05%。其中，水力侵蚀面积112万平方千米，风力侵蚀面积157.27万平方千米，水土流失形势不容乐观（生态环境部，2022）。第四，各类农业灾害频发。2004～2013年，我国农业水灾、旱灾、风雹灾、冰冻灾等各类灾害的受灾面积和成灾面积仍处于较高水平（见表3-10），农业农村发展环境仍待进一步提高。

表3-8 我国水资源情况一览

项目	2012年	2013年	2014年	2015年	2016年	2017年	2018年	2019年	2020年	2021年
总量（亿立方米）	29528.8	27957.9	27266.9	27962.6	32466.4	28761.2	27462.5	29041.0	31605.2	29638.2
人均水资源（立方米）	2172	2045	1981	2021	2332	2054	1954	2060	2238	2098

资料来源：中华人民共和国水利部.2012-2021年中国水资源公报［EB/OL］.http：//www.mwr.gov.cn/sj/tjgb/szygb/202206/t20220615_1579315.html.

表3-9 2021年全国十大流域国控断面水质情况一览 单位：%

	长江	黄河	珠江	松花江	淮河	海河	辽河	浙闽片	西北诸河	西南诸河
Ⅰ～Ⅲ类	97.1	81.9	92.3	61.0	80.4	68.4	81.4	94.9	96.3	96.2

	长江	黄河	珠江	松花江	淮河	海河	辽河	浙闽片	西北诸河	西南诸河
Ⅳ~Ⅴ类	2.8	14.3	6.6	34.7	19.6	11.2	18.6	5.1	3.7	2.3
劣Ⅴ类	0.1	3.8	1.1	4.3	0.0	0.4	0.0	0.0	0.0	1.5

资料来源：2021 年中国环境状况报告［R］. 北京：生态环境部，2022.

表 3-10 **2004~2013 年我国农业受灾和成灾面积一览**

项目	2004 年	2005 年	2006 年	2007 年	2008 年	2009 年	2010 年	2011 年	2012 年	2013 年
受灾面积（千公顷）	37106	38818	41091	48992	39990	47214	37426	32471	24960	31350
成灾面积（千公顷）	16297	19966	24632	25064	22283	21234	18538	12441	11470	14303

资料来源：http：// data. stats. gov. cn/workspace/index? m = hgnd.

第二节 县域经济高质量发展水平
指标体系构建原则与思路

经济高质量发展是创新驱动型经济的增长方式，是创新高效节能环保高附加值的增长方式，是智慧经济为主导、高附加值为核心、质量主导数量，使经济总量成为有效经济总量、推动产业不断升级、推动经济建设、政治建设、文化建设、社会建设、生态文明建设五位一体全面可持续发展的增长方式（张军扩等，2019）。创新性、再生性、生态性、精细性、高效益，是经济高质量发展的本质特征。经济高质量发展，能够实现增长与发展的统一、增长方式与发展模式的统一，是中国经济面临结构性矛盾、资源环境瓶颈、复杂多变的国内外形势等对未来发展道路作出的重大战略选择，是更高质量、更具效率、更加稳定、更为开放的新时代中国经济发展模式（任保平，2018；马茹等，2019；李金昌等，2019）。

经济高质量发展具有十分丰富的内涵，其对经济发展的本真性质的强调以及自身的模糊性特征使得如何衡量经济高质量发展成为当前研究的重点和难点。已有的研究对经济高质量发展的测度主要有两种思路：一种是寻找经济高质量发展的替代指标，如全要素生产率（TFP）、绿色全要素生产率（GTFP）或人均 GDP 等；另一种是通过构建评价指标体系进行测度分析（余泳泽，2019；刘志彪、凌永辉，2020；Lu X. et al.，2020）。前一种思路存在较大的片面性和局限性，无法诠释经济发展的多维性特征（郑玉歆，2007），测度经济高质量发展需要构建多维复合的评价体系（刘志彪，2018）。因此，通过构建评价指标体系对经济发展质量进行综合测度成为近年来研究的热点。学者们从多视角对经济高质量发展的指标体系构建进行了探索，改善了以往研究的局限性。

县域经济是实现经济高质量发展的基本单元，也是城市群发展格局中重要的力量支点。构建县域经济高质量发展水平测度指标体系，分析内部耦合协调关系，提出构建原则、方法，选择评价指标，确定权重以及内部耦合协调评价模型，进行计算模拟评价，分析空间差异和耦合协调发展状况。

一、构建原则

县域经济高质量发展水平指标体系构建需要遵循全面性与代表性、科学性与合理性、互补性与有效性、真实性与准确性有机结合的基本原则。

（一）全面性与代表性

要在充分理解县域经济高质量发展内涵和外延的基础上，通过广泛的实地调研，逐级划分层次，不断动态筛选指标，最终选取既能客观反映县域经济高质量发展水平，又能反映县域经济高质量发展各个细分领域最具代表性的变量。

（二）科学性与合理性

县域经济高质量发展指标体系设计是否科学、是否合理，直接关系到县域经济高质量发展水平测量的准确性和合理性，要尽可能地在前沿统计理论的基础上，科学合理、简单易行的选择指标，以便于真实反映不同时间不同县域经济高质量发展。

（三）互补性与有效性

县域经济高质量发展内外部错综复杂的关系直接影响县域经济社会全面稳定发展，在选择设计指标时要考虑整个县域经济社会结构关系，确保指标之间的相互补充、相互关联，以便于客观、全面地反映县域经济高质量发展水平。同时，还要考虑指标体系的灵敏度，选择有效性强的指标，以便于更好地发现县域经济高质量发展中的问题，采取有针对性的对策。

（四）真实性与准确性

认真核查现有资料和数据的真实性、准确度，尽量使用统计部门和调查部门的原始数据，尽量减少使用业务部门层层上报汇总的数据，将数据误差控制在最小范围内，确保县域经济高质量发展指标数值的权威性、准确性，进而确保评估结果的真实性、客观性。

二、构建思路

由逻辑树拆解法可知，指标体系包括指标和体系两个组成部分。因此，县域经济高质量发展水平指标体系的构建首先要确定不同层级的指标，其次整体设计指标体系，以便于测量县域经济高质量发展水平。

指标是衡量目标的参数，或预期中打算达到的指数、规格、标准，一般用数据表示。县域经济高质量发展指标的选取需要着眼于县域经济发展的不同层面，不同层级指标之间以及同层级内部指标之间均相对独立。

与此同时，所选取的指标都是县域经济高质量发展的反映，指标之间存在着密切关联关系。指标之间的相互关联主要通过赋权方法进行权重确定，进而通过统计方法构建指标体系。不同指标共同组成的有机整体即指标体系。最后，根据指标体系测度县域经济高质量发展水平，能够较为全面系统地反映县域经济发展质量。

第三节　县域经济高质量发展指标选择、权重确定与水平测度

一、指标选择

新发展理念是党对新发展阶段基本特征的科学把握，标志着党对我国经济社会发展规律的认识达到了新的高度，对推动我国经济实现高质量发展具有重要意义（金碚，2018）。鉴于此，有不少学者基于新发展理念，对经济高质量发展水平进行测度和研究。学者们多从创新、协调、绿色、开放、共享的五大理念出发，选取相关指标，构建完整的评价体系，对经济高质量发展水平进行分析（赵

儒煜、常忠利，2020；张铃等，2021；孙久文等，2022；刘军、边志强，2022）。

借鉴现有文献（赵儒煜、常忠利，2020；孙久文等，2022；刘军、边志强，2022），本书从"创新驱动、协调共进、绿色高效、开放共赢、共享和谐"新发展理念出发，选取县域经济高质量发展指标（见表3-11）。

表3-11 县域经济高质量发展指标体系

指标大类	具体指标	具体指标
创新驱动	创新投入	专利申请受理总数量
	创新产出	发明专利授予所占比重
	技术支持	省级高新区数量
	科技	产业机械化程度
协调共进	人地关系	人口、土地城镇化率之比
	经济结构	第二三产业产值之比
	城乡协调	城乡居民人均收入之比
	地区协调	地区GDP/全省GDP
绿色高效	废气排放	二氧化碳排放量
	空气污染	PM2.5总值
	环境保护	林地占土地面积的比重
	土地污染	农用化肥施用量
开放共赢	外贸发展	出口总额
	外资吸引	外商投资金额
	内资吸引	外省投资金额
	区域互联	邮电业务量
共享和谐	就业状况	就业人口数
	教育共享	中小学学生人数
	卫生共享	卫生机构床位数
	福利共享	社会收养性机构数

（一）创新驱动指标

创新注重解决发展动力问题。随着我国"人口红利"和"投资红利"的减少，创新已经成为推动经济增长的第一动力。创新活动是从投入人力和物力到实现产出的过程，创新驱动主要依靠技术进步和人力资本的互动结合。创新驱动指标可以从创新投入、创新产出、技术支持、科技应用等方面选取指标。

创新投入方面，选取专利申请受理总数量衡量科技投入情况。创新产出方面，利用发明专利授予数量占专利申请受理总数量衡量科技创新产出。技术支持指标选取国家级和省级高新区数量进行测度，科技应用选取产业（农业、工业等）机械化程度进行衡量。

（二）协调共进指标

协调注重解决发展不平衡问题，贯彻协调的发展理念能够进一步促进城乡和区域，经济、政治、文化、社会、生态的协调发展（洪银兴等，2018），并对巩固和拓展脱贫攻坚成果、缩小地区收入差距具有重要意义。因此，从人地关系、经济结构、城乡协调和地区协调等方面构建协调发展的测度指标。

具体来看，人地关系方面，选取人口城镇化率与土地城镇化率之比进行测度，反映人地关系之间的协调程度；经济结构方面，选取二三产业产值之比进行度量，反映产业结构高级化发展状况；城乡协调方面，使用城乡居民人均收入之比度量，反映城镇与农村地区发展之间的差距；地区协调方面，使用县域生产总值与所在省份生产总值之比进行测量，反映县域经济发展与所在省份经济发展之间的差距。

（三）绿色高效指标

绿色注重解决发展中的人与自然和谐问题，是生态文明建设和经济社会可持续发展的必然要求。不少县域面临资源过度开采利用、生态环境污染严重等问题，绿色高效发展也是实现县域经济高质量发展路上的一大难题。因此，从废气排放、空气污染、环境保护、土地污染等方面刻画县域经济绿色高效发展效益。

废气排放方面，使用二氧化碳排放量测度空气清洁和气候变暖程度；空气污染方面，选取PM2.5总值（即PM2.5浓度）表征空气污染状况；环境保护方面，利用林地面积占土地面积的比重考察绿色生态环境发展状况；土地污染方面，选取农用化肥施用量，测度土壤质量。

（四）开放共赢指标

开放注重解决发展内外联动问题，是县域经济高质量发展的重要支撑（吴传清、邓明亮，2019）。当前国内外经济环境不确定性因素增多，县域经济开放共赢发展具有较大不确定性，对县域经济高质量发展有着较大影响。在"双循环"发展背景下，县域积极融入区域发展新格局，发挥自身比较优势，着力提升开放共赢发展水平,对经济高质量发展具有重要意义。

从外贸发展、外资吸引、内资吸引、区域互联等方面测度开放共赢发展水平,其中,外贸发展状况选取出口总额进行测度;利用外商投资金额表征外资吸引程度;内资吸引程度采用外省投资金额反映;区域互联发展程度采用邮电业务量测度。

(五) 共享和谐指标

共享注重解决社会公平正义问题,是县域经济高质量发展的出发点和落脚点。当前正处在"十四五"规划实施以及巩固拓展脱贫攻坚成果、全面推进乡村振兴的关键期,县域经济高质量发展更应切实考虑人民利益。因此,从就业状况、教育共享、卫生共享、福利共享等方面出发测度共享发展情况。

就业状况方面,使用就业人口数考察县域居民就业发展状况。教育共享方面,选取中小学学生人数反映教育发展的普惠程度;卫生共享方面,采用卫生机构床位数反映医疗服务发展状况;福利共享方面利用社会收养性机构数体现社会福利发展情况。

二、权重确定

(一) 主要赋权方法

指标权重确定方法主要有熵值法(entropy method)、主因子法等客观赋权方法,专家赋权法(德尔菲法)等主观赋权法,以及层次分析法、网络搜索法等主客观结合赋权方法(也称组合赋权法)。

1. 主观赋权法

主观赋权法大多以专家经验为判断基础,虽然是研究较早、较为成熟的方法,但它的弊端是过分依赖专家意见,有较大的主观性,指标赋权结果受人为意志的影响较大。比较常用的主观赋权法是专家赋权法。

专家赋权法有很多种,其中应用较为广泛的是德尔菲法。该方法 1946 年由美国兰德公司创始实行,其本质上是一种反馈匿名函询法,大致流程是在对所要预测的问题征得专家的意见之后,进行整理、归纳、统计,再匿名反馈给各专家,再次征求意见,再集中,再反馈……直至得到一致的意见。由此可见,德尔菲法是一种利用函询形式进行的集体匿名思想交流过程,具有匿名性、多次反馈、小组统计回答等特点。

2. 客观赋权法

客观赋权法是按照初始数据间的相互关系，利用一系列数学计算方法得出指标权重大小的赋权方法，其中比较常用的是熵值法和主因子方差贡献率法。客观赋权法的判断结果不依赖人的主观判断，有较强的数学理论依据。但它的弊端是过分依赖统计或数学的定量方法，而忽视了评价指标的主观定性分析，没有考虑决策者的意向。客观赋权法主要有变异系数法、熵值法、CRITIC（Criteria importance though intercrieria correlation）法等。

变异系数法。变异系数法认为，在依据指标体系进行评估时，指标体系中各指标所包含的信息量不同，即各指标对被评估对象的区分能力不同。一般来讲，如果一个指标能够明确区分其他指标，则该指标与其他指标的差异大，说明该指标包含的信息量大，应该赋予该指标较大的权重；反之，则应赋予较小的权重。在统计学中，指标的变异信息量常用方差衡量，但由于指标量纲和数量级的差异，各指标的方差不具有可比性。因此，选用各指标的变异系数作为衡量指标变异信息量大小的指标。将各指标的变异系数做归一化处理，就可得到各指标的权重。具体步骤如下：

设指标体系由 m 个指标组成，以 X_1，X_2，$\cdots$，X_m 来描述每个指标，而每个指标有 n 个参评样本。求出各指标的均值 X_i 和方差 S_i 计算出各指标的均值和方差；则各指标的变异系数为：

$$V_i = \frac{S_i}{X_i}, \ i = 1, \ 2, \ \cdots, \ m$$

对 V_i 做归一化处理，即可得出各指标的权重：

$$W_i = \frac{V_i}{\sum_{j=1}^{m} V_j}, \ i = 1, \ 2, \ \cdots, \ m$$

变异系数法主要通过比较指标数值之间的差异来确定指标的差别档次，很好地反映了指标数值上的差异档次，变异系数法可修正主观指标权重。采用变异系数法更能突出指标体系中个别指标的明显变化，区别被评价的对象、区别能力强。但它不能体现指标的独立性大小以及评价者对指标价值的理解，因而在评价指标独立性较强的综合评价中采用。

熵值法。熵值法（entropy method）就是根据各指标传输给决策者的信息量的大小来确定指标权数的方法。在信息论中，熵是对不确定性的一种度量。信息量越大，不确定性就越小，熵也就越小；信息量越小，不确定性越大，熵也就越大。根据熵的特性，可以通过计算熵值来判断一个事件的随机性及无序程度，也可以用熵值来判断某个指标的离散程度，指标的离散程度越大，该指标对综合评价的影响越大。

假设有 i 个系统（年份或方案，$i = 1, 2, \cdots, n$），每个系统有 j 个指标（$j = 1, 2, \cdots, m$），熵值法的计算步骤如下：

第一，将各项指标数值进行归一化处理：

$$p_{ij} = \frac{X_{ij}}{\sum_{i=1}^{n} X_{ij}}$$

第二，计算评价指标的熵值：

$$H_j = - k \sum_{i=1}^{n} p_{ij} \ln p_{ij}, \ k = 1/\ln(n)$$

第三，将值转换为反映差异大小的权数：

$$W_i = (1 - H_i) / \sum_{j=1}^{n} (1 - H_j) = (1 - H_i) / (m - \sum_{j=1}^{n} H_j)$$

用熵值法确定指标权重，评价结果虽然具有较强的数学理论依据，但由于熵值法要求有一定量的样本单位才能使用，并且值与指标值本身大小关系十分密切，因此只适用于相对评价而不适用于绝对评价，只适用于指标层的赋权而不适用于中间层的赋权。

CRITIC 法。CRITIC 法是一种考虑指标变异性大小的同时兼顾指标之间的相关性，完全利用数据自身的客观属性进行科学评价的方法，根据评价指标对比强度和指标之间冲突性来综合衡量指标的客观赋权方法。对比强度是指同一个指标各个评价方案之间取值差距的大小，以标准差的形式来表现。标准差越大，说明波动越大，即各方案之间的取值差距越大，权重会越高。指标之间的冲突性，用相关系数进行表示，若两个指标之间具有较强的正相关，说明其冲突性越小，权重会越低。对于 CRITIC 法而言，在标准差一定时，指标间冲突性越小，权重也越小；冲突性越大，权重也越大。另外，当两个指标间的正相关程度越大时（相关系数越接近 1），冲突性越小，这表明这两个指标在评价方案的优劣上反映的信息有较大的相似性。

第一，数据进行预处理。指标属性有正向指标与逆向指标。在县域经济高质量发展水平体系中，正向指标与县域经济高质量发展正相关，逆向指标值越大，县域经济质量越低。同时，指标间具有不同的数量级与量纲，无法直接合成。主要运用极差法对指标体系中各基础指标进行标准化处理：

$$e_{ij} = \begin{cases} \dfrac{a_{ij} - \min(a_{ij})}{\max(a_{ij}) - \min(a_{ij})}, & a_{ij} \text{为正向指标} \\[3mm] \dfrac{\max(a_{ij}) - \min(a_{ij})}{\max(a_{ij}) - \min(a_{ij})}, & a_{ij} \text{为负向指标} \end{cases}$$

i 表示各县市，j 表示各基础测度指标，a_{ij} 和 e_{ij} 分别表示原始和经标准化变换后的测度指标值，$\max(a_{ij})$ 和 $\min(a_{ij})$ 分别表示 a_{ij} 的最大值和最小值。

第二，指标信息量的计算。假设 C_j 表示第 j 个指标的信息量，$C_j = \delta_j \sum\limits_{r=1}^{m} (1 - r_{rj})$，其中，$\delta_j$ 表示指标 j 的标准差，r_{rj} 表示指标 j 与指标 t 的相关系数。

第三，指标权重的确定。第 j 个指标的权重 w_j 可表示为：

$$w_j = C_j / \sum_{j=1}^{m} C_j$$

3. 主客观结合赋权法

主客观赋权法针对主观和客观赋权法的优缺点，兼顾决策者的偏好，能减少赋权的主观随意性，使赋权的结果达到主观和客观的统一，它可以使问题的结果更加真实、可靠，避免单一风险测度过程中的片面性，从而提高风险度量的准确性。主客观结合赋权方法主要有层次分析法、网络搜索法等。

层次分析法。美国萨迪教授最早提出了定性与定量分析相结合的多目标决策分析方法——层次分析法（The Analytic Hierarchy Process，AHP）。该方法是指将一个复杂的多目标决策问题作为一个系统，将目标分解为多个目标或准则，进而分解为多指标（或准则、约束）的若干层次，通过定性指标模糊量化方法算出层次单排序（权数）和总排序，以作为目标（多指标）多方案优化决策的系统方法。该方法的核心是对各个指标进行优劣排序，确定指标权重，具有简洁、灵活、系统等优点。层次分析法首先分析影响县域经济高质量发展的因素；然后按照各层级问题的复杂程度将其分为若干个组成因素，构造递阶层次结构，对这些因素分层划分，构造为互反矩阵的判断矩阵；最后在每个层次上请专家对因素两两对比，即可得到各个因素的权重占比。对于层次单排序和层次总排序均需要进行检验。

网络搜索法。网络搜索法是通过现代互联网搜索引擎或社会学术界认可度较高的专业数据库对指标关键词进行有约束条件下的网络调查法，根据命中的篇数或个数的多少面进行排序打分确定权重的方法。常见的互联网索引有百度、360搜索、搜狗等，方法是将指标关键词放入搜索框进行即时搜索，根据搜索到的词条多少，将所有指标按多到少或少到多排序并赋予一定的分数值，如有 25 个指标，可根据序从多用少分别以 25 不等的分数值，并根据各分数值在总分数值中所占的比例近似作为各指标的相对权重。

常见的专业数据库有中国学术期刊网全文数据库（CNKI）、万方数据库、维普数据库，以及 JSTOR、EBSCO、Elsevier Science Direct 等外文数据库，把指标放入检索框内并统一设定好检索条件进行一一检索，根据命中文章的多少，从多到少或从少到多进行排序，并赋予一定的分数值，如有 25 个指标，同样根据排序从多到少分别赋予 25→1 不等的分数值，并根据各分数值在总分数值中所占的比例近似作为各指标的相对权重。一般在同一检索条件下搜索到的词条或篇数越多，表示社会公众或专家学者对该指标使用的频率越高，对该指标的认可度越高，该指标的重要性也就越高，相应权重也就越大。但是网络存在一定的虚拟成分，可能受到一时社会热潮或国家经济政治事件等影响。

（二）赋权方法选择与权重确定

指标赋权关系到县域经济高质量发展水平测度的科学性和合理性，影响县域经济高质量水平测度。合适的指标权重能够更加有效地反映县域经济创新发展、协调发展、绿色发展、开放发展水平，更加准确地测度县域经济高质量发展水平，有利于更好地推进县域经济高质量发展。

主观赋权法存在较大的主观性，受所邀请专家个人判断影响较大，存在较大的不确定性，往往不会单独选择，更多的是作为主要度量方法的补充或对比。熵值法（entropy method）、主因子方差贡献率法等客观赋权方法，以数学运算为基础进行指标权重确定，能够较为客观准确地反映指标的影响状况，在国内外经济发展水平测度研究中使用较多。层次分析法、网络搜索法等主客观结合赋权方法能够综合主观赋权方法和客观赋权方法的优点，指标赋权过程考虑更加全面，有不少学者在研究中选择这类方法确定指标权重。

综合比较上述指标权重赋予方法，根据数据资料的收集情况，本书参照方若楠等（2021）的做法，在河南省案例研究中选取熵值法与 CRITIC 相结合的客观赋权方法确定县域经济高质量发展水平指标权重。

三、水平测度

（一）指标标准化处理

运用极差法对指标体系中各个基础指标进行标准化处理：

$$E_{ij} = \begin{cases} \dfrac{B_{ij} - \min(B_{ij})}{\max(B_{ij}) - \min(B_{ij})}, & B_{ij} \text{为正向指标} \\[3ex] \dfrac{\max(B_{ij}) - B_{ij}}{\max(B_{ij}) - \min(B_{ij})}, & B_{ij} \text{为负向指标} \end{cases}$$

i 表示各县市，j 表示各基础测度指标，B_{ij} 和 E_{ij} 分别表示原始和经标准化变换后的测度指标值，$\max(B_{ij})$ 和 $\min(B_{ij})$ 分别表示 B_{ij} 的最大值和最小值。

（二）计算发展水平

结合标准化处理过的无纲量指标数值，利用线性加权法可计算出 i 地区的高质量发展发展水平，具体公式如下：

$$\sum_m^i \sum_n^j W_{ij} E_{ij}$$

第四节　县域经济高质量发展水平空间分布与空间差异分析

一、空间分布特征

县域经济高质量发展空间分布特征主要通过 Kernel 密度估计和探索性空间分析等方法进行分析。

（一）Kernel 密度估计

罗森布拉特（Rosenblatt，1956）和帕尔逊（Parzen，1962）提出 Kernel 密度估计，利用估计得出的概率密度曲线来表述随机变量的分布形态。假设存在随机变量 Y，则 Kernel 密度函数为：

$$f(y) = \frac{1}{nh} \sum_{i=1}^N K\left(\frac{Y_i - \overline{Y}}{h}\right)$$

其中，Y 和 $\overline{Y}$ 分别表示县域经济高质量发展水平的观测值和均值；n 为样本数，h 为函数带宽，$K(\cdot)$ 为核密度函数。此处选择高斯核作为核密度函数：

$$K(Y) = \frac{1}{\sqrt{2p}} \exp\left(-\frac{y^2}{2}\right)$$

（二）探索性空间分析

探索性空间分析方法研究县域经济高质量发展水平时空演变，主要包括全局和局部空间自相关性分析。

全局空间自相关性分析可以直观反映某个区域数据与其他区域数据在空间上的相互依赖程度，最常使用 Moran's I 指数。该指数为正值时，表示空间正相关，正值越大自相关性越强；负值为空间负相关，负值越小差异性越大；数值为 0 表示随机独立分布。

$$I = \frac{n \sum\limits_{i=1}^{n} W_{ij}(y_i - \bar{y})(y_j - \bar{y})}{\sum\limits_{i=1}^{n} \sum\limits_{i=1}^{n} W_{ij} \sum\limits_{i=1}^{n} (y_i - \bar{y})^2}$$

式中：I 为全局自相关指数；n 为县域总数；y_i 和 y_j 分别为 i 县域和 j 县域经济高质量发展水平（子系统发展水平）；$\bar{y}$ 为子系统发展指数（分维度指数）的均值；W_{ij} 为空间权重矩阵；I 值在 $[-1, 1]$ 之间，$I > 0$，表示绿色发展指数（分维度指数）在空间呈正相关和集聚分布；$I = 0$，表示县域经济高质量发展水平（子系统发展水平）在空间呈随机分布；$I < 0$，表示经济高质量发展水平（子系统发展水平）在空间呈负相关和离散分布。

局部空间自相关性分析能够确定网点集聚的具体区域范围，局部空间自相关 Moran's I 指数可以用于检验县域经济高质量发展集聚的具体位置和区域间的相关程度。其公式为：

$$I_i = \frac{n(y_i - \bar{y}) \sum\limits_{j=1}^{n} W_{ij}(y_j - \bar{y})}{\sum\limits_{i=1}^{n} (y_j - \bar{y})^2}$$

式中：I_i 是 i 县域的局部自相关指数，通过局部空间自相关散点图，可构建出四种反映县域经济高质量发展的集聚类型，各类型的含义及定义见表 3 – 12。

表 3 – 12　　　　　　　　局部 Moran's I 指数集聚类型

类型	含义	定义
高高集聚 High – High cluster（H – H）	研究县域与周围县域呈现高属性值邻接	扩散互溢区
低高集聚 Low – High cluster（L – H）	研究县域低属性值与周围县域高属性值邻接	极化效应区
低低集聚 Low – Low cluster（L – L）	研究县域与周围县域周围低属性值邻接	低速增长区
高低集聚 High – Low cluster（H – L）	研究县域高属性值与周围县域低属性值邻接	落后过渡区

与此同时，LISA 集聚图（Local Indicators of Spatial Association，LISA）也是反映的是局部空间联系的指标。LISA 图反映的集聚类型与局部空间自相关散点图的一致，即高高集聚、低低集聚、低高集聚、高低集聚四种情况，每一种情况分别识别一个地区及其与其邻近地区的关系。LISA 集聚图能够更加直观地反映县域经济高质量发展集聚类型和所在地区位置。

二、空间差异分析

县域经济高质量发展的区域差异主要采用由达尔古姆（Dagum，1997）提出的 Dagum 基尼系数及其分解方法，该方法能够有效解决交叉重叠以及子样本分布等问题，弥补了传统 Gini 系数和 Theil 指数等指标方法的一些不足，目前已经被广泛应用于众多研究领域。

（一）来源分析

区域差异的来源主要通过总体基尼系数进行分析，G 表示总体基尼系数，其定义式表示为：

$$G = \frac{\sum_{j=1}^{k} \sum_{h=1}^{k} \sum_{i=1}^{n_j} \sum_{r=1}^{n_h} |y_{ji} - y_{hr}|}{2n^2 \overline{Y}_k}$$

$$\overline{Y}_h \leqslant \cdots \overline{Y}_j \leqslant \cdots \leqslant \overline{Y}_k$$

其中，k 为地区数，n_j、n_h 分别为 j、h 地区内县域数量。在对基尼系数分解之前，依据各个地区内各县域经济发展水平的均值大小来对地区进行排序。

（二）差异分解

区域差异可以细分为地区内和地区间差异，分别采用区域内基尼系数和地区间基尼系数来测度。此外，基尼系数还可以分解为地区内差异的贡献（G_w）、地区间差异的贡献（G_{nb}）、超变密度的贡献（G_t）三个部分，分别反映地区内部差异对总差异的贡献、地区之间差异对总差异的贡献、交叉重叠现象对总差异的贡献。

1. 地区内基尼系数
地区内基尼系数反映地区内部之间的差异，j 地区内基尼系数表示为：

$$G_{jj} = \frac{\dfrac{1}{2\overline{Y_j}} \sum\limits_{i=1}^{n_j} \sum\limits_{r=1}^{n_h} |y_{ji} - y_{jr}|}{n_j^2}$$

2. 地区内基尼系数

j、h 地区间基尼系数表示为：

$$G_{jh} = \frac{\sum\limits_{i=1}^{n_j} \sum\limits_{r=1}^{n_h} |y_{ji} - y_{hr}|}{n_j n_h (\overline{Y_j} + \overline{Y_h})}$$

进一步，把基尼系数分解为地区内和地区间差异的贡献（G_w 和 G_{nb}）、超变密度的贡献（G_t），三个部分的关系为：$G = G_w + G_{nb} + G_t$。

$$G_w = \sum_{j=1}^{k} G_{jj} p_j s_j$$

$$G_{nb} = \sum_{j=2}^{k} \sum_{h=1}^{j-1} G_{jh}(p_j s_h + p_h s_j) D_{jh}$$

$$G_t = \sum_{j=2}^{k} \sum_{h=1}^{j-1} G_{jh}(p_j s_h + p_h s_j)(1 - D_{jh})$$

其中，$p_j = n_j/n$，$s_j = n_j Y_j/nY(j = 1, 2, \cdots, k)$，$D_{jh}$ 为 j、h 区域间平均每个县域经济高质量发的相对影响。D_{jh} 表示为：

$$D_{jh} = \frac{d_{jh} - p_{jh}}{d_{jh} + p_{jh}}$$

$$d_{jh} = \int_0^{\infty} dF_j(y) \int_0^{\infty} (y - x) dF_h(x)$$

$$p_{jh} = \int_0^{\infty} dF_h(y) \int_0^{y} (y - x) dF_j(y)$$

其中，$F(\cdot)$ 为连续密度分布函数。当在 $y_{ji} > y_{hr}$（$y_{ji} < y_{hr}$）时，$d_{jh}(p_{jh})$ 表示县域经济高质量发展差异的加权平均数，反映不同区域间的总体影响。

第五节　县域经济高质量发展水平耦合协调分析

耦合能够反映不同系统之间的相互协调关系。被引入到经济社会系统研究后，耦合主要表现为协调与发展两个方面的综合。协调说明系统在特定时点的相互配合情况。发展则反映系统之间随着时间推移共同变化的过程。协调与发展相互交织，共同推进，支持不同系统之间的耦合。

一、耦合协调评价指标

选择县域经济高质量发展不同子系统发展水平的数据，不同地域类型县域经济高质量发展水平的数据，确定耦合协调评价指标。

二、耦合协调评价模型

耦合协调模型主要通过耦合度（C）、发展度（T）和协调耦合度（D）的计算，度量两个系统之间的协调与发展状况，具体公式如下：

$$C = \left[\frac{f(x) \cdot g(y)}{((f(x) + g(y))/2)^2} \right]^2$$

$$T = \alpha f(x) + \beta g(y)$$

$$D = \sqrt{C \cdot T}$$

其中，$f(x)$ 与 $g(y)$ 分别代表两个系统的度量指标，k 为调节系数，通常取 2，α、β 分别为两个系统权重，取值均为 0.5。如果有三个或 n 个系统，k 的取值可以为 3 或 n，T 也会随之拓展。耦合度 C 取值范围为 0~1。耦合度 C 越大，证明相关研究对象间的耦合度越高；相反，C 越接近 0，表示研究系统间的耦合度越小。

耦合度在 0.000~0.200（包括 0.200）之间，说明两个系统之间耦合水平低。耦合度在 0.201~0.400（包括 0.400）之间，说明两个系统之间耦合水平较低。耦合度在 0.401~0.600（包括 0.600）之间，说明两个系统之间耦合水平中等。耦合度在 0.601~0.800（包括 0.800）之间，说明两个系统之间耦合水平良好。耦合度在 0.801~1.000（包括 1.000）之间，说明两个系统之间耦合水平高（见表 3-13）。

表 3-13　　　　　　　　　　　耦合度等级划分标准

划分标准	耦合度等级
(0, 0.200]	磨合耦合
(0.201, 0.400]	初级耦合
(0.401, 0.600]	中度磨合
(0.601, 0.800]	良好磨合
(0.801, 1.000]	高度磨合

三、耦合协调水平及分类

耦合协调度（D）在 $0.000 \sim 0.200$（包括 0.200）之间，说明两个系统之间协调水平低，处于低水平发展阶段。耦合协调度在 $0.201 \sim 0.400$（包括 0.400）之间，说明两个系统之间协调水平较低，处于较低发展阶段。耦合协调度在 $0.401 \sim 0.600$（包括 0.600）之间，说明两个系统之间协调水平中等，处于快速发展阶段。耦合协调度在 $0.601 \sim 0.800$（包括 0.800）之间，说明两个系统之间协调水平良好，处于较高水平发展阶段。耦合协调度在 $0.801 \sim 1.000$（包括 1.000）之间，说明两个系统之间协调水平高，处于高水平发展阶段（见表 3 – 14）。

表 3 – 14   耦合协调度划分标准与阶段特征

耦合协调度	协调等级	阶段划分
$(0, 0.200]$	低度协调	低水平阶段
$(0.201, 0.600]$	较低协调	较低水平阶段
$(0.401, 0.600]$	中度协调	中等水平阶段
$(0.601, 0.800]$	良好协调	较高水平阶段
$(0.801, 1.000]$	高度协调	高水平阶段

第六节 县域经济高质量发展障碍度分析

有许多学者运用障碍因素诊断模型测评影响经济高质量发展的指标（张旭等，2020；于婷、于法稳，2021；郭冬艳等，2022）。县域经济高质量发展水平包含不同的维度，不同的维度包含有多项基础指标，各维度和基础指标对县域经济高质量发展水平的现实影响存在差异性。

为了进一步考察各维度和基础指标对县域经济高质量发展的影响，引入障碍度模型对其进行诊断和分析，从而找出制约县域经济高质量发展的关键因素。障碍度模型采用因子贡献度、指标偏离度和障碍度三项指标对分类指标和基础指标进行分析诊断。具体测算过程如下：

第一步，定义因子贡献度（factor contribution degree）。因子贡献度测度单向因素对总目标的影响程度 $F_j = R_i \cdot w_j$。R_i 为综合评价模型中第 i 个子系统的权重。w_j 为第 i 个子系统中的第 j 个指标的权重。

第二步，定义指标偏离度（index deviation degree）。指标偏离度测度单项指标与农业高质量发展该项指标理想目标之间的差距 $D_j = 1 - X_j$。其中，X_j 为经标准化后第 j 项指标的值。

第三步，定义障碍度（obstacle degree）$H_j = F_j \cdot D_j / \sum_{j=1}^{n} (F_j \cdot D_j) \times 100\%$。$n$ 表示系统指标个数，H_j 越大，表示该项基础指标对县域经济高质量发展的障碍程度越高，按照从大到小的顺序排序可以确定障碍因素的主次关系。

第四步，在分析单向基础指标对县域经济高质量发展的限制程度的基础上，集成衡量各子系统对县域经济高质量发展的障碍程度 $S_j = \sum_{j=1}^{n} H_j$。

第七节　县域经济高质量发展影响因子模型

面板回归模型、面板固定效应模型、GMM 模型等均可以用在县域经济高质量发展影响因子分析中（赵儒煜、常忠利，2020；孙久文等，2022；李志洋、朱启荣；2022），具体需要根据数据状况进行合理选择和比较分析。通用模型设定如下：

$$Index_{it} = \alpha + \beta x_{it} + \varepsilon_{it}$$

$Index_{it}$ 表示 i 县域第 t 年的经济高质量发展水平或子系统发展水平，x_{it} 表示影响县域经济高质量发展的因素，ε_{it} 表示随机扰动项。

县域经济高质量发展机制创新

县域经济高质量发展水平如何，受其科技进步、政策法规、财政金融、社会文化、经济发展、生态环境、空间结构、要素组合等因素的综合影响。创新县域经济高质量发展机制也必须从这些方面展开相应的工作。

第一节　科学技术支撑机制创新

一、科学技术对经济高质量发展的影响

创新是县域经济高质量发展的第一动力，尤其是科学技术创新，处于更为关键的核心地位。科学技术在县域经济高质量发展过程中起着关键性的作用。没有技术创新，随着资源稀缺性上升和要素报酬递减规律发挥作用，经济发展将陷入停顿。通过技术创新，可以扩大可利用的资源范围，打破资源瓶颈约束；提高资源和要素的使用效率，以更少的投入创造更大的产出；为要素在更大空间上配置组合提供了技术基础；创造新的多样化、高品质的产品和服务，更好牵引和满足需求；解决经济发展对环境的负效应问题，提升经济发展的可持续性。可以说，高质量发展内涵的方方面面都与科技创新密切相关，因而高质量发展必须以科技创新为第一动力。

科技创新有利于经济发展方式的根本性改变。技术发展创新有利于改造提升传统产业，推动工业节能、建筑节能、交通节能等节能减排重点工程建设，发展新能源，优化县域能源结构。有利于提高能源资源利用效率。有利于培育壮大战

略性新兴产业，形成县域经济高质量发展新的增长点。历史上的每一次科学技术革命，都使经济增长方式发生了根本性变化。

科技创新有助于提升产品的附加值。科学技术支撑体系对县域经济高质量发展的影响主要体现在产品和服务的效益提升方面。传统产业技术改造，有利于进一步拉长了产业链条，提升了产品和服务的科技知识含量，增加了高附加值产品的生产，提高了产品质量档次和附加值。因此，技术创新的应用推广有利于提高县域资源能源利用效率，降低能源资源消耗，降低生产成本，降低生态环境成本，提升产品的市场竞争力。

科技创新有利于改变人们的生活方式。许可证交易机制使产品生产和服务中的二氧化碳等温室气体排放实现了可视化，减排信用交易制度、绿色积分制度为消费者减少二氧化碳等温室气体排放提供通道。低碳技术、制度创新，促进了低碳理念的形成，改变了人们的生产生活方式，节能减排已逐步变成公民的自觉行为，为县域经济高质量发展奠定了良好的群众基础。

二、县域经济高质量发展过程中存在的科技问题

目前，我国县域经济社会发展过程中的科技人员数量、科技研发投入以及科技成果的推广应用等方面仍然存在着诸多问题，尤其是产、学、研的相互脱节，又造成了很大的人、财、物的浪费。县域产业主要为资源密集型和劳动力密集型的初级加工工业，能源生产和利用、工业生产等领域的技术水平落后，技术开发能力较差，产业体系薄弱，落后工艺所占的比例仍然较高。加之先进技术的严重缺失，使得县域产业发展仍然处于"高投入，高能耗，高排放，高污染，低效益"的状态，陷入了所谓的"锁定效应"之中，这也将进一步增加未来县域经济由"高碳"发展模式向"绿色"发展模式转变的成本，严重影响县域经济高质量健康发展。

三、县域经济高质量发展的科技支撑体系

县域经济高质量发展过程中需要科技体系的有力支撑。科技支撑体系主要由科技资源投入、科技组织运作和应用科技产品三部分组成的经济高质量发展知识研究子系统、经济高质量发展技术创新子系统、经济高质量发展知识和技术传播子系统、经济高质量发展中介服务子系统、经济高质量发展科技资金保障子系统、经济高质量发展科技监督和监测子系统相互联系、互促互进的一个复杂系统

（见图4-1）。高新技术是一个跨学科跨行业的领域，只有通过高质量科技各子系统之间的良性互动，才能提高高新技术创新在县域经济高质量发展过程中的支撑能力，形成高新技术投入研发和推广应用的合力，才能实现县域经济高质量健康发展所需要的高新技术创新目标，使得县域经济发展朝着健康高质量的方向前进（刘勇、张郁，2011）。

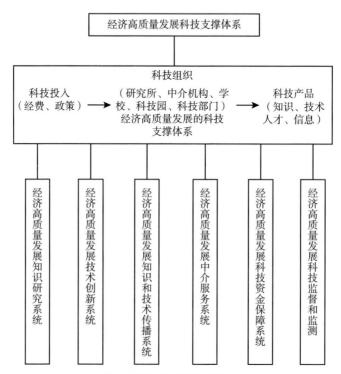

图4-1　县域经济高质量发展科技支撑体系

资料来源：作者根据刘勇、张郁（2011）修改。

四、科学技术创新驱动

创新是永恒的主题，创新有利于县域经济高质量发展的科技支撑体系构建、法规制度不断完善，有利于县域城乡空间结构的优化重组，有利于县域能源产业的科学合理布局，有利于县域资源能源利用效率的不断提高，有利于县域产业结构的及时转型升级，有利于县域经济社会的健康高质量发展。尤其是科技支撑体系的不断创新，为县域经济高质量发展的各个领域提供了坚强有力的基础支撑作用（见图4-2）。

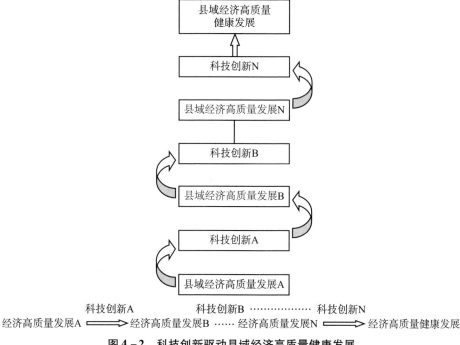

图 4 - 2　科技创新驱动县域经济高质量健康发展

第二节　政策法规引导机制创新

一、创新依据

一是及时出台支持县域经济高质量发展的新政策。县域经济高质量发展的特色产业培育、产业转型升级、能源结构优化、乡村振兴发展等诸多方面，都需要相应的政策引导与支持，各级政府部门要及时出台政策。例如，湖南省第一时间出台超常规支持政策，从保障重大项目落地、服务乡村振兴、拓展自然资源财源等方面提出一系列措施，深入开展"走流程、解难题、优服务"活动，力促重大项目落地；2022 年 1～7 月累计批准用地 11.12 万亩，重点项目用地基本实现应保尽保。云南、青海压茬推进"三区三线"划定工作，制定过渡期国土空间规划管理、控制性详细规划管理的政策文件，有效解决项目规划落地问题，为建设项目提供空间保障（自然资源部，2022）。

二是通过法规措施限制淘汰高投入、高消耗、高污染、低效益产业。第一，外部性与政府税费控制。生态环境对二氧化碳等温室气体排放的承载能力具有一定限度，当温室气体排放量超过这一限度时，气候变暖便会产生一系列自然反应，对生态环境产生负面影响。加之生态环境容量是一种公共产品，公共产品的外部性导致这种负面影响无法完全通过市场机制自行解决。这时就需要政府通过适当征税或提供适当补贴等进行调节，以实现生态环境这一公共产品外部效应的内化（江小国，2013）。第二，温室气体排放权许可交易机制。如何准确确定税率或补贴率使社会生产达到最佳状态并非易事，过高或过低都会对社会生产产生不良影响。只有当经济活动个体边际净产值和社会边际净产值相等时，才能达到消除外部性的目的。美国的许可证交易机制就是一个成功的实践，它包括总量限额交易制度和减排信用交易制度。这种温室气体排放权许可交易机制使企业等经济实体拥有更大的选择余地，能够促进其持续减排，有利于政府降低减排管理成本，最终推动经济健康高质量发展。温室气体排放权许可证交易机制的关键是要确定合理的严格的控制总量，对企业等经济实体温室气体排放进行全天候监督管理，建立有效的激励机制，构建完善的法律法规保障体系，对政策的运行成本进行有效控制。第三，税费控制与许可证交易机制选择。许可证交易机制与税费控制同等重要，前者可以更好地实现生态环境目标，后者为二氧化碳等温室气体交易提供基准价格，保证了公平（见图4-3）。由此可以看出，许可证交易机制与税费控制两者各有侧重，各有优势，有时需要综合运用。

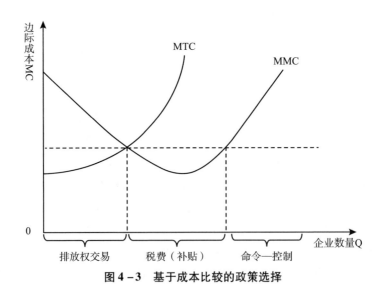

图4-3 基于成本比较的政策选择

注：MTC表示增加1个经济实体所增加的经济实体间交易成本，MMC表示增加1个经济实体所增加的政府管理成本。

资料来源：江小国. 经济低碳化政策的理论依据与体系构成 [J]. 现代经济探讨，2013（11）：78-82.

二、实践检验

2010 年吴力波根据政策矩阵架构与经验观察对经济高质量发展的相关资源环境管理政策进行了较为系统的总结（见表 4 - 1），为各级政府完善和组织实施经济高质量发展法规政策奠定了基础。

表 4 - 1　　　　　　　　　经济高质量发展的政策工具

政策类别	政策工具	资源管理	污染控制
环境规制	技术	投入产出技术、能效测度技术	排污技术
	执行	水质标准、原材料采购限制、可再生能源达标制度	燃料质量标准、污染物排放标准、美国公司平均燃油经济性标准
	公共产品直接供给	欧洲、中国绿色能源直接供应	能源安全、倡导循环经济、有害污染物排放控制
利用市场	征税	生态补偿税	环境税、燃料税、资源税、碳税
	收费	押金－退还制度	排污收费、排污权交易
	财政补贴	直接或间接补贴	减少或取消补贴
创建市场	可交易的许可证或配额	可转让配额、土地开发与农林业的流转权	排污许可证、美国限额排污交易计划、欧洲可再生能源发电配额交易计划
	国际补偿机制	可再生资源有偿回收	国际范围内排污许可证交易制度
公众参与	信息公布、公众参与、环保标签与自愿协议	空气质量预报、ISO 1400 标准、绿色或生态标签	印尼的污染控制评估和定级计划、德国工业气候保护宣言

资料来源：吴力波，汤维祺. 碳关税的理论机制与经济影响初探 ［J］. 世界经济情况，2010（3）：4 - 10.

三、法规政策体系设计

一是完善经济高质量发展政策。市场经济体制下的经济高质量发展政策主要是根据市场需求趋势来调整供给方各产业之间以及产业内部的资源分配与使用，以此实现产业高质量发展的有效运行。具体涉及三个层面：（1）宏观层面主要是推动产业发展高级化，促进本国（地区）产业与全球产业链进行有效衔接；（2）中观层面主要是调整本国（地区）产业之间的关系，促进产业结构不断优化升级；（3）微观层面主要是调整产业内部各经济实体之间的关系，推动其技术不断革新进步、产品不断更新换代。产业高质量发展的政策主要包括产业关系政策和产业运行政策。前者的目的主要是调整产业间的关系以及产业空间布局，即产业结构政策与产业布局政策。后者的目的主要是推动产业内部有效运行,包括产业运行技术和产业运行的微观基础,即产业技术政策和产业组织政策(江小国,2013)。

二是健全经济高质量发展法规。我国陆续出台了一系列有利于经济高质量发展的法律法规,但真正能够从根本上推动经济高质量发展的法律法规仍不完善。例如,要及时制定出台《经济高质量发展法》《气候变化应对法》等,以此明确自愿碳减排的目标,形成自愿减排的体制与机制,减缓和适应气候变化,促进科技自主创新,提高能源利用效率,优化能源结构,推动经济健康高质量发展(李艳芳、武奕成,2011)。

由此可以看出,县域经济高质量发展既需要引导企业等经济实体发展的控制政策,还需要创建市场的相关政策,以降低政府控制成本,提高企业等经济实体节能减排的积极性。

四、政策法规创新驱动

综上所述,健全完善县域经济高质量发展的政策法规,在引导产业高质量发展、减少二氧化碳等温室气体排放等方面有着市场等机制无法替代的作用。政策法规在推动特色产业发展、产业结构转型升级、提升能源资源利用效率、提高财税金融支持力度、更新社会文化理念、促进大气环境质量外部效应内部化等方面具有重要的促动作用(见图4-4)。

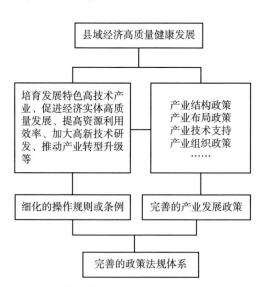

图4-4 政策法规体系完善与县域经济高质量发展

资料来源:作者根据江小国(2013)修改。

第三节　财政金融支持机制创新

一、财政金融支持经济高质量发展的理论基础

一是充分发挥财政金融在县域新兴产业培育、产业转型升级等方面的支持作用。牢固树立大财政大预算思维，深化财政管理体制改革，充分发挥财政资金的引导带动杠杆作用，提升金融服务效率和水平，加大产业发展支持力度，推动产业结构优化升级，实现县域经济高质量健康发展。推动财政扶持政策从"直接支持"向"间接引导"的政策方式转变，综合运用激励奖补、风险分担等多种政策，充分释放信贷增长空间，着力提高财政金融互动政策的系统性和精准度，重点支持新兴产业发展壮大、产业改造提升，帮助解决中小微企业、"三农"、精准扶贫等特定对象的融资难题。

二是通过税收、利率等财政金融政策限制淘汰高投入、高消耗、高污染、低效益产业。1989 年日本经济学教授（Kaya）在联合国气候变化专门委员会（IPCC）会议上提出通过数学公式将人类活动中环境污染因素进行分解，分析影响环境变化的因素。在 Kaya 公式中，二氧化碳排放量取决于人口规模、人均国民生产总值、单位产值能耗以及单位能耗排放 4 个因子：

$$C = \frac{GDP}{P} \times \frac{E}{GDP} \times \frac{C}{E} \times P$$

其中，C 表示二氧化碳总排放量，影响碳排放量的因素有人均生产总值（GDP/P）、单位生产总值能耗（E/GDP）、单位能耗排放（C/E）以及人口（P）。

不过，Kaya 公式忽略了技术因素。技术因素主要是指通过技术手段提高能源利用效率，支持经济增长与环境保护协调发展。能源利用效率提升需要国家政策引导和财政金融支持。金融作为现代经济发展的核心，为经济发展提供了货币资本，支撑经济持续增长。在绿色经济领域，信贷资金能够提升资源能源使用效率、调节能源开采程度，继而推进绿色经济高质量发展。

郭福春、潘锡泉（2011）通过单位检验、协整检验等方法定量分析了金融支持浙江省低碳经济发展及其影响机制，发现经济增长、人口规模效应和能源使用效率低下依然是浙江省二氧化碳排放量剧增的主要原因，而金融信贷服务支持能够有效降低二氧化碳排放，对浙江省低碳经济发展具有强劲的"推进效应"。

$$C = \frac{GDP}{P} \times \frac{E}{GDP} \times \frac{Credit}{E} \times \frac{C}{Credit} \times P$$

王晓芳、于江波（2013）以信贷资金为例，对 Kaya 公式进行改进，引入单位能耗信贷（$Credit/E$）和单位信贷货币碳效率（$C/Credit$，即单位信贷资金中所含碳排放量）等影响因素。实证检验表明，货币能够引导资源流向，地区信贷配给不同，会导致碳排放量存在很大差异。

二、财政金融支持县域经济高质量发展机制

一是县域内部信贷支持经济高质量发展长效合作机制。信贷资金支持能够有效推进县域经济高质量发展，抑制碳排放量增长。信贷资金支持县域经济高质量发展，需要政府部门、信贷机构、信贷市场和实体企业等多方共同参与，形成良性互动的长效合作机制。地方政府要充分发挥其宏观管理职能，根据区域实际情况，制定经济高质量发展规划，建立完善相关规章制度和政策；适时加强信贷市场宏观调控，做好经济高质量发展信贷业务的金融机构的监督管理。信贷资金支持县域经济高质量发展，主要通过信贷市场的直接融资和金融机构的间接融资两条路径，为高质量发展的实体企业提供资金支持。信贷市场上的金融创新，可以为实体企业提供直接融资。而金融机构开展信贷创新也可以为实体企业提供间接融资（见图 4 – 5）。

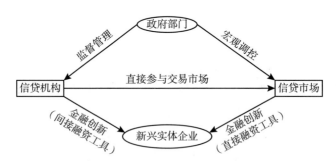

图 4 – 5　县域内部信贷支持经济高质量发展合作机制

二是县域之外信贷支持经济高质量发展长效合作机制。基于信贷资金支持经济高质量发展的多方参与，县域（区域）之外的政府部门、金融机构、实体企业必须建立有效的长期合作机制（见图 4 – 6）。县域之外金融支持经济高质量发展合作机制是一种多方参与、动态发展的过程。它与县域内部金融支持经济高质量

发展合作机制同时运行，动态互补，共同促进经济高质量健康发展。地方政府及相关职能部门之间应加强交流合作，建立战略合作关系，在经济高质量发展规划、信贷规章制度出台以及相关政策的健全完善等方面加强沟通交流，推动县域比较优势互补，互利共赢，共同发展。加强县域之外信贷机构之间的业务交流，分享信贷产品创新经验，探索适合跨县域合作运营的信贷产品，推进跨县域经济高质量协调发展。信贷市场作为经济高质量发展直接融资的主要渠道，也应尝试交易融通，适时开发和推出适合跨县域的交易模式和交易产品。加强不同类型实体企业投融资经验交流，积极参与跨县域的投融资活动。

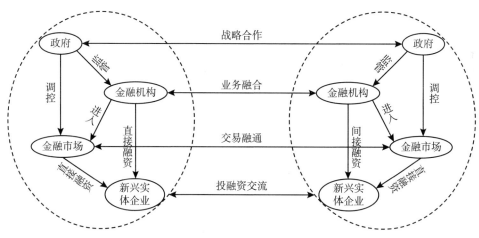

图 4-6　县域之间信贷支持经济高质量发展合作机制

三、高质量发展金融体系构建

拥有一个体制完善、运行良好的绿色金融支撑体系，才能为县域新兴产业发展提供多渠道和稳定良好的融资平台，以便于更好地推动县域经济高质量健康发展（见图 4-7）。

四、金融产品创新对经济高质量发展的促动

创新绿色金融产品就是要根据经济高质量发展的需要和我国县域的实际情况，设计创新出各种各样的绿色金融产品，充分发挥融资共性和金融机构的中介功能，引导整个社会参与到经济高质量发展过程中，共同推动县域经济高质量健

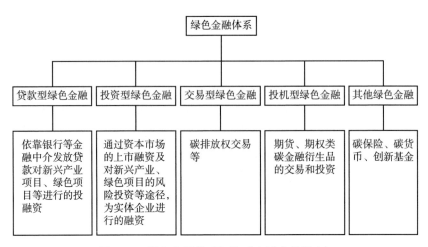

图 4 - 7 绿色金融体系架构（金融产品维度）

康发展。创新绿色金融产品是一个创新性的系统工程，需要地方政府、金融机构、实体企业多方的协同配合，以便于充分发挥信贷资金在县域经济高质量发展过程中的积极作用。

一是地方政府要加大政策扶持力度，充分发挥信贷支持作用。信贷资金对县域特色新兴产业发展具有积极影响。因此，各地方政府部门和监管部门要及时出台有利于经济发展的倾斜政策，鼓励金融机构积极参与到特色新兴产业培育发展的信贷活动中。同时，地方政府还要加大财政资金在经济高质量发展方面的引导作用。例如，为急需发展的特色新兴产业提供绿色贴息贷款，采取绿色项目贷款额度内存款准备金要求适当减免，增加项目贷款利率的浮动范围，出台与绿色贴息贷款相关联的信贷规模指导政策，促使金融机构业务向绿色企业倾斜，等等。

二是金融机构要积极提供信贷服务，推进地区绿色产业发展。金融机构应及时抢抓绿色经济发展的有利时机，积极创新金融信贷产品。金融机构要根据绿色企业在行业中所处的不同地位及其对产业结构转型升级的影响力，提供差别化信贷资金支持，促进实体企业自主创新，推动新兴产业健康发展。

对于重点建设的特大型绿色企业或重大绿色项目，金融机构要及时启动县域内部信贷支持合作机制，为重点建设的绿色企业发展提供全方位的金融服务和强有力的资金保障。对于在绿色产业链中有较强辐射作用和行业带动作用的核心企业，信贷机构不仅要为核心企业提供贸易融资，还要为核心企业的上下游企业提供产业链融资，以期带动整个产业链向绿色经济转型。对于掌握高新技术的新材料生产企业，信贷机构还可向其提供知识产权质押、股权质押等新型担保方式融资或并购贷款融资等新型金融产品，使该类企业能够快速提升市场竞争力，能够及时对传统高碳产品形成替代能力。

三是县域之间信贷机构要积极合作，促进绿色经济协调发展。信贷支持县域经济高质量健康发展，仅仅强调地方金融机构的作用是远远不够的，还要从更大区域乃至全国的层面出发，推动县域之间绿色经济协调发展。为此，要及时启动县域之间信贷机构有效合作机制，推进相关政府部门、信贷机构和新兴实体企业之间的交流沟通，在信贷支持力度、金融产品创新等方面加强合作交流，提升跨县域金融机构信贷支持经济高质量发展的合力，共同推动县域之间经济高质量协调发展，乃至全国经济的高质量健康发展。

第四节　社会文化导向机制创新

社会文化对县域生产关系、经济政策和经济机制均产生重要影响，对县域经济高质量发展具有重要的导向促动作用。

一、绿色产品是人类社会文化的本质需求

随着经济社会发展水平的进一步提高，人们的消费需求不仅仅是简单的吃饱穿暖问题，而是吃得好、穿得好、精神快乐等更高层次的需求，例如对营养、住房、健康、教育以及环境质量等方面的要求。满足这些要求的物质手段主要包括自然财富与人工财富两大类。人类历史以来，由于人们不断地对自然财富进行加工、利用与改造，使得生态系统内的自然财富逐渐达到资源能够承载的上限，自然资源日渐稀缺，其价值不断提升。与此同时，随着科技进步人工财富大量增加，并出现经济过剩现象。以高效利用自然能源资源、减少二氧化碳等温室气体排放、保护大气生态环境、提升产品质量为宗旨的经济高质量发展，是人类最明智和最理性的科学发展路径。

二、社会文化需要对经济高质量发展的促动作用

随着生活水平的不断提高，人们开始更多地关注生活质量与幸福感的提高，其结果是 GNH 指数的出现与倡导。社会价值等级安排则是以更为全面的社会发展价值指向统筹各方面的社会进步，以增强社会成员的生活满意度与幸福感。

根据经济学的边际效用理论，人类经济发展过程中的自然财富与人工财富存在着两条相反的边际效用曲线（见图4-8）。

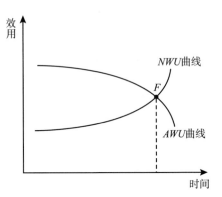

图4-8 自然财富与人工财富效用线

注：NWU为自然财富效用曲线。AWU为人工财富的效用曲线。U为效用（GNH指数），F为两种财富效用曲线的交点。

资料来源：魏钢焰，周翼翔. 低碳经济动力机制研究：基于生态热力学和心理经济学视角［J］. 生态经济，2013（2）：91-93.

这一过程反映在需求上的变化就是，消费需求曲线不断变陡，使得消费者使用少量的低碳高质量产品就能产生大量使用高碳产品的福利，低碳高质量产品对高碳产品边际替代率（边际效用）不断提高（见图4-9-a），预算线L的斜率逐渐提高并不断右移，导致消费曲线（ICC）不断向低碳高质量产品方向移动（见图4-9-b），如果将预算线L₁、L₂、L₃逐一平行移动到资源约束边界线（生产可能性边界），从切点移动的轨迹可以看出（见图4-9-c），在消费成本既定的条件下，理性的产品制造商必然会生产更多的低碳高质量产品来替代高碳产品以谋取利益最大化，从而促使生产方式向经济高质量发展方向转化（魏钢焰、周翼翔，2013）。

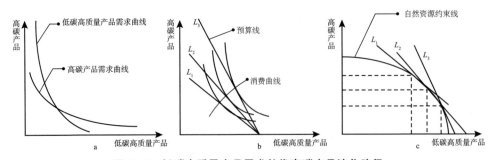

图4-9 低碳高质量产品需求替代高碳产品演化路径

资料来源：作者根据魏钢焰、周翼翔（2013）修改。

三、高质量发展社会文化导向机制构建

一是全面树立经济高质量发展理念准则。县域社会发展要全面倡导绿色生态的生活方式，使经济高质量理念落实到社会生活的方方面面，以形成浓厚的高质量发展文化氛围，使高质量发展理念成为社会共同的行为准则。绿色生态高质量是人类未来发展的必然趋势。

二是完善健全经济高质量发展制度体系。例如，制定完善促进县域经济高质量发展的专项规划；建立健全推动清洁能源开发利用的高效运行机制；建立激励碳汇生产的制度体系；建立健全碳交易体制机制；等等。

三是努力开发生产绿色高质量产品。县域各级政府部门要通过制度创新引导企业等经济实体大力研发和生产各类绿色高质量产品，限制"三高"产品生产。例如，要大力发展新能源电动汽车、公共自行车、节能建筑、生态农业，高质量建设城镇和乡村聚落等（魏钢焰、周翼翔，2013）。

第五节　经济发展促动机制创新

经济发展是指一个国家或地区人均实际福利的增长过程，既包括社会财富总量的增多，也包括社会财富质量的提升，即经济结构、社会结构的变化，投入产出效益的提高，人民生活质量的改善等。经济高质量发展是经济发展的高级化，是经济发展的必然趋势。那么，传统经济发展如何转向为经济高质量发展？如何促进经济高质量发展？前已述及，经济高质量发展是一个相对的概念，是相当于原有经济发展模式而言。因此，在经济高质量发展过程中，新兴产业的培育发展、产业结构的转型升级、经济增长方式的转变、能源结构的优化调整、经济质量效益的不断提高等诸多方面的变化都有力地推动了县域经济高质量发展。

一、新兴产业的培育发展

根据经济高质量发展的相关法规制度，县域经济高质量发展过程中的高耗能、高排放、高污染、低效益的"三高一低"产业势必受到控制，电子产业、信息产业、新材料产业、新能源产业等一些新兴产业受到激励将不断兴起。这些新兴产业与传统产业相比，具有低能耗、低排放、低污染（或零污染）的特点。从

长远发展来看，这些战略新兴产业必然在未来经济发展过程中起到决定性作用。为此，在县域经济高质量发展过程中，战略性新兴产业的培育发展必须立足县情，要与改造提升传统产业相结合，与发挥区域比较优势相结合，与产业结构转型升级相结合。按照国家、省、市产业高质量发展政策要求，以建设资源高效利用型、环境友好型社会为目标，结合本县域的技术优势、产业基础、人力资源条件等，科学确定产业布局，加快培育创新能力强、产业配套完备、符合高质量发展要求的各具特色的战略性新兴产业，以此推动县域经济高质量持续发展。

二、产业结构的转型升级

相对于城市经济发展来说，县域经济欠发达，生产效率较低，资源能源利用粗放，多为低端的下游产业，支柱产业特别是优势产业仍处于高消耗、高排放、高污染的状态。目前来看，在产业结构中，钢铁、有色冶金、化工、建材等高耗能、高排放、高污染的产业仍然占据较大比重。农业发展过程主要靠增施化肥、喷洒农药等方式提高农业单位面积产量，绿色农产品、有机农产品产值在农业生产总值中所占比重仍然较低。根据国家"十四五"规划的节能减排任务要求，县域资源依赖性强，技术水平整体落后，能源资源利用效率不高，污染排放严重的一些企业面临"关、停、并、转"调整。通过县域产业结构调整优化促进产业结构转型升级，既加快了工业现代化步伐，推动了经济社会高质量发展，提高了人民生活水平，同时也减少了废弃物排放，降低了对生态环境的污染，使温室气体等废弃物排放保持在县域生态环境所能够容纳的范围之内。因此，县域产业结构调整优化对经济高质量发展具有重要的促动作用。

三、转变经济发展方式

及时转变县域经济发展方式，关键还是要从县域实际出发，立足县域经济发展所处阶段，确立正确的发展思路。

一是进一步加强产学研的有效融合。要以市场需求为导向，促进科技创新，促进企业等经济实体加强研发平台建设，加大科技创新投入，尤其是新兴技术的研发投入，促进高等院校、科研院所和有关企业的有效衔接，使其融合为一个有机整体，提升科技在经济发展过程中的贡献率；加强知识产权保护力度；积极探索创新人才的培养和激励机制，强化创新驱动的教育和人才基础。

二是充分发挥市场机制在优化配置资源能源中的作用。将能够市场化的生产要素全部市场化，通过市场机制优化配置资源能源，充分发挥县域资源要素潜力，促进各种所有制经济形式公平参与市场竞争，以此促进民营小微企业快速发展。根据市场供求机制，深化资源环境税费制度改革，稳步推进金融利率、汇率市场化改革，进一步加大金融支持县域经济高质量发展的力度。

三是改善民生，增强消费对经济增长的基础性拉动作用。这就需要有序推进新型城镇化，鼓励农业转移人口市民化，鼓励中小企业在城镇产业集聚区（工业园区）集约经营，集群发展，加快淘汰落后产能，加快产业重组，促进产业从价值链低端向中高端延伸，通过延链、补链等措施，逐步提升县域产业链的整体水平。

四是大力推动城乡统筹发展。根据国家以城带乡、以工补农的要求，不断健全完善城乡公共服务体系，加快城乡生产要素无障碍有效流动，推进城乡一体化发展，让城乡居民共同富裕起来。

五是不断提高能源资源利用效率。以最少的投入、最少的排放、最小的污染或零污染，获取最大的效益。

六是优化能源结构，提高能源利用效率。要促进能源生产方式、利用方式进行根本性变革，大幅削减化石能源消费总量，大力开发利用风能、水能、太阳能等可再生能源，大力发展清洁能源，提高清洁能源在能源结构中的比例；加大能源高效利用技术的研发投入力度，促进节能技术产业化发展；加强工业、建筑、交通等节能技术体系建设。

四、能源结构调整优化

县域能源结构调整将有力地推动经济高质量发展。总体来说，我国县域经济发展过程中，能源结构仍然是以煤炭、油气等化石能源占重大比例的能源结构。随着《中华人民共和国环境保护法》《中华人民共和国大气污染防治法》《中华人民共和国循环经济促进法》的深入实施，尤其是《中华人民共和国可再生能源法》的实施，开发利用可再生能源和清洁能源等新能源的力度越来越大，在县域范围内的沼气利用、光伏产业发展等越来越广泛，县域能源结构在进一步调整优化，即原来以煤炭、油气占绝对比例的能源结构得到不断的调整优化，这将逐步改变原来的高投入、高能耗、高排放、高污染的局面，逐步向低投入、低能耗、低排放、低污染方向转变。因此，县域能源结构调整优化有力地促进了县域经济高质量健康发展。

第六节　生态环境约束机制创新

一、资源环境约束促进县域经济高质量发展的理论依据

碳循环理论认为地球上的碳循环过程包括碳源和碳汇两个方面，碳源增多，将使大气温室效应增强，气候变暖，并影响人类的生产生活；碳汇可吸纳大气中的二氧化碳等温室气体，对气候变暖有着重要的抑制作用。生态足迹以及环境库兹涅茨曲线强调在一定的科学技术水平条件下，资源环境的承载能力或容纳能力都是具有一定的限度，包括大气对温室气体的容纳都是有一定限度，若超过这一限度，气候变暖加剧。因此，要保持人类经济社会健康高质量发展就必须以环境库兹涅茨曲线理论、可持续发展理论为依据，在保持大气碳平衡的前提下测算预测大气可容纳的二氧化碳等温室气体数量，依此设计全球碳排放目标，并根据各国、各地区、各县域的经济发展水平、能源结构等情况，将目标进行分解，以此约束高耗能、高排放、高污染的企业等经济实体的发展，促进低能耗、低排放、低污染、高增长的企业的发展，最终促进县域经济高质量健康发展。

二、资源环境约束对经济高质量发展的促进

如果没有资源约束，县域经济发展就可以永远持续推进。县域经济发展的本质就是对能量的使用、消耗和转化行为。随着经济全球化过程中的资源要素全球流动和配置，以及一定时期内科技条件的限制，资源短缺，尤其是一些不可再生资源的枯竭，已对经济发展产生约束，即资源约束线（见图 4-10）。

县域经济高质量发展的首要问题就是环境约束，即二氧化碳等温室气体排放目标的限制。也就是大气生态环境对发展经济所带来的温室气体污染（熵）的容纳和消化能力。工业革命以来，许多国家的经济增长大多建立在能源资源大量消耗的基础上，从而导致系统内熵的不断积累，包括"三废"的大量增加。熵增加产生的生态环境的负外部性影响自身和其他国家的健康发展，最终导致生态系统功能的不断弱化。例如，全球气候变暖而引起的一系列生态环境问题。经济高质量健康发展依赖于生态环境的健康运行，大气生态系统的碳收支平衡是实现县域经济高质量发展的基础。然而，地球上的大气圈在一定时期内容纳以二氧化碳为

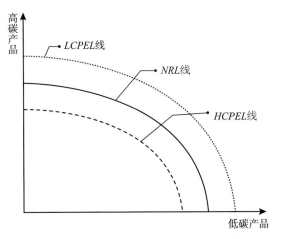

图 4 - 10　环境与资源对社会发展的约束

资料来源：魏钢焰，周翼翔. 低碳经济动力机制研究：基于生态热力学和心理经济学视角［J］. 生态经济，2013（2）：91 - 93.

主的温室气体的能力是有限的，从极端灾害性天气不断增加、生物多样性快速减少、全球气候变暖生态危机事件来看，生态环境对经济高质量发展的约束作用是相当强大的，在一定程度上甚至要大于资源危机的约束力。只有在经济高质量发展条件下其边界半径才可能大于资源约束线的边界半径（见图 4 - 10，*LCPEL* 为经济低碳高质量发展的环境约束线；*HCPEL* 为经济高碳发展的环境约束线；*NRL* 为自然资源约束线）。由此可以看出，要使县域经济社会高质量健康发展，必须走低能耗、低排放、低污染的经济低碳高质量发展模式，以扩大环境约束线的边界半径，提高县域经济社会环境发展的可持续性（魏钢焰、周翼翔，2013）。

第七节　空间结构优化机制创新

一、问题的提出

2003 年党的十六届三中全会提出并实施统筹城乡发展战略，2006 年党的十六届五中全会提出建设社会主义新农村，2008 年 1 月 1 日起实施《中华人民共和国城乡规划法》，2013 年党的十八届三中全会提出："城乡二元结构是制约城乡发展一体化的主要障碍"。"必须健全体制机制，形成以工促农、以城带乡、工农互惠、城乡一体的新型工农城乡关系，让广大农民平等参与现代化进程、共同分享现代化成果。"在全国范围内实施的新型城镇化战略、乡村振兴战略，其重要目之一就是统筹城乡发展，有序推进城乡一体化，其空间响应就是城乡空间结构优化，尤其是县域空间结构的优化重组。

专家学者对区域空间结构研究集中于全球层面、国家层面、省域层面和市域层面（地区层面）的空间结构演变过程、演变机理和优化重组等方面，尤其是这些空间尺度范围内的城镇体系（区域城镇空间结构）研究（顾朝林，1992，2000）。目前，我国县域城乡空间结构仍然是在传统农业经济时期马车步行交通方式下形成的，"三里一村、十里一店（集镇）"的城乡空间结构现状描述仍然是传统农业经济时代平原地区城乡空间分布的真实写照，也是传统农业生产发展和产品交换的需要，这种城乡空间分布现状已经不能满足农业产业化和现代农业发展的需要，已经成为县域经济高质量发展的桎梏，县域城乡空间结构优化重组迫在眉睫。

二、空间结构优化促动作用

空间本身是一种经济发展资源，也是一种稀缺资源。城乡空间结构主要体现在对经济活动、社会活动、生态活动的组织作用等方面，具有重要的经济社会与生态环境意义。弗里德曼（Friedmann，1966；1973）、黑格（Haggett，1971；1977）等学者较早地进行了区域空间分析，他们从运动、通道、节点、流、网络和等级体系等方面研究了区域空间结构演变过程与驱动因子等，提出了"增长极"等区域空间发展模式。塔弗·莫里尔和古尔德（Taaffe Morrill and Gould，1963）认为距离要素是最重要的空间结构要素。Friedmann、李斯特、赫希曼、罗斯托、钱纳里、胡佛—费雪、萨米尔·阿明等学者相继提出了区域发展阶段与城镇空间结构演化的一一对应状况，成为区域城镇空间结构发展、演变与调控的重要理论依据。然而，城镇的发展并不是孤立存在的。空想社会主义者的"乌托邦"、马克思和恩格斯的"城乡融合理论"、霍华德（Howard）的"田园城市理论"、萨里嫩（Saarinen）的"有机疏散理论"、克里斯塔勒（Christaller）的"中心地理论"等理论研究与实践探索为城乡空间结构优化研究奠定了理论基础。麦吉（McGee）根据其对东南亚地区的研究提出了"城乡融合区"，即 Desakota 模式。莱特（Wright）和斯坦（Stein）提出了城市空间发展与自然生态空间相融合的区域城市（region city）发展模式。库尔曼和韦格纳（Kunzmann，Wegene，1991）则从人居环境方面分析了欧洲的可持续发展以及欧洲的空间结构发展状况。斯科特（Scott，1996）、兰博伊和博施马

（Lambooy，Boschma，2001），穆莱尔特和斯基亚（Moulaert，Skeia，2003）对不同产业、不同地区的空间融合与区域创新政策进行了较为深入的研究。唐宁和帕瓦丹（Downing，Patwardhan，2004），史密斯、特兰和尼尔（Smith，Tran，Neill，2003），卡斯帕森等（Kasperson et al.，2005），阿杰（Adger，2003；2005）对气候变化背景下人类在区域空间发展过程中应采取的对策措施进行了相应研究。

国内有关专家学者通过实践检验总结提炼出国家层面的"T"型开发模式、"π"型开发模式、沿江开发模式、沿边开发模式等空间发展战略，以及"对称分布理论模式"、城市组群的三个等级、三大梯队四大板块等；省域层面则提出了"双核结构理论模式"，城市组群的三级多核圈层模式，城市群的发育发展、空间一体化、生态空间结构优化以及空间整合发展研究，省域及局部地区的城镇体系分形、城镇分形与水系空间耦合、空间发展态势、空间发展战略、空间布局优化研究，省域经济空间结构演变过程与演变机理、联系方向与联系强度、优化调控与实证分析，省域发展及空间发展战略研究等；地区层面的空间结构研究主要有：中国科学院《西部开发重点区域规划前期研究》报告中提出的西部开发应重点培育三大都市区经济和"兰州—白银"、滇中、天山北麓、"呼和浩特—包头—鄂尔多斯"、"银川—吴忠"、"南宁—钦州—防城港—北海"、黔中七个城市群，使其成为地区经济发展的增长极，以及省际边缘区的廊道组团网络化城镇空间结构优化模式等。另外，学者们还进行了相应的区域空间演化模拟研究以及相关区域的城市组群空间结构研究，后者主要包括城市组群的宏观空间布局、空间结构形态演变机制、空间扩展模式等方面的研究。由此可以看出，空间结构优化在区域经济高质量发展过程中给予重要的促动作用。县是我国行政单位中一个超稳定的层次。专家学者对县域经济发展态势、社会文化建设、城镇化水平、城镇空间结构、新市镇建设、资源开发利用、生态环境保护等方面的空间结构优化进行了相关研究（石忆邵，2003，2007），其空间响应即县域空间结构优化。因此，县域空间结构优化对县域经济高质量发展也具有重要的促进作用。

三、空间结构优化内容

县域经济高质量发展过程中空间结构优化的内容主要包括以下三个方面：

一是优化县域产业空间布局，促进产业集群集约发展。根据劳动地域分工和县域比较优势优化县域产业布局，不断形成特色产业集群，推动产业集群集约发展，推进产业高质量发展。

二是优化县域城乡空间结构，推进城乡统筹一体发展。根据经济发展水平的差异，可在县域范围内选择县城、2~3个重点镇以及若干中心村进行重点建设，实施"万村整治，千村提升"工程，形成城乡互动、城乡一体、城乡共赢的局面。

三是优化县域交通、水利、电力、文化、教育、科技、卫生等基础设施配置；优化县域生态空间结构，使生态节点、生态廊道、生态斑块、生态基质融为一个有机整体。

通过县域空间结构优化，尤其是产业布局、城乡居民点布局等方面的空间结构优化，使县域经济社会以及生态环境发展过程中的资源能源利用效率进一步提高，最终推动县域经济健康高质量发展（见图4-11）。

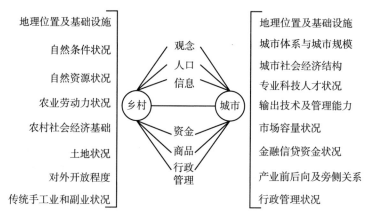

图4-11 县域城乡互动

第八节 要素耦合驱动机制创新

一、耦合创新驱动的理论基础

张治河构建了包括技术系统、政策系统、环境系统和评价系统四个子系统的产业创新系统。柳卸林则建构了我国不同产业的产业创新系统模型。这些理论均说明县域经济系统的高效运行，是建立在科学技术支撑、法规政策引导、空间结构优化、经济发展促动、财政金融支持、生态环境约束以及社会文化导向等子系统之间相互耦合和高效运行的基础之上，是以各子系统的相互耦合与高效运行为前提条件（谷立霞、王贤，2010）。

因此，县域经济高质量发展过程中的耦合创新系统建构，必须突出企业等经济实体在产业创新以及产品创新中的主体地位，充分发挥市场机制对科技资源的优化配置作用，充分发挥政府部门的宏观调控引导功能，着力搭建行业共性需求而中小微企业自身又无法独立进行创新的"产—学—研"联姻平台，保障产业高质量发展所需技术知识的有效流动，最终推动县域经济发展过程中各种创新活动的协调推进。

二、耦合创新驱动机制构建

概括而言，系统建模就是将一个实际系统的结构、功能、输入—输出关系，用数学模型、逻辑模型等描述出来。县域经济高质量发展过程中耦合创新系统的逻辑运营管理表明，所有输入的资源要素根据其转换特性可以分为转换类和待转换类两大类型。这两大类型资源要素根据其功能特点的差异组成不同的资源要素群落，各资源要素群落之间相互影响、相互制约、相互促进、共同作用，以实现待转换资源要素的转换过程，最终形成全要素耦合创新系统的输出。其实质就是通过劳动的输入（尤其是高新技术劳动的输入、先进管理经验的输入），与各类资源要素之间的相互作用（尤其是协同作用），使资源能源利用效率进一步提高，最终实现价值的进一步增值（见图 4-12）（谷立霞、王贤，2010）。

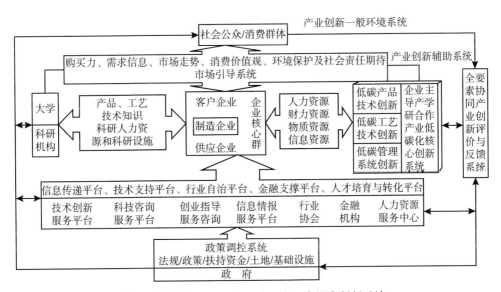

图 4-12　县域经济高质量发展全要素耦合创新系统

资料来源：谷立霞、王贤（2010）。

三、耦合创新驱动构建策略

一是制定县域经济高质量发展耦合创新战略。能源资源禀赋决定了我国县（市）域以煤为主的能源结构将长期存在，煤炭能源生产和消费的碳排放"锁定效应"以及国际低端产业的转移将进一步加剧我国县域经济高质量健康发展的难度。县域政府部门必须为经济高质量创新发展提供政策、制度、资金和组织保障。

二是构建县域经济高质量发展耦合创新长效机制。县（市）域政府部门要及时构建由科技创新支撑机制、市场驱动机制、法规政策引导机制、空间结构优化机制、财政金融支持机制、生态环境约束机制、社会文化导向机制、经济发展促动机制等组成的经济高质量发展耦合创新长效驱动机制体系，以推动县域经济高质量健康发展。

三是建立县域共性行业与关键技术产学研合作平台。根据县（市）域中小型企业和科研院所的实际情况，县域政府部门要充分利用科技财政投入的导向作用，及时促成其间的有效结合，重点组织对共性、关键和前沿技术的研发，重点实施重大核心技术创新示范工程。

四是创新县域经济高质量发展技术研发服务体系。县域相关政府部门要及时创新新兴产业技术研发服务体系，及时出台相关激励政策，以调动金融机构、管理咨询机构、中介服务机构等各行为主体的积极性，为中小微企业核心技术研发提供更好的支持和社会化服务。

五是形成县域经济高质量发展文化氛围。县域经济高质量发展耦合创新系统运行需要全社会力量的共同参与与配合。通过创建高质量生态城镇、高质量生态乡村、绿色生态公司、绿色生态学校、绿色生态家庭等活动，进一步调动社会各阶层保护和改善生态环境、推动经济高质量发展的积极性，以形成浓厚的经济高质量发展文化氛围，推动县域经济高质量健康发展（谷立霞、王贤，2010）。

第五章

县域经济高质量发展应对策略

劳动地域分工理论要求，在县域经济高质量发展过程中必须充分发挥自身的比较优势，培育发展特色新兴产业（集群），生产符合市场需求趋势的产品，以满足人民群众日益增长的多样化的美好生活需要。不同地域类型的县域，发展条件千差万别，将形成各种各样的县域经济高质量发展主导模式，路径选择也将存在着明显差异。

第一节　县域经济高质量发展主导模式

一、县域产业高质量发展主导模式

（一）产业高质量发展内涵

产业高质量发展，简单地说，就是产业规模不断扩大，现代农业、先进制造业、现代服务业等不断发展完善，尤其是先进制造业的发展，产业体系现代化程度和质量效益不断提升，产业结构不断优化，产业间的融合不断深化，创新成为引领发展的第一动力。

（二）产业高质量发展模式

产业高质量发展也是一个渐进的过程，是相对而言的，与区域经济基础密切相关。经济发达县域已经具备较强的经济发展基础、科技基础、人才基础与社会基础设施配置基础等比较优势，有能力发展科学技术水平更高的产业。例如，先进制造业、生物工程产业、新材料产业等高技术产业，以及配套的支撑产业，形成经济发达县域高技术产业（集群）发展模式（见图5－1）。经济欠发达县域，科技实力较弱，财政能力较差，甚至是一片空白，但有着良好的自然生态环境条件等优势，根据其比较优势，应重点发展林业产业、畜牧产业、有机等绿色产业（集群），及其相应支持产业、配套产业和衍生产业等（见图5－2），例如其衍生产业——旅游业，包括森林生态休闲旅游、草原生态休闲旅游、采摘休闲旅游、农家乐休闲旅游等，最终形成欠发达地区的绿色产业（集群）发展模式。

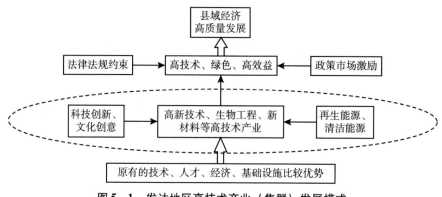

图5－1 发达地区高技术产业（集群）发展模式

（三）产业高质量发展的意义

产业高质量发展是高质量发展的核心，不仅有利于推动社会—文化—环境等领域的高质量协调健康发展，而且还关系到各县域未来经济发展战略和产业结构优化重构等问题。随着人们生活水平的不断提高，人们对产品质量问题更加关注，制定更为严格的产品质量标准，对绿色有机农产品的需求越来越多，更为关注个性化、时尚化、品牌化的工业产品，尤其是研发、金融、旅游等高端现代服务业需求将大幅度增加，各生产要素也将向这些行业倾斜，这些产业发展将会得到前所未有的发展机遇，并创造巨大的产值。如果县域发展失去这样的机遇，不能及时调整产业发展方向，其结果只能承载从发达国家（地区）转移来的高能耗、高排放、高污染的产业，给生态环境以及社会发展带来巨大的冲击。

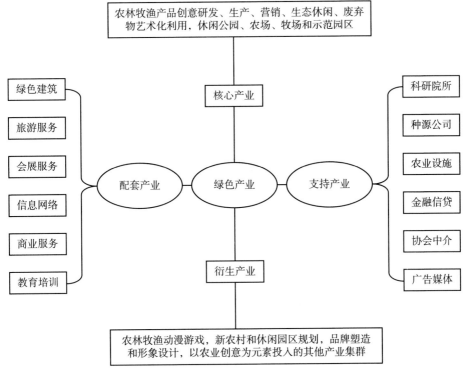

图 5 - 2 欠发达县域绿色产业（集群）发展模式

二、县域清洁生产主导模式

（一）清洁生产内涵

《中国 21 世纪议程》将清洁生产界定为：既可以满足人们日益增长的美好生活需要，又可以合理高效地使用各种自然资源和能源，能够有效保护生态环境的实用生产方法和措施（陈柳钦，2010）。

（二）清洁生产模式

清洁生产模式是通过科学技术创新引领，以实现生产全过程的清洁控制和产品周期全过程的清洁控制（见图 5 - 3），包括工业清洁生产模式和农业清洁生产模式。前者主要是指在工业产品生产过程和预期消费中，既能够合理高效利用自然资源，把工业生产对生态环境的危害降至最小，又能够充分满足人类生产生活需要，获得最大的经济—社会—环境等综合效益的一种模式；它强调高新技术在工业产品生产消费过程中的能源高效利用、生产清洁绿色、产品绿色环保等关键内容（见图5-4）。后者主要是指一种综合考虑经济—社会—环境效益的现代化农业生产模式；在发展过程中要改变原来的单一农业为农、林、牧、渔业全面发展，实现资源能源的不同时空、多层次、多形式的网络化综合利用，尤其是可再生资源能源的大力开发利用（见图5-5）。

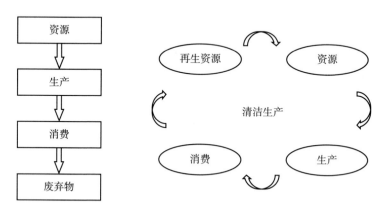

图5-3 清洁生产主导模式

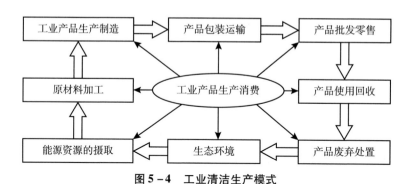

图5-4 工业清洁生产模式

由此可以看出，清洁生产的目标就是通过能源的充分利用、资源的综合利用，达到节能、降耗、减排的目的，促进经济社会环境综合效益的进一步提升，降低生产活动对人类生态环境的风险；清洁生产的前提是科学技术创新的有效支撑。为此，在县域经济高质量发展过程中实施清洁生产主导模式必须重视产品的绿色设计、生产全过程的清洁控制以及能源原材料的优化管理，最终才能达到节约能源资源、减少废弃物排放、降低环境污染、提高经济社会环境效益的目的。

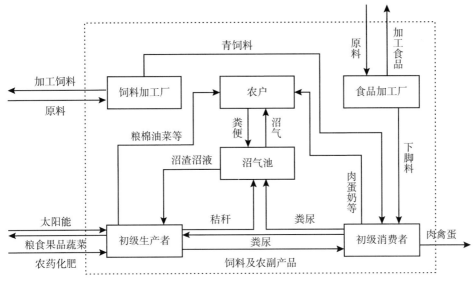

图 5 – 5 农业清洁生产模式

（三）清洁生产意义

清洁生产强调源头的生产（产品）设计、源头的能源原材料选择利用，以及清洁能源、清洁生产过程和清洁产品，即通过源头预防的环境战略，改变传统的先污染后治理的生产模式，避免走西方发达国家曾经走过的老路；通过采取源头生产（产品）的绿色设计、生产过程的科学管理、工艺技术水平提高等措施，使产业链的上、中、下游产品以及旁侧产业产品的生产有机地联系在一起，这种集群集约型生产方式改变了传统的以牺牲环境为代价的粗放型生产模式，主要通过内涵挖掘，走内涵发展道路，实现节能、降耗、减污、增效，合理、高效配置资源的目的。

三、县域产业转型升级主导模式

（一）资源型县域产业转型升级内涵

资源型县域主要是指以矿产资源开发为其经济支柱的县域产业发展模式，其资源储量有限，最终将因资源枯竭而影响县域经济发展或使经济严重衰退。对资源型县域来说，要摆脱这种经济发展困境，就必须及时进行产业转型升级，做到未雨绸缪。通过产业转型升级，即根据县域比较优势培育新兴主导产业或在原有矿产采掘业的基础上发展初级加工业、精深加工业，来延长矿产资源开采年限，提高经济社会环境效益，或及时形成新的替代产业，从而降低能源资源消耗，减少废弃物排放，减轻对生态环境的污染（控制在生态环境承载力范围之内），最终达到提高经济社会环境效益的目的。因此，资源型县域产业转型升级主导模式也是县域经济高质量发展的重要模式之一（见图5-6）。

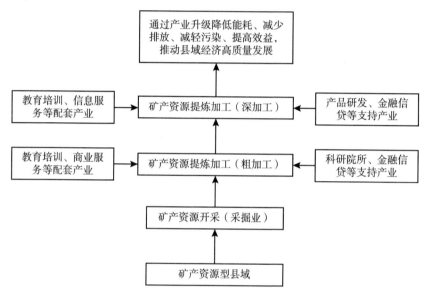

图5-6 资源型县域产业升级主导的经济高质量发展模式

（二）资源型县域产业转型升级模式

资源型县域产业转型升级主导的经济高质量发展模式主要包含两方面内容：一是通过拉长产业链条，即通过产业升级来降低单位生产总值的能源资源消耗、减少废弃物排放、减轻对生态环境的污染，提高经济社会环境效益，达到推动县域经济高质量持续发展的目的；二是在资源开采加工的中后期，根据县域比较优势，及时培育绿色替代产业（主导产业），以便替代原有的资源开采加工产业，使其成为该县域经济发展的支柱产业，以便于推动县域经济高质量健康发展（见图5-7）。

确定资源型县域产业转型升级主导的经济高质量发展模式的重点是及时进行资源替代，即用人文自然资源替代矿产资源，用高新技术替代资本和劳动，大力发展替代产业（见图5-8）。例如，重点发展具有县域比较优势的生态文化旅游产业等，以推动县域经济高质量健康发展（董锁成、李泽红、李斌等，2007）。

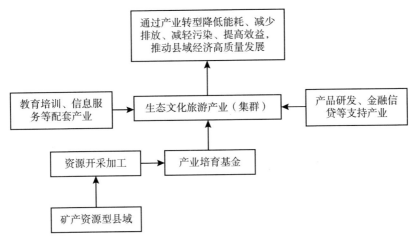

图 5 - 7　资源型县域产业转型主导的经济高质量发展模式

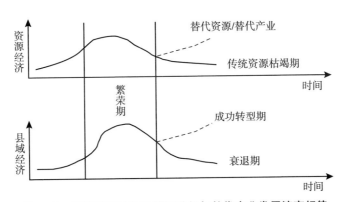

图 5 - 8　资源型县域产业转型升级与替代产业发展演变规律

（三）资源型县域产业转型升级意义

随着资源型县域具有比较优势的资源开采，县域经济得到较快发展。但由于采掘业属于末端产业，其附加值极低，而且对生态环境造成较大污染。因此，在县域经济发展水平提高的同时，要根据已有的经济发展基础、技术以及其他相关优势，及时进行产业升级，即矿产采掘业→矿产品初加工→矿产品精深加工，以此推动资源型县域经济高质量健康发展。与此同时，要充分利用资源开采加工建立起来的产业培育基金，及早地培育具有县域比较优势的生态文化旅游等产业，使其不断发展壮大，形成具有县域特色的生态文化旅游产业（集群）等，逐步取代原有的矿产资源开采加工产业，推动县域产业及时向绿色转型，促进县域经济高质量持续发展。因此，资源型县域产业转型升级主导的经济高质量发展模式对县域经济持续健康发展具有重要的指导意义。

四、县域林业高质量发展主导模式

（一）林业高质量发展内涵

林业高质量发展是指林业以可持续发展为基本理念，借助科技进步、人才培养等方式，合理配置投入要素，高效利用资源，提高生产效率，优化林业结构，实现可持续增长（迟福林，2018）。草原和森林都是非常重要的可再生资源，其合理运用既遵循自然规律，又实现森林与草原生态系统的良性循环和促进自然资产保值增值的内在要求，也是推动产业发展，促进人民富裕的有效途径，更是能够深化供给侧结构性改革，满足社会需求的重要措施，还是激发我国社会力量参与到林业和草原生态建设生产中的必然要求。

（二）县域林业高质量发展模式

林业高质量发展主要是通过植树造林以及森林管理等活动，增加林木覆盖率，并获得经济—社会—生态收益的过程。林业生产是一种既能给人们带来巨大的生态效益，也能给人们带来可观的经济效益的重要生态经济资源。林业是一种重要的生态资产，也是一种无形的资产。发展林业、发展林业经济为主导的林业高质量发展模式，是县域经济高质量健康发展的重要模式之一（见图5-9、图5-10）。

（三）县域林业高质量发展的意义

通过以林业高质量发展为主导的县域经济高质量发展，不仅可以带来客观的经济社会效益；同时还可以减轻碳减排压力，延缓全球气候变暖，较好地保护生物多样性，减少水土流失，为我国赢取气候变化国际谈判的话语权和主动权，继而进一步拓展我国经济发展空间。

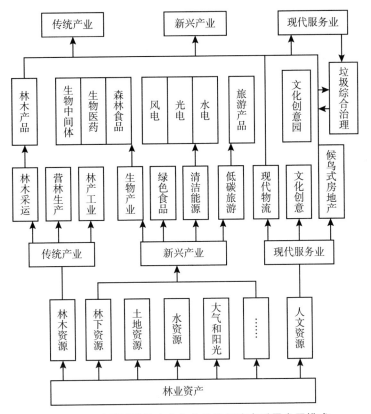

图 5 – 9 以县域林业生产为主导的经济高质量发展模式

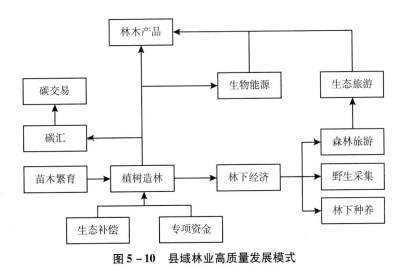

图 5 – 10 县域林业高质量发展模式

五、县域农业高质量发展主导模式

(一) 农业高质量发展内涵

农业高质量发展就是要加快构建现代农业产业体系、生产体系、经营体系，实现"四高一强"，即产品质量高、产业效益高、生产效率高、经营者素质高、国际竞争力强，以生产优质农产品为目标，以农民增收为目的，满足社会各方对农业供给的基本要求和美好需求，在寻求经济增长的同时更加强调发展成果惠及大众（王可山、郝裕、秦如月，2020）。

(二) 县域农业高质量发展模式

有机农业（organic agriculture）是指在农业生产的各环节，完全或基本不用肥料、农药、生长调节剂和饲料添加剂等人工合成化合物，只采用符合有机农业标准的生物防治、有机肥料、有机饲料的种养业。有机农业是一种旨在恢复农田自然生态系统，从低碳经济视角来看，这是减少农业碳源，增强农田生态系统固碳储碳能力，将农业碳源转变为农田碳汇的一种农作方式。目前，国际上已经有成熟的基于 LULUCF（Land use, land use change and forestry）计划的有机农业 CDM（Clean Development Mechanism）项目。通过这些项目，农民可以额外获得碳信用带来的经济收益，还可以在此基础上发展有机农业，进一步提高有机农产品的附加值（见图 5-11）。

(三) 县域农业高质量发展的意义

随着经济社会发展水平的不断提高，人们对食品安全的重视程度越来越高，尤其是对有机农产品的需求无限，有机农产品市场潜力巨大，供不应求。因此，加强农业资源培育，加快县域产业高质量发展，不仅可以满足人民群众日益美好多样化生活需要，具有重要的经济社会意义，而且还可以增加"固碳释氧"能力，营造优美环境，增加农田碳汇资产，产生重要的生态价值，促进县域经济高质量健康发展。

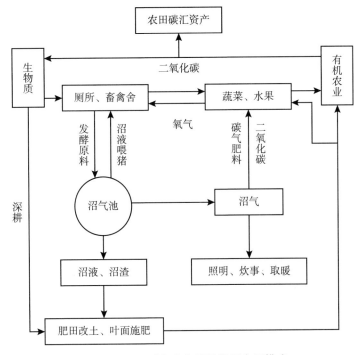

图5-11　县域农业高质量发展主导模式

六、县域产业结构优化主导模式

(一) 县域产业结构调整内涵

县域产业结构调整就是逐步实现一二三次产业间及其内部生产要素配置的优化，充分发挥其经济、资源与技术优势。县域产业结构调整的目标就是形成合理的产业结构和提升产业结构的高度，促进县域经济高质量健康发展。产业结构合理化与高度化的过程，实质上就是一个由"高能耗、高排放、高污染、低效益"产业结构状态向"低能耗、低排放、低污染或零污染、高效益"产业结构状态演变的过程。因此，以产业结构调整为主导的发展模式是县域经济高质量发展的重要模式之一（蔡天敏、谢守祥，2001；林汉斌，2010）。

(二) 县域产业结构调整主导模式

县域产业结构调整过程中，三次产业间的调整因所处经济发展阶段的不同而不同，尤其是工业化中后期，要重点强调第三产业比重的提升，特别是新兴第三产业（现代服务业）的发展，例如信息服务产业、金融产业等新兴第三产业的发展将为其他产业发展提供有力的支撑。与此同时，要重点调整三大产业内部各自的产品结构，加快产业结构高度化进程，向附加值高、产值规模大、产业影响能力强的方向优化。在县域产业结构不断合理化、高级化的过程中，也是产业空间结构不断优化的过程，产业集群尤其是具有县域比较优势的特色产业集群不断形成，县域产业竞争能力不断提升（见表5－1、图5－12）。最终通过产业结构调整推动县域经济高质量健康发展。

表5－1　　　　　　　　　　某县域产业结构调整情况一览

项目	1980 年	2013 年
第一产业比重（％）	20.0	12.0
第二产业比重（％）	65.0	48.0
第三产业比重（％）	15.0	40.0
1980 年，第一产业种植业比重80％，林牧渔业比重20％；第二产业原材料产业80％，初加工产业20％；第三产业传统三产100％	2013 年，第一产业种植业比重50％，林牧渔业比重50％；第二产业原材料产业30％，初加工30％，精加工40％；第三产业中传统三产70％，新兴三产30％。产业结构日趋合理化、高级化，空间结构不断优化	

资料来源：林汉斌，2010。

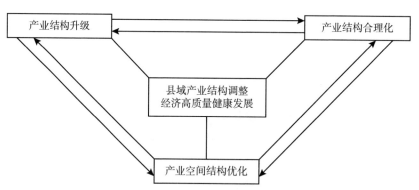

图5－12　县域产业结构调整与经济高质量健康发展

（三）县域产业结构调整的意义

产业结构失衡已成为制约我国县域经济高质量发展的重要障碍，产业结构调整是我国"十四五"期间乃至今后一定时期内所面临的主要任务之一，产业结构调整的迫切性和重要性尤为突出。县域是我国最基本的行政和经济单元，县域经济在国民经济中地位重要，承担重大责任。调整县域产业结构，在消除结构性短缺或结构性过剩、促进生产要素向效率更高的部门和区域转移、推进产业升级和产业空间布局优化过程中具有重要作用，有利于不断提高县域资源能源的配置效率，是推动县域经济高质量健康发展的关键环节（马赛萍，2012）。

七、县域能源结构优化主导模式

（一）能源结构调整优化内涵

能源结构包括能源生产结构和能源消费结构。能源生产结构是指各种能源（见图5－13）生产量在能源生产总量中所占比例；能源消费结构是指各种能源消费量在能源消费总量中所占比例。能源结构调整优化就是要尽可能地减少对化石能源资源的需求与消费，降低煤电比重，把水电开发、太阳能开发、风能开发、核能开发等新能源开发放到重要地位，尤其是要通过能源技术创新，提高能源利用效率，以达到推动经济高质量发展的目的。

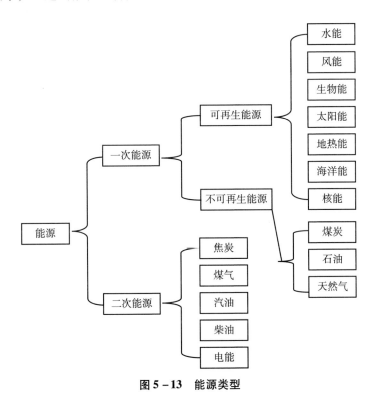

图5－13 能源类型

（二）县域能源结构调整优化主导模式

在县域能源结构调整优化过程中，要通过能源技术创新，重点开发太阳能、地热能、风能、水能、海洋潮汐能等可再生能源，提高可再生能源生产消费在县域能源总生产消费中所占比例，尽可能降低石油，尤其是煤炭等化石能源生产消费在县域能源总生产消费中所占比重，以此降低生产成本，提高县域经济发展的综合实力和竞争能力，推动以能源结构调整优化为主导的县域经济高质量健康发展。

（三）县域能源结构调整优化的意义

党的十八大报告明确提出"能源革命"而非"能源变革"，说明未来能源领域的变化是以能源技术为引领的革命性的变化。我国能源结构调整优化，重点要推动能源供应方式变革、推进能源高效清洁转化、控制能源消费总量、深化能源体制机制改革、提升能源科技和装备水平等主要任务。县域能源结构优化调整不仅是我国能源发展战略的要求，也是实现县域经济高质量健康发展的必然要求，县域能源结构低碳化、绿色化是一个必然趋势。

八、县域空间结构优化主导模式

（一）空间结构优化内涵

县域空间结构优化就是根据县域经济社会环境发展阶段的不同以及发展趋势，及时对其空间结构进行调整优化，以期达到最佳的经济—社会—环境效益。

一国或地区经济社会环境发展阶段不同，产业结构有着明显的差异，在地域空间上的响应（空间结构）也明显不同。所以，空间结构是标示区域经济发展阶段不同于其他经济发展阶段的重要标志。及时对县域空间结构进行重组优化，有利于产业集约集群高质量健康发展，以最少的投入（能源资源消耗）、最少的废弃物排放（含二氧化碳等温室气体）、最小的环境污染（对生态环境的影响），获得最大的产出（经济社会环境效益）；有利于经济社会环境之间相互促进，共同发展；有利于县域经济高质量健康发展。

（二）县域空间结构优化主导模式

不同县域所处的经济社会发展阶段不同，产业结构也存在着很大差异，经济社会环境发展的空间响应也明显不同。依据经济发展阶段的不同，县域空间结构优化主导模式主要包括以下三种类型：

（1）在经济发展水平较低时，往往形成空间集聚上的"增长极"（见图5-14-a）；

（2）经济发展水平进一步提高，使"增长极"（城镇）之间的通道条件得以改善，以便形成"廊道组团"开发格局（见图5-14-b）；

（3）当经济发展进入较高水平阶段时，交通等基础设施建设进一步完善，以便形成"廊道组团网络化"开发模式（见图5-14-c）。

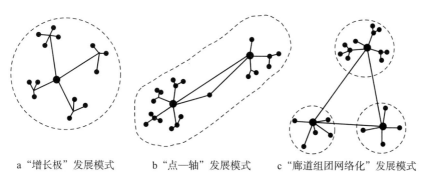

a "增长极"发展模式　　　b "点—轴"发展模式　　　c "廊道组团网络化"发展模式

图5-14　区域空间结构优化主导模式

（三）县域空间结构优化意义

处于不同经济社会发展阶段的县域，其空间结构优化发展模式不同。以县域空间结构优化为主导的发展模式有利于引导县域经济社会环境健康高质量发展。例如，增长极发展模式、点—轴发展模式等，有利于经济的集群集约发展，有利于企业科技创新的集中研发突破，有利于资源能源的高效充分利用，有利于基础设施的集中配置，有利于废气、废水、废渣的再利用与集中处置，等等。因此，县域空间结构优化主导模式对促进县域经济高质量健康发展具有重要意义。

九、县域城镇高质量建设主导模式

（一）城镇高质量建设内涵

当前我国城市高质量发展仍然需要综合考虑自然、经济及社会等各种影响因子，但必须始终把居民的主观感受作为重要衡量标准及指引。因此，城市高质量发展的内涵就是要同步地为居民营造更加高效活跃的经济环境、更加便捷舒适的居住环境、更加公平包容的社会环境以及更加绿色健康的自然环境（张文忠等，2019）。通过大力推进基于数字化、网络化、智能化的"新城建"，进一步推进适老化城市、社区、住房建设和改造，实施农房质量安全提升工程，大力发展装配式建筑等。实现城市更新从"有没有"转向"好不好"，不断健全城市体系，优化空间布局，完善服务功能，严格管控底线，逐步提升品质，充分提高效能，转变建设方式，从而进一步提升城镇的绿色建设质量。

（二）县域城镇高质量建设主导模式

城镇高质量建设发展将成为县域经济高质量发展的主要内容。城镇高质量建设主导模式的首要问题就是绿色体系建设，包括新能源的充分利用、绿色能源技术的研发与推广、能源结构的调整优化和能源利用效率的提升。在此基础上，要大力培育具有自身特色的新兴产业、绿色产业、大力推广装配式绿色建筑、努力实施生态交通、积极构建生态社会。城镇高质量建设发展使其能源结构日趋合理，能源资源利用效率进一步提升，经济—社会—环境的综合效益逐步提高，最终形成以城镇高质量建设为主导的县域经济高质量发展模式（见图5－15）。

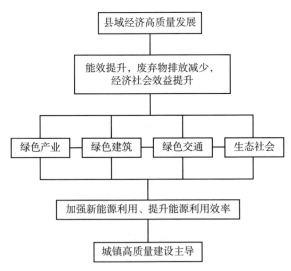

图5－15　城镇高质量建设主导的县域经济高质量发展模式

在城镇高质量建设过程中，要严格遵循社会生态原则、自然生态原则、经济高效原则以及复合生态原则，使城镇高质量建设发展过程中能够保持高质量的生态环境系统、高效能运转的绿色经济系统、高水平管理的社会运行系统，形成进一步完善的绿地生态系统以及高度的社会文明意识。

（三）县域城镇高质量建设的意义

推进以城镇高质量建设为主导的县域经济高质量发展模式，就是要建设资源节约、环境友好、居住适宜、运行安全、经济高效和民生持续改善的城镇。城镇高质量建设可以有效地促进城镇生产、流通、消费、生态环境等领域高质量健康发展，是协调县域经济、社会、环境的重要发展模式。在县域规划层面，要进一步明确主体功能区规划下的城镇发展导向；在社区和个体层面，要大力倡导生产和消费的绿色化趋势。系统推进以城镇高质量建设为核心，加快基于绿色理念的城镇规划、交通系统、建筑节能等核心领域的技术经济政策的制定与落实，努力探索并积极推广在城镇高质量建设发展过程中能够有效节能减排的循环经济、清洁生产、绿色建筑等技术手段，推进以城镇高质量建设为主导的县域经济高质量发展模式的有序拓展。

十、县域乡村高质量建设主导模式

（一）乡村高质量建设内涵

高质量发展主要聚焦于以内涵式发展为基础，以新发展理念为指导，继而推动质量变革、效率变革、动力变革，实现经济高质量发展。乡村高质量建设发展，就是要坚持走一条质量兴农、绿色兴农、科技兴农、品牌兴农的新路子，大力提倡绿色生产、绿色消费、绿色出行等理念，向生态乡村聚落、美丽乡村聚落发展，并最终推动乡村高质量建设发展。

（二）县域乡村高质量建设主导模式

县域范围内的广大区域都属于乡村，乡村高质量建设发展在县域经济高质量发展过程中占据重要地位。以乡村高质量建设为主导的县域经济高质量发展模式（见图5-16），就是要大力提高农业科技创新和转化能力，重点加强新兴技术在广大乡村地区的推广应用，培育发展乡村新兴产业，以此提高乡村地区的能源利用效率，增加新能源的利用，调整优化乡村地区能源结构，推进绿色农业、有机农业、绿色建筑、绿色交通和生态社会等方面的建设，进一步提高乡村经济—社会—环境等综合效益。

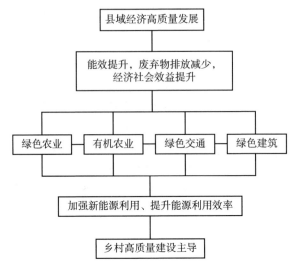

图 5 - 16　乡村高质量建设主导的县域经济高质量发展模式

　　乡村高质量建设发展的关键，就是要抓好向绿色农业、有机农业的转型发展，减少农药、化肥等使用量，利用生态系统的物质循环，认真做好循环农业工作。通过绿色、有机农业发展不仅提高了农产品的质量效益，同时还可以使乡村农业转变为碳汇产业（种植业碳汇、林业碳汇、草场碳汇等），提高额外收益。大力推广绿色建筑、努力实施绿色通行、积极构建生态社会，最终推动县域经济高质量健康发展。

　　（三）县域乡村高质量建设的意义

　　农业、农村、农民问题（以下简称"三农"问题）是我国经济社会环境发展过程中的关键问题。加强乡村高质量建设发展，有利于不断解放和发展农村社会生产力，从根本上解决"三农"问题，推动县域经济—社会—环境高质量协调发展。

第二节　县域经济高质量发展路径选择

　　县域条件差异，机制创新的侧重点不同，就会形成不同地域类型的县域经济高质量发展主导模式，最终也将会选择不同的县域经济高质量发展路径。具体路径选择如下：

一、县域产业高质量发展路径

具体发展路径主要有：传统工业绿色化改造与新兴工业发展路径，传统农业绿色化改造与现代农业发展路径，传统服务业绿色化改造与现代服务业发展路径等。

（一）传统工业绿色化改造与新兴工业发展路径

一是传统工业绿色化改造。传统工业一般指煤炭、钢铁、机械、化工、纺织等工业，具有较长的发展历史，多建立在煤、铁等能源资源禀赋基础之上等特点。传统工业普遍存在能源资源利用效率低、资源能源消耗量大、废弃物排放量大、生产效益低下等问题。然而，传统工业仍然是多数县域的支柱产业。因此，县域各级政府部门和企业等经济实体必须加大适合于自身经济社会发展阶段的新技术的研发，尤其是绿色工业技术的研发，在县域范围内积极推广应用绿色工业生产技术，及时对传统工业进行绿色化改造，才能保持县域经济高质量健康发展。

二是大力发展新兴工业。根据工业生产生命循环阶段理论，新兴工业是由于当代科学技术进步而迅速发展起来的富有生命力的兴旺工业部门。在现有工业结构中，新兴工业虽然不占主要地位，但其高新技术含量高、市场需求潜力大、发展速度比较快，代表着未来工业的发展方向。因此，新兴工业具有明确的时代特点。各县域要根据自身的实际情况和比较优势，有选择地积极培育和发展相应的新兴工业部门，加快新兴工业特色生产基地建设，使新兴工业逐步发展壮大，以便于逐步替代原有的在经济发展中占重要地位的传统产业，形成县域经济高质量发展过程中新的支柱产业。

三是县域传统工业绿色化改造与新兴工业发展路径。县域传统工业绿色化改造与新兴工业发展路径主要包括以下三个方面的内容。第一，及时出台产业导向政策，对产业发展进行正确引导。通过制定优惠政策、优化投资环境等措施，积极开展"大招商，招大商"活动，重点引进投资规模大、带动能力强、技术含量高的新兴工业企业入驻县域工业集聚区或工业园区；通过延链、补链等措施，拉长产业链条，提高传统产业的精深加工能力。第二，严格限制高碳工业准入。随着经济全球化过程中的产业转移，尤其是发达国家或发达地区的产业转移，一些高能耗、高排放、高污染的"三高"产业逐步迁出，那么欠发达县域在承接产业转移时就要严把产业质量关，严格产业引入接收门槛，严格限制没有发展前景的

"三高"淘汰产业进入，否则，不仅对生态环境带来严重污染，而且这些产业又将很快在欠发达县域被淘汰，造成不必要的"人、财、物"等生产要素的巨大浪费。对于发达地区县域来说，不仅要淘汰落后的产能过剩的传统工业，还要着重引进技术含量高、市场潜力大、就业带动能力强的工业，及时进行"腾笼换鸟"。第三，积极建设绿色工业园区（或产业集聚区）。改革开放初期，我国经济社会发展处于"短缺经济"时代，所有商品供不应求，以至于形成乡镇工业遍布城乡的局面，给生态环境造成严重污染。因此，要在条件优越、区位优势较好的县城或重点镇建设工业园区或产业集聚区，对符合产业政策、具有市场前景的产业吸引至工业园区或产业集聚区，使其上下游产业以及旁侧产业有机地衔接在一起，资源能源以及基础设施得以充分利用，最终使经济—社会—环境之间形成良性循环。对不符合产业政策的"十五小"企业以及"三高"产业及时进行"关闭、停产、合并、转产"，以此推动县域传统工业绿色化改造，促进新兴工业健康发展（见图 5 – 17）（王行靳，2007）。

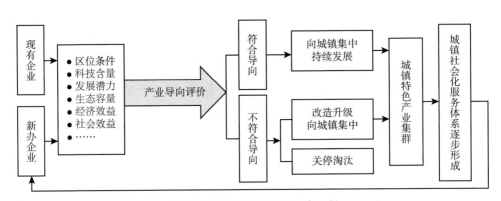

图 5 – 17　县域产业集群形成机制

（二）传统农业绿色改造与农业现代化路径

传统农业发展过程中大量使用农药、化肥等，传统农业以及其相关的机械制造、化工、运输等行业部门，其碳排放量已占全球碳排放总量的 17%（曹清尧，2012），传统农业绿色化改造迫在眉睫。

一是传统农业绿色化改造路径。传统高碳农业绿色化路径主要包括以下三个方面内容：首先，充分利用农业生态系统中食物链的相互作用与相互约束关系，大幅度地减少农业生产过程中的化肥和农药使用量。主要通过建立"农业资源—农业产品—农业废弃物再利用"的循环农业发展机制，按照减量化、再利用、可循环（Reduce，Reuse，Recycle）原则，大力推进节能、节水、节地、节材工作，推进资源的循环利用，从而实现农业生产的绿色化发展。其次，充分利用农业生产过程中的剩余能量。例如，通过秸秆粉碎和深耕技术，将秸秆还田，不仅增强土壤生态系统中的肥力自组织修复能力，同时也避免了秸秆焚烧污染生态环境、破坏农业生态系统等不利影响。最后，大力推广太阳能和沼气技术等清洁能源。在县域范围内全面普及太阳能集热器和沼气利用，加大对可再生能源资源的利用广度和深度，以此调整优化县域能源结构，促进县域传统高碳农业绿色化建设的健康有序推进。

二是农业碳汇发展路径。减少碳源只是应对气候变暖问题的一个重要措施。与此同时，增加碳汇或碳储存、碳固定能力，也是应对气候变暖、发展绿色农业的重要内容。农业碳汇发展路径主要有以下三个方面的内容：首先，大力发展有机农业。有机农业的特点就是严格遵循生态系统运行规律，通过生物措施修复保持土壤肥力，利用自然界的自组织作用机制，保护自然资源；充分利用天然植物性农药和杀虫生物制菌剂及耕作法、物理法和生物法等病虫害防治手段；通过作物轮作、秸秆还田、施用绿肥和动物粪肥等措施进行土壤培肥、保持养分循环等。这些生物措施的实施不仅提高了农产品的质量，保证了农产品安全，满足了人民群众日益多样化的美好生活需求，提高了农业生产效益，有利于生态环境修复和生物多样性保护，而且也减少了化石能源消耗，减少了二氧化碳等温室气体废弃物的排放，增强了土壤固碳储碳能力，并带来巨大的碳汇效益。其次，积极发展生态休闲观光农业。生态休闲观光农业不仅具有保障高质量的食品供应功能，而且还可以为城乡居民提供良好的自然生态休闲环境，同时还提高了农作物的减碳、固碳能力。最后，改变传统耕作方法。不合理的耕作方法将破坏土壤有机碳的稳定性，加速土壤有机碳分解。合理耕作、部分免耕将会增强土壤有机碳的稳定性，提高土壤碳储存量。

（三）传统服务业绿色化改造与现代服务业发展路径

在我国国民经济统计核算体系中，第三产业又称为服务业，服务业也就是除一二产业之外的其他产业的总称。服务业相对于一二产业来说，具有低能耗、低排放、低污染、高产出的特点。然而，在服务业内部仍然存在着一些高碳传统服务业。促使高碳传统服务业向低能耗、低排放、低污染、高产出的绿色现代服务业转变是我国县域经济高质量发展的重要趋势之一。具体来说，县域传统服务业绿色化改造路径主要包括以下三方面内容：一是低端服务业的调整优化升级；二是基于服务业的柔性能力促进服务业竞争力提升；三是进一步提高服务业聚集经济效益。

现代服务业是伴随着信息技术和知识经济的发展产生的，用现代化的新技术、新业态和新的服务方式，创造需求，引导消费，向社会提供高层次、高附加值、知识型的生产性和生活性服务业。现代服务业发展路径主要包括两个方面：一是大力发展生产性现代服务业；二是以城乡信息化为重点，大力发展面向产业、消费的信息服务业，重点推广电子商务、数字医疗等新兴服务业技术。

二、县域能源清洁生产路径

前已述及，一次能源开发主要包括化石能源的利用和可再生能源的利用，而能源的清洁生产既包括化石能源的开发利用，也包括可再生能源的开发利用。

（一）县域化石能源清洁生产

化石能源利用在我国县域能源消费构成中仍然占据重要地位，且短时间内不可能发生根本性改变。因此，化石能源的清洁生产利用将是县域经济高质量健康发展的重要路径之一。

在县域范围内，化石能源的清洁生产利用重点要做好以下三方面的基础性工作：一是提高液化气入户率，进一步降低传统煤炭燃烧的使用比例；二是加强集中供热供暖等市政基础设施建设，提高集中供热供暖使用的比例，进一步提高煤炭、天然气的利用效率，有条件的地方要逐步改装成燃气集中供暖设施；三是提高石油产品的质量标准，减少化石能源产品在利用过程中对生态环境的污染。

（二）县域可再生能源清洁生产

各县域应因地制宜地大力开发利用可再生能源，提高可再生能源在能源消费总量构成中的比例。同时在可再生能源利用过程中还要注意其清洁生产和清洁利用。例如，沼气的推广与应用，给农村生产生活带来了经济社会环境等诸多方面的利益，但在使用过程中要充分注意大型、特大型沼气池等设施的建设与维护，这些设施一旦泄漏将造成严重的生态环境污染，带来很大的影响。因此，在县域可再生能源清洁生产过程中必须坚持"统筹安排，分类指导；突出重点，分步实施；示范引导，整体推进；质量优先，注重效益"的原则。县域农村可再生能源清洁生产的内容主要为：以开发利用沼气、太阳能等可再生能源和提高农村非清洁能源设备热效率为重点，围绕提升清洁能源利用率等主要指标，积极开展农业农村节能减排新技术的引进和示范建设，发展生态农业循环经济，提升农村可再生能源的开发利用水平，扩大农村清洁可再生能源利用的规模和范围。具体包括以下三方面的内容：（1）加强县域可再生能源清洁生产技术的研发与推广应用。（2）及时出台政策对可再生能源清洁生产进行分类补贴，进行正确引导。（3）建设可再生能源清洁生产项目，例如有序推进秸秆发电项目建设，变堵（禁止焚烧秸秆）为疏（秸秆出售给发电企业等，以获得较高的经济收益）；等等。

三、县域林业高质量发展路径

（一）县域林业高质量发展路径

一是以林业重点工程（包括天然林保护工程）、农田林网工程建设为基础，大力发展林下经济、林业休闲旅游等绿色新兴产业；二是借助国际碳汇交易平台，积极发展林业碳汇，为我国县域林业碳汇产业高质量发展提供更多的国际CDM 项目支持，进一步增加经济—社会—生态收益；三是根据国内碳汇交易市场发展趋势，进一步推动县域林业碳汇产业的高质量健康发展。由此可以看出，林业高质量发展已经成为县域经济高质量健康发展的主要途径之一。

（二）县域林业高质量发展原则

在县域林业高质量发展过程中要坚持以下三个原则：一是可持续发展原则。林业高质量发展过程中既要重视经济社会的可持续发展，也要重视生态环境的可持续发展。二是市场准入标准化原则。制定统一的林业碳汇市场进入标准，生产、计量、认证标准，以及碳汇交易规则标准。三是市场交易信息透明原则。以保障所有参与者的公平竞争、规范市场秩序、提升市场效率，更好地进行林业碳汇资源配置，以带动林业生产者的积极性（黄萍、黄颖利、李爱琴，2012）。

（三）县域林业高质量发展对策

一是加大林业高质量发展的宣传力度。大力宣传林下经济、林业碳汇产业，积极打造良好的林业高质量发展营商环境。首先，营造良好的舆论环境，提高公众的林下经济、林业碳汇、造林固碳意识，进一步提升企业的生态环境意识和责任意识。其次，形成良好的政策环境。及时制定出台林下经济、林业碳汇的核心技术研发、人才培育引进、交易平台建设等方面的倾斜政策与优惠制度等，形成良好的林下经济发展与林业碳汇建设交易政策环境。最后，营造良好的行业环境。县域林业管理部门以及相关林业生产单位，要把握国家林业和草原局出台的有关林下经济以及林业碳汇建设发展制度的执行情况，及时监测林下经济发展和林业碳汇交易的运行情况，加强与林下经济发展、林业碳汇交易的相关政府部门、科研院所的沟通、合作与交流，及时做好国内外林业碳汇交易平台之间对接工作，以形成有利于林下经济、林业碳汇产业健康高质量发展的外部环境。

二是构建林下经济、林业碳汇交易人才引入培育机制。人才是推进林下经济发展、林业碳汇交易平台建设的基本保障，县域林下经济发展、林业碳汇建设应逐步建立和完善用人机制，建立健全有竞争力的人才引入培育机制，为县域林业高质量健康发展提供良好的人才支撑。

三是构建有吸引力的林下经济、林业碳汇需求机制。（1）随着经济社会发展水平的进一步提升，加强人民群众日益多样化的健康的美好生活需求、企业等经济实体购买林业碳汇等专题调研；（2）及时出台林下经济发展、企业等经济实体购买林业碳汇指标的相关优惠政策；（3）购买林业碳汇指标应与企业等经济实体的信用升级、产品形象以及产品销售形成一定的关联机制；（4）企业等经济实体用于购买林业碳汇的资金可以免交企业所得税，政府还要给予一定形式的宣传表彰等。

四是完善林下经济发展、林业碳汇交易保障机制。将林下经济发展、林业碳汇计量与检测资格证书等列为林业部门工作情景的重要考核指标，以提升林业生产者和管理者工作的积极性。完善林下经济发展、林业碳汇计量监测体系。从碳汇交易主体、客体以及交易平台三方着手，逐步完善林业碳汇交易的法律制度等。

四、县域农业高质量发展路径及对策

（一）县域农业高质量发展路径

一是大力发展生态休闲观光农业，进一步延长生产链条。发展生态休闲观光农业，既可以为城乡居民提供游憩休闲场所，还可以进一步拉长农业生产链条，提升生态环境的自我修复功能。

二是大力发展循环农业，减少废弃物排放，加强农业废弃物的循环利用与综合利用，减少农业生产过程中废弃物的排放，最终实现农业生产过程中低消耗、低废排放以及高经济—社会—生态效益之目的。

三是大力推广有机农业，增强农业碳汇。发展有机农业要遵循生态系统运行规律，通过作物套种、轮作、秸秆还田、施用绿肥和动物粪肥等生物措施保土施肥；充分利用生物法以及耕作方法等防治手段进行病虫害防治；利用自组织机制，实现有机物质的自我循环。因此，推广发展有机农业不仅可以提高农产品质量，保障农产品安全，还可以解决高碳农业等问题，增加碳汇，达到提高生态环境效益和经济社会效益的双赢目的。

四是改变传统耕作方式，提高土壤固碳水平。合理耕作、部分实行减免耕作，可以减少土壤中不稳定碳的流失，防止水土流失，有效提升土壤有机碳的稳定性，提高农田生态系统的碳贮功能。

（二）县域农业高质量发展对策

生态休闲观光农业、碳汇农业属于新兴产业，需要各方面的政策措施协同支持。一是构建生态休闲观光农业、碳汇农业发展长效机制。构建能够反映休闲观光市场、碳汇市场供求关系、稀缺程度和损害成本的价格形成机制；对化肥、农药开征环境税，并全部反哺到休闲观光农业、碳汇农业发展上，进一步调动广大农民发展休闲观光农业、碳汇农业的积极性；等等。

二是构建休闲观光农业、碳汇农业发展的保障机制。创新完善休闲观光农业、碳汇农业高质量发展的法规制度体系，充分发挥法规政策、财政资金和农村金融机构在休闲观光农业、碳汇农业发展方面的导向作用，激励扶持农民积极发展休闲观光农业、碳汇农业。

三是构建发展休闲观光农业、碳汇农业技术创新体系。具体包括：休闲观光农业种子研发，休闲农田的科学管理，绿色农业科技创新与推广应用，绿色农业科技力量的集成创新，绿色农业技术标准规范，城镇、乡村高质量建设发展的技术规范等。最终形成相对完善的生态休闲观光农业、碳汇农业发展的技术创新体系，推动生态休闲农业、碳汇农业高质量健康发展。

四是设立农业高质量发展基金。要及时设立农业高质量发展基金，进一步拓展绿色农业、有机农业和生态农业的资本市场，积极解决碳汇农业发展过程中的资金需求问题，为绿色农业、碳汇农业高质量发展提供有力的资金支持。

五是推进碳排放权交易。以清洁生产发展机制为核心，积极推进碳排放权以及农业碳汇交易，这样不仅保障了绿色农产品、有机农产品的价值，同时还可以额外增加农民的碳汇收入，以激发和调动乡村居民发展碳汇农业的积极性。

六是鼓励各类资本向绿色农业、碳汇农业投资。绿色农业、碳汇农业发展需要大量资本，除建立农业高质量发展基金和财政支持引导外，还应以全新视角设计各类资本支持农业高质量发展的框架体系，鼓励各类资本向农业高质量发展方向转移，共同参与和推动农业高质量发展。

七是大力发展各种形式的农业专业合作。在县域范围内要进一步加大农地的流转速度、规模等，及时改变传统的农业组织形态，大力建设各种形式的农业专业合作社，引导其选择发展合适的农业高质量发展项目。

八是征收进口农产品碳关税。借鉴发达国家的经验，征收进口农产品碳关税，并用于补贴国内有机农产品、绿色农产品等碳汇农产品生产，以此提高农民发展高质量农业的积极性（谢淑娟、匡耀求、黄宁生，2010）。

五、县域产业结构优化升级路径

产业结构优化调整主导的县域经济高质量发展模式，对县域经济高质量健康发展具有重要的影响作用，主要包括以下内容（见图5-18）。

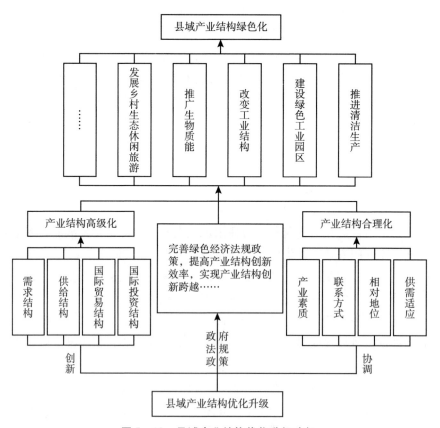

图5-18　县域产业结构优化升级路径

资料来源：孙起生（2010）。

（一）产业结构高度化

一是新兴产业的培育发展，高新技术产业以及经过高新技术改造过的传统产业所占比重大幅度提高，推进县域产业结构高级化。二是清洁生产就是在生产过程中要求节约原材料和能源，淘汰有毒原材料，减少废弃物的产生与排放；在产品生产使用过程中，要求减少从原材料提炼到产品最终处置的全生命周期的不利影响；在服务过程中，要求将生态环境因素纳入设计和所提供的服务中，促使产业结构高级化。

（二）产业结构合理化

生态工业园区是一种以追求更高物质利用率和能量转化效率，更少废弃物排放甚至零排放为目标的企业地域分布形式。

县域生态工业园区建设要从园区选址、企业配套、地方比较优势发挥、可再生资源的尽可能利用等方面做好相应的工作。园区选址要尽量减少对外部生态环境要素的影响，尽量缩减运输距离，尽可能低降低运输成本。企业配套要强调上、中、下游企业和旁侧企业之间的有机结合、相互匹配。要强调县域比较优势发挥，形成园区绿色特色产业，增强其产品市场竞争力。尽可能利用可再生能源资源，从源头控制资源能源浪费，以实现县域经济高质量发展的绿色目标。

（三）积极发展乡村旅游

积极发展乡村生态休闲旅游，具体应做好如下四方面的工作：（1）科学规划，有效开发乡村生态休闲旅游资源。（2）充分发挥比较优势，形成具有乡村自身特色的生态休闲旅游产业。（3）规范服务标准，努力提高乡村生态休闲旅游服务的质量和水平。（4）提升管理质量，促进乡村生态休闲旅游的健康可持续发展（孙起生，2010）。

（四）完善县域产业结构优化保障措施

一是完善县域经济高质量发展法规政策。建立协调的管理机制，坚持市场化运作和行政推动相结合，发挥政府主导下的企业主体作用，建立完善有利于县域经济高质量发展的激励奖惩机制等。

二是建立县域绿色产业创新体系。通过县域技术创新资源的最优配置，推动县域产业技术创新，尤其是绿色技术的研发创新。重点在制度环境、政策环境、市场与法制环境、教育培训环境、信息服务环境、基础研究与应用研究环境等方面做好工作。为提高县域技术创新效率和县域产业整体竞争力提供平台与条件。

六、县域能源结构优化路径

能源结构优化调整涉及诸多方面，在具体的县域能源结构优化调整过程中要根据县域自身的能源比较优势、因地制宜地综合考虑各方面的因素，构建城镇以及乡村能源结构优化调整机制，推进县域能源结构有序地开展调整优化工作。

（一）县域城镇能源结构调整优化路径

城镇能源结构优化调整是一种发展战略，需要构建长效机制予以落实。

一是构建优质能源开发利用机制，优化能源消费结构。鉴于我国县域能源利用现状，主要应通过能源技术创新，提高能源利用效率，尽快形成以煤炭为主体，以电力为中心，油气、新能源全面发展的县域城镇能源结构体系。具体应做好以下三方面工作：（1）控制煤炭消费数量，推广应用煤炭洁净技术，减少原煤直接燃烧，减少污染排放；（2）大力推广使用天然气、液化天然气、水电、太阳能光伏电能、生物质能等清洁能源，促使能源产品升级换代，提高能源利用效率，以降低温室气体等废弃物排放；（3）逐步减少原煤的直接使用，提高煤电、煤炭气化和液化比重，引导企业和居民合理用电等。

二是构建落后产能淘汰机制，促进新型工业化。县域经济结构不合理、粗放经营，以及落后的电力、钢铁、水泥、煤炭、造纸等方面的"小火电、小炼焦、小水泥、小煤矿、小电石"（"五小"企业），或小造纸、小制革、小染料、土炼焦、土炼硫、土炼砷、土炼汞、土炼铅锌、土炼油、土炼金、小农药、小电镀、土法生产石棉制品、土法生产放射性制品、小漂染（"十五小"企业）等企业的存在给生态环境保护与能源供应带来很大压力。因此，地方政府部门要及时构建地方性法规政策体系，及时淘汰相关产能过剩的企业，必要时由政府主管部门依法予以关停，实现"腾笼换鸟"，促进县域新型工业化快速发展。

三是构建产业结构优化机制，推进产业转型升级。为有效遏制不合理的高耗能产业发展，推动产业转型升级，要及时做好如下四方面工作：（1）严把高耗能行业准入关，不断优化县域产业结构；（2）科学制定县域产业发展规划，合理调整产业布局；（3）淘汰落后的产能过剩的电力、炼铁、炼钢、建材、电解铝等企业，着力引进高新技术含量高的产业；（4）加强产业结构优化的法规建设，强化产业结构调整优化责任考核。

四是构建能源综合利用机制，提高能源综合利用水平。通过产业结构调整和布局优化，不断优化用能结构；通过产业集群集约发展，努力提高能源资源利用效率；优化企业组织结构，加强高耗能行业先进生产能力建设；开发利用优质能源，优化能源消费结构。

（二）县域乡村能源结构调整优化路径

我国乡村能源消费涉及农村地区工农业生产和农村生活等多个方面，总体上生活能源消费远超过生产能源消费。在乡村能源结构调整优化方面应重点做好如下三方面的工作：

一是加强教育，转变农民消费观念，提高农户环保意识。受教育程度高低是决定农户能源消费选择的重要因素。一般情况下，受教育程度越高，越有利于农民转变能源消费观念，越有利于对能源技术的认知和掌握，越有利于高效清洁能源在农村地区的推广应用，越有利于提高新能源利用比例和能源利用效率。

二是改善交通条件，加强农村能源供应体系设施建设。在县域美丽乡村规划建设的基础上，加强农村地区交通等基础设施建设，规范完善农村地区电网、液化气管道等能源基础设施建设，以此推进农村地区能源结构调整。

三是推广绿色能源技术，大力开发利用新能源。农村地区薪柴、秸秆、煤炭等能源消费仍占较大比例，多数地区仍然沿袭传统的直接燃烧方式，利用效率低，温室气体排放不仅污染环境，还影响人体健康。

因此，我国广大的农村地区应根据本地的具体条件，大力推广绿色能源技术、清洁利用技术，加强可再生能源的综合利用以及化石能源的清洁利用，进一步调整优化乡村地区能源结构。

七、县域空间结构优化路径

县域产业高质量发展、县域产业结构绿色化、县域能源结构优化等经济高质量发展方面的空间响应，即县域空间结构优化，其路径主要包括以下四个方面：

（一）县域产业空间布局优化

县域产业空间布局是县域产业发展在空间上的响应，即产业空间规划。产业空间规划涉及第一产业空间规划、第二产业空间规划和服务业空间规划。在县域产业空间规划时，涉及产业结构演进理论、产业发展阶段理论、产业集群理论和地域生产综合体等理论。陆大道（2009）根据我国国情，在"增长极"理论的基础上提出了"点—轴"渐进扩散理论，即在经济发展水平较低时，必须集中优势在条件较好的地点（城镇）优先发展，然后沿重要轴线通道或复合通道（主要城镇之间的联系通道）发展。"点—轴"开发的结果，即县域经济发展水平较高时（工业化后期阶段）将形成网络开发模式或廊道组团网络化开发模式。"点—轴—集聚区"开发理论主要指二三产业的空间发展演变过程，而第一产业发展则形成面域，也就是特色农业生产基地。一二三次产业的空间规划必须进行有机地结合，第一产业生产的农副产品是工业的重要原材料或交易对象，二三产业发展将为第一产业发展提供生产资料与服务等相关支撑。其间相互影响，相互促进，共同发展。在县域产业空间布局优化过程中，主要应做好如下工作：

（1）县域发展条件分析。第一，深入分析县域范围内的自然资源环境、经济发展水平、科学技术水平、社会文化等方面的情况，以及与相关区域的横向比较。第二，外部环境分析，包括全球尺度、国家尺度、省级尺度、地市尺度等不同空间范围内的经济社会环境发展现状与趋势。第三，通过县域内外的发展条件分析与比较，根据自身的比较优势，进行县域发展战略定位，确定县域产业高质量发展方向。

（2）确定县域主导产业。根据县域产业高质量发展方向，经过比较，选择确定绿色主导产业。

（3）制定县域产业高质量发展规划（含空间布局规划）。具体包括绿色农业、碳汇农业、绿色工业和绿色服务业发展规划及其空间布局规划。

（4）制定并落实相关政策措施。

（二）县域生态空间结构优化

随着县域经济社会的快速发展，以及城镇化水平的逐步提高，非农区域不断蔓延扩展，耕作区、林区、牧区、水域等生态功能区面积不断缩小，河流等生态廊道遭到极大破坏，严重阻断了尤其是各种生态流的正常交换，生态空间结构遭受严重破坏。为此，在县域范围内要保持或不断提高生态环境舒适程度与承载能力主要有以下两个途径。

一是直接提高县域范围内的生态功能区质量，扩大生态环境容量。例如，在县域范围内大力开展植树造林活动，努力提高森林覆盖度等，以此改善提升地方小气候、净化大气、防治水土流失和改善水文条件等方面的生态服务功能，扩大县域生态环境容量。

二是优化县域生态空间结构，使县域各生态功能区的服务功能产生"1＋1＞2"的效果。在生态功能区面积、质量不变的情况下，通过县域范围内生态节点、生态廊道、生态斑块、生态基质等生态服务功能区的优化重组，使其成为"廊道组团网络化"的有机整体，县域生态环境容量将会有一定幅度提高，生态环境舒适度将进一步改善。生态廊道包括自然生态廊道（如河流等）、人工生态廊道（如交通道路等）等；要避免类似于人体动脉的生态廊道的人为破坏阻断，以保证生态廊道中各种生态流的畅通无阻。生态斑块包括城乡聚落生态斑块，农区中的森林、草地斑块，山区中的农地斑块等。生态基质有山地生态基质和农区生态基质之分。山地生态基质往往与森林等密不可分，然而林区是由不同种群组合而形成的各类生物群落（各种林相）斑块组成，其间往往由相应的生态廊道将其有机地联系在一起。同理，农区（耕作区）生态基质、草地生态基质和水体生态基质等，也可以细分为不同的生物群落斑块。生态基质、生态斑块等类似于人体的心、肺、肾脏等重要器官，是各种生物基因孕育存在的场所。生态节点是不同生物基因汇聚碰撞的场地。因此，县域生态空间结构优化重组就是要充分运用生态学理论、空间相互作用理论及相关学科的知识与方法，从生态功能区的完整性、自然生态环境特征和经济社会条件的具体情况出发，通过对现有生态功能区的优化重组或引入新的成分，调整优化构建科学合理的县域生态空间格局，使其整体生态功能最优、生态环境容量最大，最终达到经济社会活动与自然生态环境之间的互利共生、协同进化，实现县域自然保护、生物多样性和生态景观的可持续利用，推动县域经济健康高质量发展（郭荣朝、苗长虹、夏保林等，2010）。

（三）县域城镇体系空间结构优化

城镇是经济社会发展在空间上的落实与体现，县域城镇体系空间结构优化路径主要包括以下三方面内容：

一是城镇的科学定位。县域城镇在全国城镇体系格局中只是一微小分子，所起作用是微不足道的，但应积极参与到地市域、省域的城镇分工中去，协调好它们之间的关系，摆正县级市、县城以及相关城镇的位置，营造良好的投资环境，经营管理好城镇，逐步提高城镇实力，最终使县级市、县城以及中心镇成为县域经济高质量发展过程中新的增长点。

二是积极培育县域增长核心。县域城镇基础设施配套建设水平相对较差，体制改革滞后，传统观念比较严重，等等。因此应赋予县域主管部门一定的规划决策权，以便于整合县域城镇的比较优势，使其尽快成为新的县域增长核心，以此推动县域经济社会环境可持续发展。

三是尽快形成特色产业集群。根据县域比较优势资源（特色资源），积极培育和发展壮大特色主导产业，进一步拉长产业链条，围绕特色产业链条使县域范围内形成合理的劳动地域分工，避免盲目发展与重复投资，尽快在县域产业集聚区（或工业园区）形成具有县域特色的产业簇群，以提高县域产业的综合实力与市场竞争能力。

（四）县域乡村体系空间结构优化

目前，我国县域村落空间结构仍然是在传统农业经济时期马车步行交通方式下形成的，"三里一村、十里一店（集镇）"中乡村空间现状描述仍是在传统农业经济时代平原农区乡村空间分布的真实写照，也是传统农业生产发展的需要，这种乡村空间分布现状已经不能满足农业产业化和现代农业发展的需要，已经成为县域经济高质量发展过程中探讨新型农业现代化、新型工业化、新型城镇化和信息化四化同步发展的桎梏，县域乡村空间结构布局优化意义重大。

一是县域乡村空间布局优化路径。第一，乡村发展条件分析评价。构建乡村发展评价指标体系，对影响乡村发展的经济基础、交通区位、乡村规模、基础设施、生态环境等方面进行分析评价，以确定乡村未来的发展潜力。第二，确定村庄等级类型。根据乡村发展潜力，将乡村划分为中心村、基层村、历史文化名村、拆迁村、合并村等等级类型。第三，中心村整治原则。鼓励中心村发展，应完善其配套设施，中心村是社会主义新农村建设资金的主要投放地，三农政策主要倾斜对象。中心村必须建设小学、卫生所、百货店、文化大院、水冲式公厕、垃圾中转站和垃圾填埋点等社会基础设施。第四，山区基层村整治原则。不鼓励基层村扩张，应适当控制村庄建设。鼓励分散的自然村向中心村集中，鼓励人口向城镇等地转移。逐步减少对基层村道路等基础设施的投入，引导基层村居民改变生产方式，因地制宜推行相应的农业发展政策。第五，平原地区基层村整治原则。引导分散的自然村逐步集中。改善生产生活环境，逐步完善基础设施和社会服务设施建设。第六，迁并村整治原则。冻结宅基地划拨，控制村庄建设，原则上不再建设农舍。减少投入，不再建设道路等基础设施，人口逐步向外地转移。充分利用国家退耕还林、扶贫开发、生态建设等政策，妥善实施村庄搬迁。制定政策帮助村民在目的地建设新家园，保障村民享有耕地等生产资料要素。通过"万村整治，千村提升"工程调整优化县域乡村空间布局结构，积极推进美丽乡村建设，以适应现代绿色农业和碳汇农业发展的需要。

二是美丽乡村建设路径。积极发展中心村，加强公共服务和基础设施配套建设，鼓励其他行政村或自然村的村民向中心村聚集，充分发挥中心村的辐射带动作用。有序引导乡村整合，加强村容村貌建设。逐步撤并小型村，整理空心村，缩减自然村，搬迁偏远村，形成梯次合理的农村聚落布局。建设各具特色的美丽乡村，注重提升美丽乡村的建设内涵。按照体现文化内涵、反映区域特色的要求，以各种类型乡村的功能定位为导向，进行各具特色生态乡村建设。

八、县域城镇高质量建设路径

城乡聚落是人类生产生活的重要载体，无论是产业高质量发展、转型升级，还是能源清洁生产、结构优化等，都与城镇、乡村聚落的高质量建设紧密地联系在一起。县域城镇高质量建设路径主要包括以下四个方面的内容：

（一）县域城镇高质量建设的指导思想

以习近平新时代中国特色社会主义思想为指导，坚持能源资源高效利用、能源结构调整优化，促进县域经济社会发展与生态环境保护、生态城镇建设相协调；坚持绿色建设与促进人民生活水平提高相协调；坚持城镇环境综合整治，巩固、提高污染源治理水平，改善城镇生态环境，促进县域城镇高质量健康发展，实现经济社会发展与生态环境保护的双赢目标，最终把县域各城镇建设成为自然环境优美、经济社会繁荣、科学技术发达，人们生活富裕、生态状况良好的小城镇，实现经济社会高质量发展与生态环境保护的协调健康可持续发展。

（二）县域城镇高质量建设目标

根据县域城镇的经济社会发展以及生态环境现状，因地制宜地有序开展城镇建设提质增效工作，尤其是抓好县城建设的提质增效工作。第一阶段应达到相关省区市确定的生态城镇建设标准。第二阶段应达到生态环境部确定的生态城镇建设目标。

（三）县域城镇高质量建设任务

生态城镇建设的任务主要有以下两方面：（1）科学编制规划。根据生态省规划、生态县规划等上位规划的总体要求，以及城镇自身的具体情况，科学编制《生态城镇建设规划》。（2）有序建设管理。在科学规划的基础上，重点是要做好建设与管理工作，具体就是要做好清洁城镇、清洁水源、清洁家园，做到垃圾集中填埋、污水集中处理、热源集中供给、住区集中绿化、广告集中治理、文物集中修复保护等工作。

（四）县域城镇高质量建设措施

在县域生态城镇建设过程中，主要应做好以下四方面工作：一是积极推动产业高质量发展，及时调整优化产业结构；二是优化城镇空间结构，配套完善城镇基础设施，尤其是完善"三废"治理等基础设施；三是大力开发利用可再生能源等清洁能源，调整优化城镇能源结构体系；四是积极开展城镇园林绿化，努力建设生态城镇家园。

九、县域乡村高质量建设路径

乡村是县域范围内最基本的组织单元，因此，乡村的高质量建设在县域经济高质量发展过程中具有重要意义。

（一）科学编制乡村振兴规划

在县域村庄布局规划、生态县建设规划等上位规划的指导下，深入考察调研乡村的自然环境条件和经济社会文化发展条件，在此基础上科学编制乡村高质量建设规划，指导乡村健康有序发展。

（二）乡村高质量建设路径

乡村高质量建设的路径主要包括两个方面：一是生态美丽乡村聚落建设路径。积极采取垃圾转运处理、沼气、氧化塘与人工湿地等措施，有序推进村容村貌美化和生态庭院建设等工作；积极推广太阳能、风能、生物质能、天然气等可再生能源和清洁能源，努力优化乡村能源结构；严格保护乡村饮用水水源地，确保水环境安全。保护垃圾处理设施建设，促进运行等措施予以落实。二是农业高质量发展路径，具体包括绿色农业、循环农业、有机农业、生态休闲农业等生产方式变革以及耕作方式转变等内容，以此推进乡村高质量建设。

第六章

县域经济高质量发展河南案例

　　河南不仅是我国的户籍人口大省，也是我国的农业大省，县域经济高质量发展研究具有代表性。县域经济是河南省经济和社会发展的重要组成部分（杜明军，2020），是河南省高质量发展的坚实基础。近些年来，河南县域经济在整体实力、发展水平、民生保障、动能转换等方面均取得了明显成效。但仍然存在着区域均衡、发展质量、产业结构、政策支持、环境保障等方面的短板（张水利等，2022）。推动河南县域经济高质量健康发展，需要测度其发展水平，探析其空间分布特征、空间差异和耦合协调水平，挖掘障碍因子，研究影响因素，把握自身比较优势，解决存在的问题，采取适合河南不同类型县域经济高质量发展的应对策略。

第一节　河南县域经济高质量发展水平测度

一、研究区域概况

　　河南省县域经济高质量发展研究区域为具有有效数据的 105 个县（市），包括河南省直辖县级市济源市，不包括 2020 年以前已经改为区的开封县（2014 年改为开封市祥符区）、陕县（2015 年改为三门峡市陕州区）、许昌县（2017 年改为许昌市建安区）、淮阳县（2019 年改为周口市淮阳区）。根据县域自然地理和经济社会发展特征，将其分为山区、平原和城市近郊。

　　山区县（市）主要位于豫西、豫北、豫中、豫南的山地和丘陵地区，海拔较高，地势起伏普遍较大，产业类型较为多样化，包括巩义市、登封市、栾川县、嵩县、汝阳县、洛宁县、宝丰县、鲁山县、郏县、舞钢市、汝州市、安阳县、林州市、长垣市、禹州市、渑池县、卢氏县、义马市、灵宝市、南召县、方城县、西峡县、镇平县、内乡县、淅川县、桐柏县、罗山县、光山县、新县、商城县、固始县、潢川县、确山县、泌阳县、济源市共35县（市）。

平原县（市）主要位于豫中、豫东的平原地区，海拔较低，地势起伏普遍较小，产业类型以种植农业、工业为主，包括杞县、通许县、尉氏县、兰考县、叶县、汤阴县、滑县、内黄县、浚县、淇县、新乡县、获嘉县、原阳县、延津县、封丘县、卫辉市、辉县市、修武县、博爱县、武陟县、温县、沁阳市、孟州市、清丰县、南乐县、范县、台前县、濮阳县、鄢陵县、襄城县、长葛市、舞阳县、临颍县、社旗县、唐河县、新野县、邓州市、民权县、睢县、宁陵县、柘城县、虞城县、夏邑县、永城市、淮滨县、息县、扶沟县、西华县、商水县、沈丘县、郸城县、太康县、鹿邑县、项城市、西平县、上蔡县、平舆县、正阳县、汝南县、遂平县、新蔡县61个县（市）。

城市近郊县（市）主要位于郑州、洛阳等特大型城市近郊，产业类型以工业、服务业为主，包括中牟县、荥阳市、新密市、新郑市、孟津县（2021年与吉利区合并，设立洛阳市孟津区）、新安县、宜阳县、伊川县、偃师市（2021年改洛阳市偃师区）9个县（市）。

二、数据来源与处理

河南省县域经济高质量发展指标来源于2006～2021年《中国县（市）社会经济统计年鉴》、《河南省统计年鉴》、河南省各地市统计年鉴、中国年度土地覆盖数据集、Surface PM2.5、中国县级碳排放及陆地植被固碳数据等。缺失值采用插值法补全。

三、测度结果分析

根据县域经济高质量发展水平测度方法，将熵值法和CRITIC法权重的算术平均值作为河南省县域经济高质量发展的综合权重（见表6-1），创新驱动、协调共进、绿色高效、开放共赢、共享和谐的权重分别为27.159%、16.375%、12.982%、31.104%、12.381%，创新驱动和开放共赢指标权重相对较大，较好地反映了经济高质量发展的第一动力是创新驱动，县域经济高质量发展需要以国内大循环为主体、国内国际双循环相互促进的新发展格局。

表 6-1　　　　　　　河南省县域经济高质量发展指标体系

系统	子系统	指标说明及符号	单位	属性	熵值法权重（%）	CRITIC 法权重	综合权重（%）
创新驱动	创新投入	专利申请受理总数量 x1	项	+	9.554	7.570	8.562
	创新产出	发明专利授予所占比重 x2		+	6.093	1.963	4.028
	技术支持	省级高新区数量 x3	个	+	21.950	1.845	11.898
	农业科技	农用机械总动力 x4	万千瓦	+	1.489	3.536	2.513
协调共进	人地关系	人口、土地城镇化率之比 x5	%	+	6.457	6.640	6.548
	经济结构	第二三产业产值之比 x6	%	+	1.721	4.684	3.202
	城乡协调	城乡居民人均收入之比 x7	%	−	0.055	6.844	3.450
	地区协调	地区 GDP/全省 GDP x8	%	+	2.312	3.522	2.917
绿色高效	废气排放	二氧化碳排放量 x9	微克/立方米	−	0.322	3.717	2.020
	空气污染	PM2.5 总值 x10	百万吨	−	0.480	3.358	1.919
	环境保护	林地占土地面积的比重 x11	%	+	10.362	2.477	6.420
	土地污染	农用化肥施用量 x12	万吨	−	0.074	6.348	3.211
开放共赢	外贸发展	出口总额 x13	万美元	+	9.378	12.450	10.914
	外资吸引	外商投资金额 x14	万元	+	5.625	6.156	5.891
	内资吸引	外省投资金额 x15	万元	+	6.213	6.767	6.490
	区域互联	邮电业务量 x16	亿元	+	9.995	5.079	7.537
共享和谐	就业状况	就业人口数 x17	人	+	1.072	4.304	2.688
	教育共享	中小学学生人数 x18	人	+	1.282	3.268	2.275
	卫生共享	卫生机构床位数 x19	张	+	1.898	3.846	2.872
	福利共享	社会收养性机构数 x20	个	+	3.667	5.624	4.646

　　运用极差法对指标体系中各个子系统指标进行标准化处理。根据线性加权法计算，最终得出河南省县域经济高质量发展水平及五大子系统发展水平。从平均水平来看，河南省县域经济高质量发展水平呈稳步上升趋势，2006 年发展水平为 1.077，2020 年上升至 1.427。在五大子系统发展水平中，绿色高效水平稳定在 0.445 上下，且始终高于其他子系统水平。协同共进水平也较为稳定，平均水平为 0.310。创新驱动水平增速较快，从 2006 年的 0.141 增长至 2020 年的 0.236。

开放共赢水平增速最快，2006 年仅为 0.110，2020 年达到 0.253。共享和谐水平增速较为稳定，从 2006 年的 0.141 增长到 2020 年的 0.236（见图 6 - 1）。

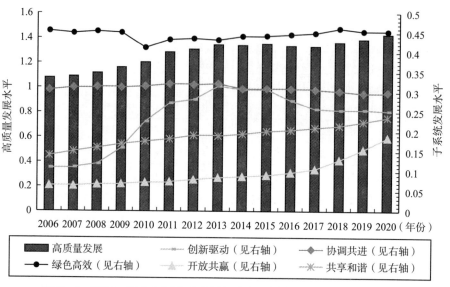

图 6 - 1　2006 ~ 2020 年河南省县域经济高质量发展及子系统发展水平

从城郊、平原和山区三大地域类型来看，不同地域类型县域经济高质量发展水平及子系统发展水平差异较大。城郊县域高质量发展水平波动性较大，2006 ~ 2012 年发展水平在波动中上升，2013 ~ 2020 年则在波动中略有下降，2020 年发展水平仅为 0.049，比 2006 年的 0.054 低 0.005（见图 6 - 2）。城郊县域协调共进水平最高，2006 年为 0.172，2020 年上升至 0.217。创新驱动水平较为稳定，2006 年为 0.059，2020 年略微下降至 0.057，十五年的平均水平为 0.057。绿色高效发展水平在波动中上升，2006 年为 0.018，2020 年上升至 0.046。开放共赢和共享和谐发展水平则较为稳定，两个子系统发展水平基本一致，徘徊在 0.025 上下。

平原县域高质量发展水平从 2006 年的 0.140 波动上升至 2020 年的 0.185。绿色高效发展水平较为稳定，在 0.057 上下徘徊。协调共进发展水平也较为稳定，平均水平为 0.041。创新驱动发展水平从 2006 年的 0.012，上升至 2015 年的 0.041，2016 ~ 2018 年则出现小幅下降，2018 年仅为 0.033，随后两年则略微上升。

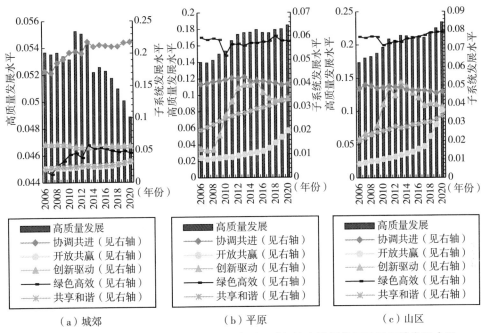

图6-2　2006~2020年河南省三大地域类型县域经济高质量发展及子系统发展水平

资料来源：根据河南省不同地域类型县域经济高质量发展水平测度结果绘制。

山区县域经济高质量发展水平从2006年的0.173稳步上升至2020年的0.234。与平原县域绿色高效发展水平较为相似，山区县域绿色高效水平最高且较为稳定，平均发展水平高达0.076。协调共进发展水平也较为稳定，在0.048上下徘徊。创新驱动发展水平则在波动中上升，从2006年的0.021上升至2020年的0.038。2006年开放共赢发展水平仅为0.008，2020年上升至0.037。共享和谐发展水平也从2006年的0.020上升至2020年的0.034（见图6-2）。

第二节　河南县域经济高质量发展空间分布

一、空间分布特征

（一）总体特征

1. 空间分布状况。

根据河南省县域经济高质量发展空间分布状况可知，总体上河南省县域经济高质量发展水平不断提升，大多数县市经济高质量发展水平稳步增长，个别县市则出现波动。2006年县域经济高质量发展水平较高的县市主要分布在豫西的山区，随着时间的推移，分布区域不断扩大至豫中、豫南和豫北的山区和平原，说明河南省县域经济高质量发展水平集聚特征明显，集聚范围不断扩大。①

具体来看，2006年豫北平原的台前县经济高质量发展水平最低，仅为0.111086。豫西的栾川县、豫北的济源市、豫中的禹州市经济高质量发展水平分别达到0.284121、0.286084、0.286437，地域类型均为山区。新安县、嵩县、汝阳县、西峡县、南召县、镇平县、登封市、新郑市、长垣市、修武县、新县等11个县市经济高质量发展水平中等，处于0.187896~0.264706之间，地域类型以山区为主。超过80%的县域经济高质量发展水平低于0.187896，处于较低发展水平。

2011年，豫北平原的台前县经济高质量发展水平仍然最低，仅为0.120097，比2006年略有提升。豫西山区的西峡县、豫南山区的新县经济高质量发展水平分别达到0.385193、0.34431，是所有县域中发展水平最高的，比2006年也有大幅上升。栾川县、济源市、孟州市、宝丰县、禹州市、虞城县、夏邑县等8个县市的经济高质量发展水平较高，处于0.264707~0.341517之间，地域类型以平原和山区为主。卢氏县、洛宁县、嵩县、汝阳县、渑池县、新安县、南召县、桐柏县、罗山县、商城县、沁阳市、长垣市、濮阳县、巩义市、荥阳市、登封市、新郑市、临颍县18个县市经济高质量发展水平在0.187896~0.264706，地域类型以山区为主。79个县市的经济高质量发展水平低于0.187896，处于较低发展水平。

2016年，豫北平原的台前县经济高质量发展水平缓慢上升，但仍然是所有县域中最低的，仅为0.127102。西峡县、新县、济源市三个山区县域的经济高质量发展水平最高，分别达到0.39264、0.346585、0.342346。栾川县、孟州市、卫辉市、宝丰县、禹州市、新郑市、中牟县、郸城县、夏邑县、光山县10个县市的经济高质量发展水平较高，在0.264707~0.341517，地域类型以山区和平原为主。卢氏县、灵宝市、洛宁县、嵩县、汝阳县、新安县、南召县、内乡县、淅川县、商城县、舞钢市、登封市、荥阳市、巩义市、长葛市、沁阳市、博爱县、长垣市、尉氏县、柘城县、虞城县21个县市经济发展水平中等（在0.187896~

---

① 豫东包括开封市、商丘市、周口市，豫中包括郑州市、许昌市、漯河市、平顶山市，豫南包括南阳市、信阳市、驻马店市，豫西包括洛阳市、三门峡市，豫北包括安阳市、鹤壁市、新乡市、焦作市、濮阳市、济源市。

0.264706 之间），地域类型仍然以山区为主。经济高质量发展水平低于 0.187896 的县市数量下降至 71 个，表明河南省县域经济高质量发展水平呈现稳定增长趋势。

截至 2020 年底，豫北平原的台前县经济高质量发展水平增长较快，达到 0.138742，略高于同在豫北平原的清丰县的 0.134443 经济高质量发展水平。西峡县、中牟县、禹州市、新县、新郑市的经济高质量发展水平排名前五位，分别达到 0.415945、0.360782、0.348326、0.348202、0.345537，地域类型主要是山区和城郊。栾川县、孟州市、宝丰县、光山县、卫辉市、柘城县、郸城县、虞城县、夏邑县 9 个县市的经济高质量发展水平较高，在 0.264707 ～ 0.341517 之间，地域类型以山区和平原为主。经济高质量发展水平处于 0.187896 ～ 0.264706 之间的中等水平县市数量增速较快。经济高质量发展水平低于 0.187896 的县市数量大幅则下降，说明 2016 ～ 2020 年河南省县域经济高质量发展水平增速较快。

2. Kernel 密度估计。

Kernel 密度估计能够分析河南省县域经济高质量发展水平及子系统发展水平的分布位置、形态、延展性和极化现象等特征。由检验结果可知，整体分布曲线的中心位置和变化区间逐渐右移，表明河南省县域经济高质量发展水平逐渐提升。从分布形态来看，分布曲线主峰高度总体上呈先上升后下降的态势。与此同时，主峰宽度有所收缩，不同县域之间的发展差异呈现缩小趋势。分布延展性方面，曲线一直存在明显的右拖尾现象，并且拖尾越来越长，说明经济高质量发展水平较高的县域仍然保持"领先"优势，与其他县域之间的差异变大。从分布极化现象来看，"一主一侧"的"双峰"分布状态逐渐增强，表明河南省县域经济高质量发展呈现典型的两极分化格局，存在一定的极化现象（见图 6 - 3）。

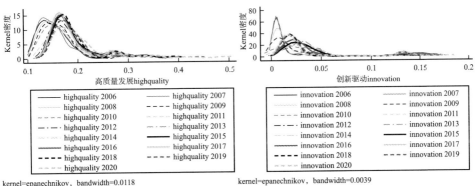

（a）总体高质量发展　　　　　　　　（b）创新驱动

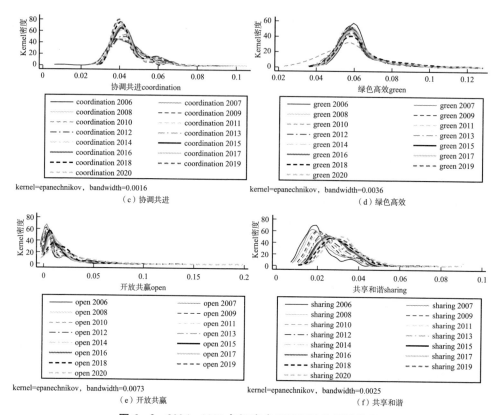

图 6 - 3　2006～2020 年河南省县域经济高质量发展
及子系统发展 Kernel 密度估计结果

　　创新驱动发展 Kernel 密度分布曲线的中心位置和变化区间逐渐右移，表明河南省县域创新驱动发展水平逐渐提升。从分布形态来看，分布曲线主峰高度下降趋势明显，县域创新驱动发展集中度不断降低。与此同时，主峰宽度有所扩大，不同县域之间的发展差异呈现变大趋势。分布延展性方面，曲线一直存在明显的右拖尾现象，并且拖尾越来越长，说明创新驱动发展水平较高的县域仍然保持"领先"优势，与其他县域之间的差异变大。从分布极化现象来看，"一主一侧"的"双峰"分布状态始终存在，表明河南省县域创新驱动发展一直呈现典型的两极分化格局，存在明显的极化现象。

　　由协调共进发展 Kernel 密度估计结果可知，分布曲线的中心位置和主要区间基本没有变化，表明河南省县域协调共进发展水平较为稳定。从分布形态来看，分布曲线主峰高度增大趋势明显，说明协调共进发展的分布集中度不断提升。与此同时，主峰宽度呈现逐渐变小趋势，不同县域之间的发展差异不断缩小。分布延展性方面，曲线一直存在明显的右拖尾现象，但是拖尾越来越短，说明协调共进发展水平较高的县域"领先"优势减弱，与其他县域之间的差异变小。从分布极化现象来看，"一主一侧"的"双峰"分布状态逐渐变为"一主两侧"的"多峰"分布状态，表明县域协调共进发展呈现典型的多级分化格局，极化现象增强趋势明显。

从绿色高效发展 Kernel 密度估计结果可以看出，分布曲线的中心位置和变化区间变化较小，先略微左移，然后略微右移，表明河南省县域绿色高效发展水平呈现"U"形演变特征。从分布形态来看，分布曲线主峰高度降低趋势明显，说明绿色高效发展分布集中度不断降低。与此同时，主峰宽度略有扩大，不同县域之间的发展差异呈现扩大趋势。分布延展性方面，曲线一直存在明显的右拖尾现象，并且拖尾越来越长，说明绿色高效发展水平较高的县域仍然保持"领先"优势，与其他县域之间的差异变大。从分布极化现象来看，绿色高效发展始终处于仅有一个主峰的分布状态，表明河南省县域绿色高效发展呈现分化态势较弱，极化现象不明显。

由开放共赢发展 Kernel 密度估计结果可知，分布曲线的中心位置和变化区间逐渐右移，表明河南省县域开放共赢发展水平逐渐提升。从分布形态来看，分布曲线主峰高度下降趋势明显，表明开放共赢发展分布集中度不断降低。与此同时，主峰宽度呈现扩大趋势，不同县域之间的发展差异不断扩大。分布延展性方面，曲线一直存在明显的右拖尾现象，并且拖尾先变短后变长，说明经济高质量发展水平较高的县域"领先"优势出现一定波动，与其他县域之间的差异先变小再变大。从分布极化现象来看，"一主一侧"的"双峰"分布状态仅在 2018 年及之前的年份出现，呈现明显减弱的变化趋势，表明河南省县域开放共赢发展呈现两极分化格局逐渐变弱，极化现象不断减弱。

由共享和谐发展 Kernel 密度估计结果可知，分布曲线的中心位置和变化区间逐渐右移，表明河南省县域共享和谐发展水平逐渐提升。从分布形态来看，分布曲线主峰高度总体上呈下降的态势，表明开放共赢发展分布集中度不断降低。与此同时，主峰宽度增大趋势明显，不同县域之间的发展差异不断扩大。分布延展性方面，曲线一直存在明显的右拖尾现象，并且拖尾越来越长，说明共享和谐发展水平较高的县域仍然保持"领先"优势，与其他县域之间的差异变大。从分布极化现象来看，"一主一侧"的"双峰"分布状态逐渐变为"单一主峰"分布状态，表明河南省县域共享和谐发展呈现典型的分化格局变弱，极化现象减弱（见图 6－3）。

山区、平原和城郊三大地域类型县域经济高质量发展平均 Kernel 密度估计结果则表明，山区县域的中心位置最靠右，但主峰位置最低，平原县域的主峰高度最高，表明三大区域的县域经济高质量发展分布均存在明显集中现象，但集中度差异明显，平原县域发展水平分布集中度最高。三大地域类型县域均存在明显的右拖尾现象，说明各区域内县域经济发展水平较高的县域优势均较为明显。城郊和平原县域均为"一主一侧"的双峰分布，山区县域则呈现多峰分布状态，即城郊和平原县域经济高质量发展两极分化，山区县域经济高质量发展则是多级分化格局（见图6-4）。

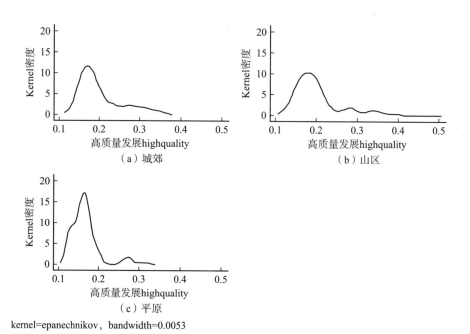

kernel=epanechnikov，bandwidth=0.0053

图6-4　河南省城郊、山区和平原县域经济高质量发展平均 Kernel 密度函数

（二）空间相关性

河南省县域经济高质量发展水平的空间相关性分析采用全局空间自相关性分析和局部空间自相关性分析。在全局空间自相关性分析方面，县域经济高质量发展总体莫兰指数（Moran's I Index）均通过1%的显著性检验，说明总体空间自相关较为显著。从指数变化情况来看，2006～2020年的莫兰指数在0.229上下波动，表明河南省县域经济高质量发展存在较为稳定的全局空间自相关关系。从五大子系统的莫兰指数来看，创新驱动发展的莫兰指数的显著性水平较弱，指数平均值为0.067，表明创新驱动发展的全局空间自相关关系较小。在1%显著性水平上，其他四大子系统莫兰指数均较为显著。协调共进、绿色高效、开放共赢和共享和谐发展的莫兰指数平均值分别为 0.417、0.527、0.337、0.180，不同指标之间存在一定的差异，但全局空间自相关性均较强。其中，绿色高效发展之间的全局空间自相关性最强（见图 6-5）。

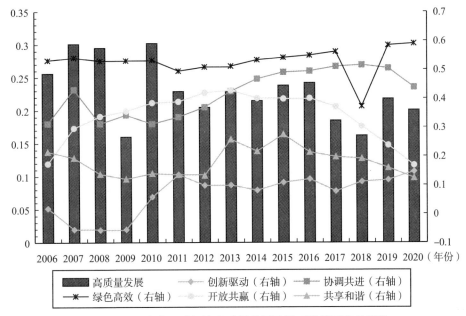

图 6-5 河南省县域经济高质量发展及子系统发展莫兰指数

鉴于局部空间自相关散点图和 LISA 集聚图所展示的集聚类型一致，选取局部空间自相关性分析的 LISA 集聚结果进行分析。由集聚类型结果可知，河南省县域经济高质量发展以高—高集聚、低—低集聚和低—高集聚为主，不同年份变化较小。高—高集聚的县域主要在豫西地区，地域类型以平原和山区为主。低—低集聚的县域主要在豫北、豫南的平原地区（见表 6-2）。

表 6-2　　　　　　　　河南省县域经济高质量发展 LISA 集聚结果

集聚类型	2006 年	2020 年
高—高	新郑市、登封市、孟津县、新安县、栾川县、嵩县、洛宁县、沁阳市、长葛市、卢氏县、西峡县、内乡县、济源市（13 个）	新郑市、新安县、栾川县、嵩县、洛宁县、沁阳市、孟州市、长葛市、卢氏县、西峡县、内乡县、淅川县（12 个）

集聚类型	2006 年	2020 年
低—低	汤阴县、浚县、范县、新野县、睢县、宁陵县、虞城县、夏邑县、永城市、淮滨县、息县、太康县、鹿邑县、平舆县、正阳县、新蔡县（16 个）	杞县、新乡县、获嘉县、修武县、武陟县、清丰县、南乐县、范县、台前县、民权县、淮滨县、上蔡县、正阳县（13 个）
低—高	新密市、宜阳县、汝州市、孟州市、渑池县、义马市（6 个）	新密市、尉氏县、孟津县、郏县（4 个）
高—低	林州市、延津县、清丰县（3 个）	舞钢市、滑县、柘城县（3 个）

由五大子系统 LISA 集聚结果来看，高—高集聚和低—低集聚县域数量呈增长趋势，说明河南省县域经济高质量发展内部空间相关性不断增强，集聚效应越来越强。2020 年，豫中、豫东和豫北的 6 个县域创新驱动发展出现高—高集聚，地域类型主要为城郊和平原，低—低集聚的县域则主要位于豫西、豫北和豫中的平原地区。在协调共进发展方面，高—高集聚县域主要位于豫西、豫南和豫中的山区、城郊，低—低集聚县域则主要位于豫北、豫中和豫南的山区和平原。从绿色高效发展集聚状况来看，高—高集聚县域主要位于豫西、豫南的山区，低—低集聚县域主要位于豫东、豫北和豫中的平原、城郊。对于开放共赢发展来说，高—高集聚县域主要位于豫西、豫南的山区，低—低集聚县域主要位于豫东、豫南的平原、山区。根据共享和谐发展集聚分布状况来看，高—高集聚县域主要位于豫东、豫南的平原，低—低集聚县域主要位于豫北的平原（见表 6-3）。

表 6-3　　　　河南省县域经济高质量发展子系统 LISA 集聚主要结果

子系统	集聚类型	2006 年	2020 年
创新驱动	高—高	新郑市、兰考县、封丘县、鄢陵县、长葛市（5 个）	沁阳市、中牟县、新郑市、长葛市、虞城县、夏邑县（6 个）
	低—低	林州市、淇县、博爱县、淅川县、新野县（5 个）	杞县、通许县、汝阳县、伊川县、偃师市、叶县、舞钢市、修武县、濮阳县、舞阳县、民权县（11 个）
协调共进	高—高	巩义市、荥阳市、新密市、新郑市、登封市、嵩县、偃师市、温县、孟州市、禹州市、长葛市、义马市、西峡县、内乡县、淅川县、济源市（16 个）	巩义市、荥阳市、新密市、新郑市、登封市、尉氏县、孟津县、栾川县、嵩县、洛宁县、偃师市、孟州市、长葛市、卢氏县、灵宝市、西峡县、内乡县、淅川县、商城县（19 个）

子系统	集聚类型	2006 年	2020 年
协调共进	低—低	延津县、睢县、宁陵县、柘城县、虞城县、息县、扶沟县、太康县、鹿邑县、上蔡县、平舆县、正阳县、确山县、汝南县、遂平县、新蔡县（16 个）	宝丰县、叶县、舞钢市、汤阴县、滑县、内黄县、新乡县、获嘉县、修武县、清丰县、范县、濮阳县、舞阳县、方城县、宁陵县、西平县、汝南县、遂平县（18 个）
绿色高效	高—高	栾川县、嵩县、宜阳县、洛宁县、鲁山县、卢氏县、灵宝市、南召县、西峡县、内乡县、淅川县、新县（12 个）	栾川县、嵩县、汝阳县、宜阳县、洛宁县、鲁山县、渑池县、卢氏县、灵宝市、南召县、西峡县、内乡县、淅川县、罗山县、光山县、新县、商城县（17 个）
	低—低	中牟县、新密市、新郑市、尉氏县、汤阴县、滑县、内黄县、浚县、原阳县、延津县、封丘县、南乐县、濮阳县、长葛市、社旗县、新野县、夏邑县、平舆县（18 个）	中牟县、新密市、新郑市、杞县、尉氏县、汤阴县、滑县、内黄县、浚县、原阳县、延津县、封丘县、清丰县、濮阳县、禹州市、长葛市、新野县、睢县、柘城县、夏邑县、西华县、商水县、沈丘县、郸城县、鹿邑县、项城市、上蔡县、平舆县（28 个）
开放共赢	高—高	巩义市、荥阳市、孟津县、新乡县、获嘉县、原阳县、博爱县、武陟县、温县、沁阳市、孟州市（11 个）	新安县、宝丰县、叶县、鲁山县、孟州市、卢氏县、南召县、方城县、镇平县、内乡县、淅川县、新野县（12 个）
	低—低	台前县、唐河县、桐柏县、睢县、宁陵县、柘城县、罗山县、光山县、新县、商城县、固始县、潢川县、淮滨县、息县、鹿邑县、项城市、上蔡县、平舆县、正阳县、确山县（22 个）	睢县、宁陵县、柘城县、罗山县、光山县、新县、商城县、固始县、潢川县、淮滨县、息县、太康县、鹿邑县、项城市、上蔡县、平舆县、正阳县、确山县、汝南县、新蔡县（20 个）
共享和谐	高—高	新郑市、沈丘县、郸城县、鹿邑县、项城市、上蔡县、平舆县、汝南县（8 个）	新郑市、登封市、长垣市、长葛市、社旗县、沈丘县、郸城县、鹿邑县、平舆县、泌阳县（10 个）
	低—低	栾川县、林州市、浚县、新乡县、获嘉县、原阳县、卫辉市、辉县市、修武县、博爱县、武陟县、西峡县、社旗县、泌阳县（14 个）	新安县、宜阳县、洛宁县、新乡县、获嘉县、武陟县、沁阳市、南乐县、台前县（9 个）

二、区域差异分析

（一）差异水平分析

根据测度的山区、平原和城郊三大地域类型县域经济高质量发展水平，计算

Dagum 基尼系数，分析河南省山区、平原和近郊三大地域类型的县域经济高质量发展空间差异。由检验结果可知，河南省不同地域类型县域经济高质量发展总基尼系数呈现波动上升的趋势，增速较为缓慢，2006 年总基尼系数为 0.1163，2020 年达到 0.1478，说明县域经济高质量发展的区域差异不断扩大（见图 6-6）。

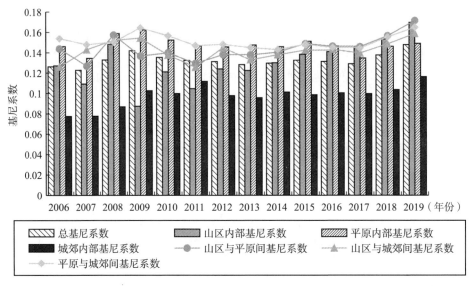

图 6-6 河南省县域经济高质量发展空间基尼系数

从不同地域类型内部来看，2006~2011 年，山区内部基尼系数波动较大，随后缓慢上升，2020 年达到 0.1696，表明不同山区县域经济高质量发展差异较大且呈现扩大趋势。不同平原县域经济高质量发展差异大，在 0.1463 上下频繁波动。城郊内部不同县域经济高质量发展差异最小且较为稳定，空间基尼系数小于总基尼系数，说明不同城郊县域经济高质量发展差异较小。

从不同类型地域之间的空间基尼系数变化情况可知，山区与平原、山区与城郊、平原与城郊之间的空间差异均呈现波动上升趋势，表明不同类型地域的县域经济高质量发展之间空间差异不断扩大。平原与城郊之间的基尼系数相对较大，山区与城郊、山区与平原之间的基尼系数略小，不同地域类型的县域经济高质量发展的空间差异均较大（见图 6-6）。

（二）差异来源分析

通过基尼系数分析可以直观地了解河南省县域经济高质量发展差异的来源因

素。根据达格姆（Dagum，1997）的理论，区域差异主要来源于区域内基尼系数贡献、区域间基尼系数贡献和超变密度贡献等。由表6-4的检验结果可知，区域间差异来源随着时间的推移变化显著。从贡献程度大小来看，区域间差异对总基尼系数贡献率略高于区域内差异对总基尼系数贡献率，两类差异的程度均较高，分别在0.398、0.373上下波动，说明区域间差异和区域内差异均是县域经济高质量发展区域差异的主要来源。超变密度贡献率较低，平均贡献率仅为0.229，说明区域间交叉重叠现象较少，对区域差异的共享较低，但超变密度贡献率波动上升趋势明显，2006年仅为0.183，2020年达到0.2358，表明交叉重叠现象正在增强，不同地域类型县域经济高质量发展差距逐渐变得不明显。

表6-4　　　　河南省县域经济高质量发展区域差异贡献及贡献率

年份	区域内基尼系数贡献	区域间基尼系数净贡献	超变密度贡献	区域间基尼系数总贡献	区域内差异对总基尼系数贡献率	区域间差异对总基尼系数净贡献率	超变密度贡献率
	Gw	Gnb	Gt	Ggb	Gwr	Gnbr	Gtr
2006	0.0422	0.0528	0.0213	0.0741	0.3630	0.4540	0.1830
2007	0.0432	0.0626	0.0202	0.0829	0.3428	0.4967	0.1605
2008	0.0415	0.0623	0.0190	0.0813	0.3379	0.5074	0.1547
2009	0.0477	0.0566	0.0284	0.0850	0.3594	0.4267	0.2140
2010	0.0523	0.0625	0.0271	0.0897	0.3684	0.4404	0.1912
2011	0.0507	0.0556	0.0290	0.0847	0.3747	0.4109	0.2145
2012	0.0539	0.0423	0.0361	0.0784	0.4073	0.3200	0.2728
2013	0.0493	0.0502	0.0316	0.0818	0.3757	0.3829	0.2414
2014	0.0490	0.0469	0.0322	0.0791	0.3822	0.3660	0.2517
2015	0.0506	0.0417	0.0372	0.0789	0.3905	0.3222	0.2872
2016	0.0504	0.0461	0.0360	0.0821	0.3805	0.3479	0.2716
2017	0.0504	0.0454	0.0354	0.0808	0.3843	0.3461	0.2696
2018	0.0489	0.0482	0.0319	0.0801	0.3789	0.3738	0.2473
2019	0.0514	0.0543	0.0320	0.0862	0.3737	0.3942	0.2321
2020	0.0559	0.0571	0.0349	0.0920	0.3779	0.3863	0.2358

因此，降低河南省不同类型地域的县域经济高质量发展差异，重点在于研究

三大地域类型内部和之间的差异，着力缩小区域之间和区域内部不同县域经济高质量发展的差距。与此同时，不同地域类型之间的交叉重叠现象也需要得到及时分析和有效应对。

第三节　河南县域经济高质量发展
耦合协调关系分析

一、耦合协调模型设定

耦合协调模型需要设定两个或多个系统，并选取具体度量指标及数据。样本数据来源为 2006～2020 年的 105 个县域经济高质量发展水平及五大子系统发展水平测度结果。

二、全样本内部耦合协调水平

根据河南省县域经济高质量发展指标体系和数据可得性，选取两两子系统（创新驱动与协调共进、创新驱动与绿色高效、创新驱动与开放共赢、创新驱动与共享和谐、协调共进与绿色高效、协调共进与开放共赢、协调共进与共享和谐、绿色高效与开放共赢、开放共赢与共享和谐）设定耦合协调模型，进行耦合度、耦合协调度检验。根据协调耦合模型原理，设定调节系数 $k = 2$，根据公式计算得出两两子系统之间的耦合度（C）、协调耦合度（D）。

耦合度模型结果表明，2006～2020 年河南省县域经济高质量发展两两子系统之间耦合度均大于 0.661，说明各个子系统之间的耦合度高，处于高度磨合等级。协调共进与开放共赢、绿色高效与开放共赢的耦合度呈现稳步上升趋势，表明内部耦合作用不断增强。创新驱动与开放共赢、开放共赢与和谐共享的耦合度均呈现"U"形变化趋势，2013 年之前，前者的耦合度不断下降，之后不断增大到 2020 年的 0.988；后者的耦合度则在前四年缓慢下降，之后缓慢上升至 2020 年的 0.993。与 2006 年相比，2020 年创新驱动与协同共进、创新驱动与绿色高效的耦合度均出现明显提升，分别从 0.882、0.791 增长至 0.996、0.959，2008～2010 年增速较快，其余年份增速较为缓慢。绿色高效与和谐共享、协调共进与和谐共享的耦合度则稳步上涨，2020 年分别达到 0.949、0.993。创新驱动与开放共赢、协调共进与绿色高效的耦合度一直较为稳定，分别在0.988、0.984上下小幅波动（见图6–7）。

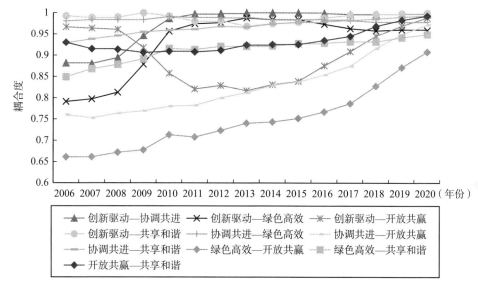

图6–7　河南省县域经济高质量发展内部耦合度

由图6–8耦合协调度模型结果可知，协调共进与绿色高效之间的耦合协调度徘徊在0.609上下，且较为稳定，说明两个子系统之间良好协调，处于较高水平阶段。其他两两子系统之间的耦合协调度总体上呈现较稳定的上升趋势。创新驱动与绿色高效、创新驱动与协调共进、创新驱动与开放共赢、创新驱动与开放共赢之间的耦合协调度前三年增速较慢，2009～2013年的增长率呈增大趋势，随后则出现小幅波动，2017～2020年创新驱动与开放共赢的协调耦合度上升趋势明显，其他两两子系统耦合协调度则继续下降。绿色高效与共享和谐、协调共进与共享和谐、绿色高效与开放共赢、协调共进与开放共赢、开放共赢与共享和谐的耦合协调度稳步增长，2020年分别达到0.572、0.516、0.538、0.486、0.457。

三、分地域类型耦合协调水平

根据协调耦合模型原理，设定调节系数 $k=3$，根据耦合协调模型的两个公式计算得出城郊、平原、山区三大区域之间的耦合度（C）、发展度（T）、耦合协调度（*D*）。由模型结果可知，三大区域之间的耦合度在 0.995 上下小幅波动，始终处于高度磨合。发展度则稳定在 0.2 上下。耦合协调度缓慢提升，从 2006 年的 0.401 上升至 2020 年的 0.436，始终在中度协调状态，处于中等水平阶段（见图 6 – 9）。

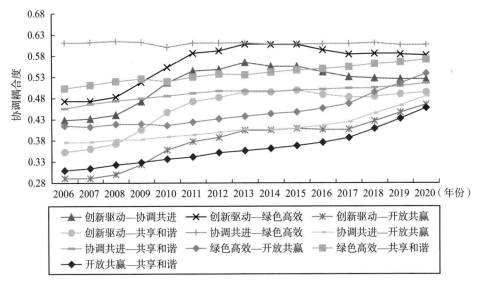

图 6 – 8　河南省县域经济高质量发展内部耦合协调度

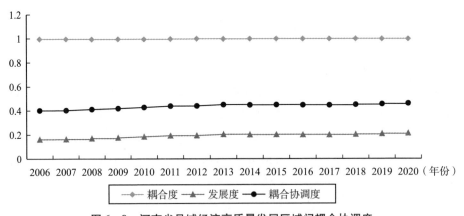

图 6 – 9　河南省县域经济高质量发展区域间耦合协调度

总的来看，河南省县域经济高质量发展内部不同子系统之间的耦合度略有差异，但都处于高度磨合状态。耦合协调水平存在一定差异，但都是中度协调，处于中等水平阶段，说明各子系统之间的内部耦合协调发展仍存在较大上升空间。城郊、平原、山区三大区域之间的耦合状态也是高度磨合。耦合协调度缓慢提升，耦合协调水平始终处于中等水平阶段。

第四节　河南县域经济高质量发展障碍因子分析

一、子系统障碍因子

运用障碍度模型，通过计算子系统障碍度，诊断河南省县域经济高质量发展耦合协调的障碍因子并排序。从子系统障碍度的情况来看，障碍度大小方面，开放共赢（$Y4$）>创新驱动（$Y1$）>协调共进（$Y2$）>共享和谐（$Y5$）>绿色高效（$Y3$）。开放共赢障碍因子的障碍度一直最高，在 46.473% 上下徘徊，说明河南省县域经济内外开放发展水平较弱，是河南省县域经济高质量发展的最大障碍。河南省县域经济高质量发展也存在着创新驱动能力不足的问题，制约着高质量发展水平（见图 6 – 10）。

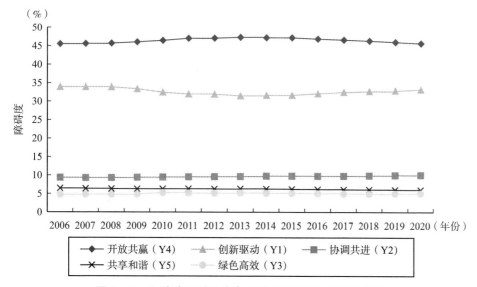

图 6 – 10　河南省县域经济高质量子系统障碍度变化趋势

二、细分指标障碍因子

从细分指标障碍因子来看，河南省县域经济高质量发展的前六大障碍因子始终为出口总额（$X13$）、省级高新区数量（$X3$）、专利申请受理总量（$X1$）、邮电业务量（$X16$）、外省投资金额（$X15$）、外商投资金额（$X14$）。2006～2020 年，六大因子的障碍度基本稳定。第一障碍因子出口总额障碍度在 16.852% 上下徘徊，第六障碍因子外商投资金额的均值为 8.682%。

2015～2017 年，第三障碍因子、第四障碍因子分别为邮电业务量（$X16$）、专利申请受理总量（$X1$），其余年份的邮电业务量障碍度略高于专利申请受理量障碍度。由此可知，河南省县域出口贸易发展、高新技术产业集聚发展、技术创新投入力度、区域内外部互联水平、吸引省外资金能力、吸引国外资金能力等方面均存在较大改善空间，县域层面的创新驱动力亟须提升，国内国际双循环发展水平亟待提升（见表 6－5）。

表 6－5　　　　　　河南省县域经济高质量发展障碍因子及障碍度　　　　　单位：%

年份	第一障碍因子	第二障碍因子	第三障碍因子	第四障碍因子	第五障碍因子	第六障碍因子
2006	$X13$	$X3$	$X1$	$X16$	$X15$	$X14$
	16.269	15.566	11.411	11.247	9.495	8.531
2007	$X13$	$X3$	$X1$	$X16$	$X15$	$X14$
	16.384	15.585	11.426	11.201	9.495	8.532
2008	$X13$	$X3$	$X1$	$X16$	$X15$	$X14$
	16.448	15.493	11.460	11.197	9.516	8.552
2009	$X13$	$X3$	$X1$	$X16$	$X15$	$X14$
	16.589	15.160	11.549	11.268	9.585	8.620
2010	$X13$	$X3$	$X1$	$X16$	$X15$	$X14$
	16.766	15.017	11.639	11.360	9.671	8.688
2011	$X13$	$X3$	$X1$	$X16$	$X15$	$X14$
	16.979	15.056	11.694	11.542	9.779	8.746
2012	$X13$	$X3$	$X1$	$X16$	$X15$	$X14$
	17.041	14.484	11.664	11.554	9.793	8.718

年份	第一障碍因子	第二障碍因子	第三障碍因子	第四障碍因子	第五障碍因子	第六障碍因子
2013	$X13$	$X3$	$X1$	$X16$	$X15$	$X14$
	17.153	14.436	11.697	11.585	9.848	8.768
2014	$X13$	$X3$	$X1$	$X16$	$X15$	$X14$
	17.142	14.418	11.630	11.553	9.816	8.720
2015	$X13$	$X3$	$X16$	$X1$	$X15$	$X14$
	17.167	14.443	11.522	11.509	9.818	8.732
2016	$X13$	$X3$	$X16$	$X1$	$X15$	$X14$
	17.082	14.390	11.378	11.357	9.768	8.687
2017	$X13$	$X3$	$X16$	$X1$	$X15$	$X14$
	16.919	14.368	11.306	11.009	9.738	8.678
2018	$X13$	$X3$	$X1$	$X16$	$X15$	$X14$
	16.963	14.453	10.952	10.929	9.779	8.715
2019	$X13$	$X3$	$X1$	$X16$	$X15$	$X14$
	16.945	14.534	10.990	10.536	9.823	8.751
2020	$X13$	$X3$	$X1$	$X16$	$X15$	$X14$
	16.927	14.645	10.669	10.149	9.834	8.794

第五节　河南县域经济高质量发展影响因素研究

县域经济高质量发展受自然生态环境和社会经济文化等因素的综合影响，结合数据可得性、可信度等，选取自然生态环境、社会经济文化等方面的因素，研究其对河南省县域经济高质量发展的影响。

一、变量选取

（一）被解释变量

根据前述分析，选取河南省县域经济高质量发展水平及创新驱动、协调共进、绿色高效、开放共赢、共享和谐发展水平的数据，代表县域经济高质量发展状况。

（二）解释变量

在自然环境因素方面，选取生态用地面积占一般公共支出的比重代表自然生态环境。在社会经济文化因素方面，选取专利申请数量代表科技进步状况，选取一般公共预算支出中的教育支出额代表教育文化条件，选取上一年国内生产总值（GDP）代表原有经济基础，选取夜间灯光量代表经济发展活力，选取财政支出与国内生产总值的比重反映政府干预程度，选取广义货币投放量代表宏观经济政策。

（三）控制变量

在主要解释变量的基础上，选取全社会固定资产投资额反映县域投资发展状况，选取社会消费品零售总额反映县域消费水平。

考虑到数据的代表性和可操作性，进行实证检验之前，缺失值通过插值法补齐。所有县域经济高质量发展相关的被解释变量，解释变量中的专利申请数量、教育支出额、夜间灯光量，以及控制变量全社会固定资产投资额、社会消费品零售总额等均取对数。主要变量及其描述性统计结果如表 6 - 6 所示。

表 6 - 6　　　　　　　　　　主要变量描述性统计

变量	符号	平均值	标准差	最小值	中位数	最大值
经济高质量发展	lhighqual	-1.737	0.247	-2.216	-1.778	-0.703
创新驱动发展	linnovat	-3.905	1.030	-7.273	-3.828	-1.707
协调共进发展	lcoordin	-3.135	0.190	-4.685	-3.160	-2.280
绿色高效发展	lgreen	-2.781	0.215	-3.610	-2.826	-2.078
开放共赢发展	lopen	-4.832	1.109	-10.731	-4.819	-1.654
共享和谐发展	lsharing	-3.660	0.324	-4.705	-3.653	-2.436
自然生态环境	ecoarea	14.534	21.573	0.001	2.555	91.179
科技进步状况	lpatents	3.845	1.905	0.000	4.220	8.350
教育文化条件	leduexp	1.517	0.706	-0.638	1.613	3.119
原有经济基础	lgdp0	5.028	0.686	2.831	5.045	7.150
经济发展活力	llight	2.199	0.714	-0.560	2.271	3.875
政府干预程度	gov	0.153	0.097	0.010	0.130	0.670

变量	符号	平均值	标准差	最小值	中位数	最大值
宏观经济政策	m2rate	14.300	5.076	8.076	13.589	28.423
固定投资状况	lfixed	4.074	1.118	1.911	4.024	13.569
县域消费水平	lretail	4.895375	0.8356516	1.756132	4.982441	6.972608

二、计量模型

参照孙久文等（2022），孙培蕾、郭泽华（2021）和赵儒煜、常忠利（2020）等的做法，设定基本计量模型如下：

$$Y_{it} = X_{it} + Z_{it} + \varepsilon_{it}$$

其中，Y_{it} 为被解释变量，代表县域经济高质量发展及子系统发展水平；X_{it} 为解释变量的合集，反映自然经济社会因素对县域经济高质量发展的影响；Z_{it} 为控制变量的合集，反映固定投资状况、县域消费水平等控制变量对县域经济高质量发展的影响，ε_{it} 为误差项。

三、检验结果分析

GMM 能够较好地缓解内生性问题，因此本章选取 GMM 模型检验结果进行分析。同时，选取面板固定效应模型和面板随机效应模型进行同样的检验。根据 Hausman 检验结果，在 5% 的显著性水平上，以经济高质量发展水平（lhighqual）为被解释变量的模型，选用面板随机效应更优，其他模型则选用面板固定效应模型更优。检验结果分析综合两种模型结果，有利于更好地反映河南省县域经济高质量发展的影响因素。

（一）基准检验结果与分析

GMM 检验结果和面板固定效应检验结果均表明，河南省县域高质量发展受自然生态环境因素和社会经济文化因素的综合影响。具体来看，GMM 模型检验结果显示，在 1% 显著性水平上，生态用地面积占比（ecoarea）与经济高质量发展之间显著正相关，县域生态用地面积越占比越高，经济高质量发展水平越高（见表 6-7）。面板固定效应模型检验结果显著性较弱，但也能够说明自然生态环境对县域经济高质量发展的积极影响（见表 6-8）。

表6-7　　　　河南省县域经济高质量发展影响因素 GMM 检验结果

变量	lhighqual	linnovat	lcoordin	lgreen	lopen	lsharing
ecoarea	0.0012 *** (4.2421)	- 0.0028 * (- 1.9101)	0.0005 *** (5.2326)	0.0087 *** (75.1951)	0.0013 *** (3.7864)	- 0.0005 ** (- 1.9875)
lpatents	0.0155 *** (8.0528)	0.1353 *** (10.9680)	0.0046 *** (12.1396)	0.0109 *** (8.6917)	- 0.0253 *** (- 12.8436)	0.0012 (0.5801)
leduexp	0.0296 *** (4.1875)	0.4296 *** (8.5702)	0.0100 *** (5.1446)	- 0.0173 *** (- 6.9380)	- 0.0079 (- 1.5726)	- 0.0059 (- 1.4624)
lgdp0	0.0412 *** (2.6407)	0.0410 (0.7851)	0.0161 *** (3.1467)	- 0.0526 *** (- 10.1522)	- 0.1145 *** (- 8.0232)	0.0176 ** (2.1789)
llight	0.0222 *** (5.4831)	- 0.2069 *** (- 6.4054)	- 0.0063 *** (- 4.8048)	0.0601 *** (14.9929)	0.0476 *** (5.1320)	0.0097 ** (2.2123)
gov	- 0.3349 *** (- 9.8707)	- 2.3522 *** (- 9.0586)	- 0.2548 *** (- 14.9082)	0.5117 *** (18.8624)	- 0.4816 *** (- 9.2965)	- 0.0998 *** (- 2.7858)
m2rate	0.0029 *** (6.2667)	0.0115 *** (4.9595)	0.0010 *** (11.3809)	- 0.0000 (- 0.0642)	- 0.0051 *** (- 20.8076)	0.0011 *** (3.8535)
lfixed	- 0.0456 *** (- 2.8179)	0.0446 (0.7701)	0.0404 *** (13.1841)	0.0675 *** (8.1961)	- 0.3575 *** (- 17.8171)	- 0.0495 *** (- 3.4329)
L. lfixed	0.0493 *** (2.9472)	- 0.0658 (- 1.0288)	- 0.0692 *** (- 16.8934)	0.0076 (1.2276)	0.4487 *** (22.8780)	0.0812 *** (4.8907)
lretail	- 0.1910 *** (- 10.4784)	- 0.8428 *** (- 8.1050)	- 0.0975 *** (- 17.5734)	0.1649 *** (24.2462)	- 0.1904 *** (- 11.4538)	- 0.0924 *** (- 7.6186)
L. lretail	0.1147 *** (7.1184)	0.3507 *** (3.8832)	0.0962 *** (17.9494)	- 0.2093 *** (- 31.0645)	0.2274 *** (19.1858)	0.0862 *** (8.1648)
_cons	- 0.4762 *** (- 9.3075)	0.0124 (0.0562)	- 0.4567 *** (- 14.4268)	- 2.4069 *** (- 63.3395)	- 0.0673 (- 0.8268)	- 0.9677 *** (- 15.8040)
P 值	0.0000	0.0000	0.0000	0.0000	0.0000	0.0000
Abond1	0.0000	0.0000	0.0000	0.0000	0.0000	0.0000
Abond2	0.0225	0.0079	0.8295	0.0016	0.1015	0.0439
Sargan	0.9998	0.9997	0.9997	0.9997	0.9995	1.0000
N	1309	1309	1309	1309	1309	1309

注：*、**、*** 分别表示通过 0.1、0.05、0.01 显著性水平，括号内为 t 值。

表 6 - 8　　　　　　河南省县域经济高质量发展影响因素面板检验结果

变量	lhighqual	linnovat	lcoordin	lgreen	lopen	lsharing
ecoarea	0.0051 *** (6.6706)	- 0.0204 (- 0.8504)	0.0057 ** (2.1504)	0.0054 ** (2.3916)	0.0386 ** (2.5432)	0.0039 (0.7077)
lpatents	0.0238 *** (5.6661)	0.2231 *** (9.0715)	- 0.0114 *** (- 4.1447)	- 0.0025 (- 1.0847)	- 0.0045 (- 0.2899)	0.0019 (0.3376)
leduexp	0.0221 (1.4930)	0.2927 *** (3.3618)	0.0033 (0.3424)	- 0.0301 *** (- 3.6699)	0.0107 (0.1930)	0.1285 *** (6.4678)
lgdp0	0.1025 *** (4.2193)	0.1617 (1.0361)	0.2043 *** (11.7287)	- 0.0229 (- 1.5576)	0.3907 *** (3.9430)	- 0.1616 *** (- 4.5364)
llight	- 0.0160 (- 1.0001)	- 0.6524 *** (- 6.2734)	- 0.0179 (- 1.5396)	0.0612 *** (6.2527)	0.4071 *** (6.1682)	0.0560 ** (2.3609)
gov	- 0.2660 *** (- 2.9155)	- 1.7105 *** (- 3.1667)	- 0.4457 *** (- 7.3938)	0.2139 *** (4.2089)	1.7316 *** (5.0513)	- 0.7193 *** (- 5.8358)
m2rate	0.0009 (0.9205)	0.0081 (1.4072)	0.0016 ** (2.5240)	- 0.0015 *** (- 2.8314)	- 0.0033 (- 0.8878)	0.0014 (1.0260)
lfixed	- 0.0004 (- 0.0293)	- 0.1264 (- 0.8925)	- 0.0582 *** (- 3.6819)	0.0261 ** (1.9621)	0.0498 (0.5536)	0.1398 *** (4.3260)
lretail	- 0.0132 (- 0.8424)	- 0.0603 (- 0.6309)	- 0.0434 *** (- 4.0759)	- 0.0037 (- 0.4163)	0.2212 *** (3.6490)	0.1210 *** (5.5510)
_cons	- 2.3118 *** (- 29.3161)	- 3.2357 *** (- 5.7935)	- 3.6744 *** (- 58.9511)	- 2.9247 *** (- 55.6598)	- 9.7757 *** (- 27.5793)	- 4.2975 *** (- 33.7188)
N	1454	1454	1454	1454	1454	1454
r2_w	0.3217	0.2392	0.1883	0.0804	0.6077	0.4927
chi2	13.40	23.79	25.15	45.41	19.77	67.51
P 值	0.2023	0.0082	0.0051	0.0000	0.0316	0.0000

注：*、**、*** 分别表示通过 0.1、0.05、0.01 显著性水平，括号内为 t 值。

社会经济文化因素方面，由 GMM 检验结果可知，*lpatents*、*leduexp*、*lgdp*0、*llight*、*m2rate* 对县域经济高质量发展的影响均通过 1% 的显著性检验，系数分别为 0.0155、0.0296、0.0412、0.0222、0.0029，表明河南省县域经济高质量发展水平得益于科技进步状况、教育文化条件、原有经济基础、经济发展活力和宏观经济政策等多方面支持。政府干预程度（*gov*）的系数则显著为负，说明政府干预抑制县域经济高质量发展。面板随机效应模型检验结果中，原有经济基础、政府干预程度对县域经济高质量发展的正向、负向影响均较为显著，也验证了经济因素和政府因素对河南省县域经济高质量发展的影响（见表6-7、表6-8）。

（二）细分领域结果与分析

创新驱动发展影响因素 GMM 检验结果显示，在 10% 的显著性水平上，自然生态环境与县域经济创新驱动发展水平显著负相关，即自然生态环境对创新驱动发展具有抑制作用。在 1% 显著性水平上，*lpatents*、*leduexp*、*m2rate* 与创新驱动发展之间有较强的正相关关系，县域经济创新驱动发展受科技进步状况、教育文化发展、宏观经济政策的积极影响。*llight*、*gov* 的系数则显著为负，说明县域经济活跃程度、政府干预程度不利于创新驱动发展（见表6-7）。面板随机效应模型检验结果中，教育文化发展与县域经济创新驱动发展显著正相关，县域经济活跃程度、政府干预程度则与创新驱动发展显著负相关，也验证了文化因素、经济因素和政府因素对河南省县域经济创新驱动发展的影响（见表6-8）。

由协调共进影响因素 GMM 检验结果可知，自然生态环境（*ecoarea*）与县域协调共进发展水平（*lcoordin*）的正相关关系通过 1% 的显著性水平，即自然生态环境对协调共进发展具有明显的有利影响。在 1% 显著性水平上，科技进步状况（*lpatents*）、教育文化发展（*leduexp*）、原有经济基础（*lgdp0*）、宏观经济政策（*m2rate*）与创新驱动发展之间有较强的正相关关系，协调共进发展得益于科技进步、教育发展、经济基础和宏观政策的积极影响。*llight*、*gov* 的系数则显著为负，说明经济活跃程度、政府干预程度不利于协调共进发展（见表6-7）。与此同时，面板随机效应模型检验结果也显示，自然生态环境（*ecoarea*）、原有经济基础（*lgdp0*）、宏观经济政策（*m2rate*）与协调共进发展显著正相关，政府干预程度（*gov*）则与协调共进发展显著负相关，也验证了自然因素、经济因素、政策因素和政府因素对河南省县域经济协调共进发展的影响（见表6-8）。

从绿色高效发展影响因素 GMM 检验结果可以看出，在 1% 的显著性水平上，自然生态环境（*ecoarea*）与县域经济绿色高效发展水平（*lgreen*）显著正相关，即自然生态环境对绿色高效发展具有促进作用。在 1% 显著性水平上，科技进步状况（*lpatents*）、经济活跃程度（*llight*）、政府干预程度（*gov*）与绿色高效发展之间较强的正相关关系也均通过 1% 显著性水平检验，表明县域经济绿色高效发展受科技进步、经济活跃度、政府干预度的积极影响。*leduexp*、*lgdp0* 的系数则显著为负，说明教育发展、经济基础阻碍县域经济绿色高效发展（见表6-7）。面板随机效应模型检验结果中，自然生态环境、经济活跃程度、政府干预程度与县域经济绿色高效发展显著正相关，教育文化条件（*leduexp*）、宏观经济政策

（*m2rate*）则与绿色高效发展显著负相关，也验证了自然因素、经济因素、文化因素和政府因素对河南省县域经济绿色高效发展的影响（见表 6 - 8）。

开放共赢发展影响因素的 GMM 检验结果显示，自然生态环境（*ecoarea*）与县域经济开放共赢发展水平（*lopen*）的正相关通过 1% 的显著性水平检验，说明自然生态环境对开放共赢发展具有积极影响。在 1% 显著性水平上，*llight* 与开放共赢发展之间有较强的正相关关系，县域经济开放共赢发展受经济活跃程度的积极影响。*lpatents*、*lgdp*0、*gov*、*m2rate* 的系数则显著为负，说明科技进步状况、原有经济基础、政府干预程度和宏观经济政策均不利于县域经济开放共赢发展（见表 6 - 7）。面板随机效应模型检验结果中，*lgdp*0、*gov* 的系数与 GMM 检验结果存在较大差异，鉴于 GMM 检验的优势，选取 GMM 检验结果。自然生态环境、经济活跃程度（*llight*）与开放共赢发展具有显著的负相关关系，与 GMM 检验结果基本一致，验证了自然因素、经济因素对河南省县域经济开放共赢发展的积极影响（见表 6 - 8）。

由共享和谐发展影响因素 GMM 检验结果可知，在 5% 的显著性水平上，自然生态环境（*ecoarea*）与县域经济共享和谐发展水平（*lsharing*）显著负相关，虽然相关系数较小，但也能够验证自然生态环境对共享和谐发展的抑制作用。在 5% 显著性水平上，*lgdp*0、*llight*、*m2rate* 与共享和谐发展之间均具有较强的正相关关系，县域经济共享和谐发展受原有经济基础、经济活跃程度、宏观经济政策的积极影响。*gov* 的系数则显著为负，说明政府干预不利于县域经济共享和谐发展（见表 6 - 7）。面板随机效应模型检验结果中，教育文化发展（*leduexp*）、经济活跃程度与县域经济共享和谐发展显著正相关，原有经济基础、政府干预程度则与共享和谐发展显著负相关，仅原有经济基础的系数与 GMM 检验结果差异较大，但也能够验证文化因素、经济因素和政府因素对河南省县域共享和谐驱动发展的影响（见表 6 - 8）。

四、稳健性检验

GMM 模型检验结果与面板效应模型检验结果可以相互印证，较为一致的检验结果说明模型设定基本稳定。为进一步检验研究结论的稳健性，选取自然经济社会文化等变量的其他替代变量进行重新检验，发现实证结果与前述分析基本一致。虽然系数和检验显著性有一定差异，但稳健性检验结果表明实证检验结果较为稳定。

第六节　不同地域类型县域经济高质量
发展比较优势与存在问题

一、不同地域类型县域经济高质量发展的比较优势

（一）城市郊区县域经济高质量发展比较优势

城市郊区是指中心城区的外围地区以及靠近城市的区域，属于城市重要的组成部分。

一是地理区位优势。城市郊区的地理区位，是指城市郊区的经济发展程度、需求程度等。由于郊区与中心城区在职能上的本质差别，与中心城区居民生产生活需要紧密相关的郊区农业、休闲农业发展水平较高，形成郊区农业的优势和特色，这是与乡村农业相比较最明显的区别。依据农业区位论，城市郊区仍然存在着明显的农业生产地域分异规律。

二是交通便捷优势。"要想富先修路"，交通网密度、交通便捷程度是影响区域经济社会发展的重要因素之一。处于中心城区外围的城市郊区，道路纵横交错，交通条件便捷，既有利于原材料的运入以及农产品的运出，能够吸引城市居民到郊区休闲购物度假（周末游），也有利于集散更多的城市内外的特色农产品，销售到国内的各个城市以及国外的各个市场。

三是科技信息优势。郊区农业等经济社会发展离不开技术、信息的有效支撑。城市，尤其是超大城市高等院校、科研院所众多，科技人才济济。城市郊区能够比较方便地获取各种科技以及市场信息指导，以便于抢占先机，使城市郊区长期处于"一步优，步步优"的有利地位。

四是金融支持优势。城市的综合实力越强，经济发展水平越高，各种投资主体就越多，金融机构也就较多，项目的投融资较为便利。随着城市化的不断推进，郊区农业企业很容易受到投资者的青睐。工业企业转型，投资者开发郊区农业，农民企业家的自我积累，以及国家实施的以工补农、以城带乡等各种支农惠农政策的进一步推进等，将加大郊区农业发展的金融支持力度，最终促进城市郊区农业健康可持续发展。

五是市场需求优势。人民群众日益旺盛的多样化需求已成为市场需求的总体

发展趋势，也是区域经济社会环境健康协调发展的不竭动力。郊区具有获取城市居民生产生活消费市场信息的先决优势条件，能够面向城市居民强大的生产生活消费市场、收购商市场、旅游观光市场，在健康、安全、优质农产品生产以及流通方面具有极大优势。

（二）平原地区县域经济高质量发展比较优势

一是劳动力资源丰富。世界人口分布极不平衡，具有明显的趋向性，即趋向暖湿地区（中低纬度指向）、趋向平原地区、趋向岸边（海岸、河岸）。河南省兼具世界人口分布的三种趋向性。平原地区不仅是我国重要的粮食生产核心区，也是人口密度较大的聚居区，人口众多，村镇密集，素有"三里一村，十里一店"之称。2019 年河南省拥有农村户籍人口 5124 万人，劳动力资源极为丰富，加之农业机械化水平的快速提高，河南平原农区出现了大量的农业剩余劳动力。据"七普"数据计算得知，河南省净流出人口 1483 万人，主要流出地就是平原农区。与此同时，在我国改革开放 40 多年来，由于城乡交流的增多、受经济发达地区市场洗礼的增强、现代城市文化影响的增加以及乡村职业培训教育的进一步普及，河南平原地区劳动力的素质也在不断提高（见表 6－9）。

表 6－9   2000～2019 年河南省农业农村发展基本情况一览

年份	乡村户籍总人口（万人）	农林牧业总产值（亿元）	耕地面积（千公顷）	第一产业贡献率（%）	劳动生产率（元/人·年）		
					第一产业	第二产业	第三产业
2000	7287	1981.54	8110.30	9.7	3275	24153	16309
2005	6774	3309.70	8110.30	9.6	5776	43479	25867
2010	6385	5619.70	8177.45	4.9	11419	71024	47663
2015	5699	7299.58	8105.92	5.8	15329	88895	77942
2019	5124	8541.77	8192.67	3.2	19967	119011	112074

资料来源：河南省统计局，河南经济统计年鉴（2019～2020）[Z]. 北京·中国统计出版社，2020，2021.

二是耕地面积广袤。河南省的平原地区，主要集中于中东部、东北部、东南部，地势西高东低，坦荡无垠，易于耕作。具体包括：中东部为黄淮海平原，西南部为南阳盆地。2019 年，河南省保有耕地面积 12289 万亩，占全国 18.51 亿亩的 6.64%，其中已累计建成的高标准农田达到 6910 万亩，占全省耕地面积的56.23%。河南省的平原地区农作物品种丰富，产量较高，具有较高的经济效益和社会效益，是不可再生的稀缺资源，在全国的经济社会发展中占据着极为重要的地位，已成为河南平原地区的重要资源优势（见表6-9）。

三是以粮食为主的农产品。由于平原地区自然环境条件优越，国家对粮食生产核心区的倾斜政策——财政转移支付，农民对市场风险的承担能力、在种植业上的技术优势以及传统的种植习惯等原因，充分调动了平原农区居民种植粮食的积极性，使粮食作物播种面积始终在农业生产的总播种面积中占据绝对优势，所占比重长期稳定在60%以上，其中2015年更是高达74.77%（见表6-10）。

表6-10　　　　　　2000～2019年河南省种植面积变化情况一览　　　单位：千公顷

年份	播种面积	粮食作物	夏粮	秋粮	谷物	小麦	豆类	经济作物
2000	13136.90	9029.60	4998.00	4031.6	7743.7	4922.3	683.40	4107.30
2005	13922.60	9153.40	5027.30	4126.10	8093.90	4962.70	616.50	4769.20
2010	14248.69	9740.17	5306.67	4433.50	8920.89	5280.00	513.4	4503.52
2015	14879.73	11126.30	5648.60	5477.70	10498.94	5623.14	370.35	3753.43
2019	17676.43	1073.54	5718.65	5015.89	10193.87	5706.65	428.00	3941.88

资料来源：河南省统计局. 河南经济统计年鉴（2019～2020）［Z］. 北京：中国统计出版社，2020，2021.

四是生态区位优势突出。平原地区的工业起步较晚，工业化水平较低，污染程度较低，自然生态环境良好。平原地区的工业化具有后发优势：（1）通过吸取西方发达国家以及发达地区的工业废水废气废渣造成严重污染的教训，避免走发达国家（地区）走过的"先污染，后治理"的老路，借助高新技术和信息技术，走新型工业化道路；（2）严格防止重污染工业企业向平原地区转移；（3）充分利用国际国内资源条件。

五是农耕文化底蕴深厚。河南平原地区农耕文化资源极为丰富，具体包括："正心、修身、齐家、治国、平天下"的国家管理理念，"礼尚往来"的人际交往理念等，这些文化不仅是世界上存在最为广泛的文化集成，而且与今天我们倡导的和谐、环保、绿色理念相辅相成。

（三）山丘地区县域经济高质量发展比较优势

一是复杂多样的地形地貌。河南省的山地丘陵地区主要集中于西部，包括西北部的太行山地，西部伏牛山、熊耳山、外方山崤山、小秦岭等山地，豫西的黄土低山丘陵和南部的大别山、桐柏山等山地。山地丘陵地区，地貌起伏较大，自然环境条件具有明显的过渡性和垂直地带性特点，而且人均占有土地面积较大，为这些地区的特色林果业、特色畜牧业、特色渔业以及生态旅游等产业发展提供了便利条件。

二是差异较大的气候条件。豫西山丘地区海拔最高点位于小秦岭的老鸦岔主峰，高达2413.8米（河南省人民政府，2021）。由于垂直高差较大，其光照、温度方面也存在着很大差别，多样性的气候条件适宜于多种动植物的生长。因此，要充分全面正确地认知山丘地区的比较优势和发展潜力，因地制宜科学合理地进行规划开发，及时有效地把山丘地区资源优势及时转变为经济社会发展优势，推动乡村振兴。

三是特色农业开发潜力大。复杂多样的地形地貌，差异较大的气候条件，为河南山丘地区特色林果业、特色畜牧业、特色渔业等特色农业产业发展奠定了良好基础。在国家政策的支持下，河南省山丘地区的林果业、茶叶、食用菌、畜禽、水产和旅游业等特色产业得到快速发展，综合经济效益大幅度提高。已经形成了具有典型示范作用的灵宝市特色林果业产业集群，泌阳县夏南牛特色畜牧业集群，新密二郎庙村、平桥区郝堂村的生态旅游特色产业集群等，其他特色产业集群的发展潜力巨大。

四是优良的生态环境条件。河南山丘地区良好的生态环境条件主要表现在丰富的生物多样性、湿地面积较广、森林覆盖率高等方面。茂密的森林以及沿黄（黄河）、沿江（汉江支流）、沿河湖（其他河流湖泊）湿地，为鸟类和各种动物提供饮用水源，使其动植物资源极为丰富，生物多样性良好。健康的土壤、较高的有机质、丰富的生物多样性等优良的生态环境条件，为河南山丘地区生态旅游、生态农业等特色产业的发展提供了有利条件。

五是淳朴的山村传统文化。山丘地区的乡村有着不可替代的价值，不仅体现在生产、生活以及生态功能方面，还体现在社会文化功能方面。淳朴山村传统文化主要表现在：（1）生产价值。村落与土地密不可分，以便于更好地照顾土地，更好地进行精耕细作。"不要农村的农业"是不可持续的。乡村手工业等传统手工艺更能体现"乡愁"和"家乡味道"，更能满足城市化水平提高以后城市居民的需求。（2）生活价值。乡村生活自给自足，与自然节拍相吻合，食品绿色生态有机，环境清新纯净自然，有利于人们的身心健康发展。（3）生态价值。生物与环境协同共生，种植业和养殖业循环，生产和生活的循环，最终使乡村没有废弃物，使资源得到了充分有效利用。（4）社会价值和文化价值。通过言传身教使人们辨别是非善恶；通过祖坟、祠堂、家谱等文化实体，使传统文化得以传承。

二、不同地域类型县域经济高质量发展中存在的问题

河南县域发展取得了一系列的成效，尤其是乡村发展方面的成效。第一，及时出台惠农支农政策。2005 年终止了已经实施千百年来以牺牲农村利益支持城市发展的"交公粮"制度，2006 年开始九年制义务教育，2017 年提出实施乡村振兴战略，等等。在此背景下，河南省委省政府及时出台了多项配套政策措施，以便于促进"三农"发展，推动河南乡村振兴发展。第二，不断推进美丽乡村建设。截至 2017 年底，河南省先后确定的美丽乡村建设试点村已经达到 883 个，2013 ~ 2017 年的 5 年时间每年分别建设试点村 85 个、203 个（含 33 个奖励试点项目）、142 个、132 个和 321 个。其中，2013 ~ 2015 年的 430 个美丽乡村建设试点村共投入财政资金 59 亿元，社会资金 260 亿元（郭荣朝等，2021）。美丽乡村建设使河南省的农村经济发展水平、社会文化设施建设以及生态环境治理与资源开发利用等方面均取得了较为显著的成绩，为河南乡村振兴分地域推进模式的培育发展奠定了良好基础。第三，编制乡村振兴战略规划。及时编制《河南省乡村振兴战略规划（2018 ~ 2022）》，按照产业兴旺等"二十字"方针要求全面落实河南省委十届六次全会精神，有序推进河南乡村振兴发展。第四，逐步完善农村基础设施。早在 2009 年河南省就全面实现了行政村之间通硬化路面的"村村通"工程，但一些自然村之间的硬化路面建设仍待进一步加强。2017 年，河南省农田灌溉面积占比为 66.44%，农业机械化动力达到 12.37 千瓦/公顷，自来水普及率 85.3%，卫生厕所普及率 75.2%，农村的生态环境逐步改善，文化卫生设施不断完善，网络覆盖进一步加强。第五，适时编制"千村试点"规划。2018 年，河南省自然资源厅开始实施"乡村规划，千村试点"工程，截至 2019 年底已编制完成 800 余个村庄规划（焦多田，2018）。第六，实施《乡村振兴促进条例》。2022 年 3 月 1 日，河南省开始实施《河南省乡村振兴促进条例》（以下简称《条例》）。《条例》从"二十字"方针等方面提出了相应的促进乡村振兴的措施，以此全面推动河南省的乡村振兴发展等，但仍然存在着如下一些共性的突出问题：

（一）规划引领较为滞后

由上述河南乡村振兴取得的进展可以看出，已经编制了省级层面的乡村振兴战略规划以及村域层面的试点村规划，还缺少中间层次的县、市、区级乡村振兴

规划。现代农业发展对乡村聚落布局提出新的要求，乡村振兴战略实施，并不代表所有的乡村都可以振兴发展。河南省域层面与村域层面的乡村振兴规划之间缺乏应有的规划衔接，致使村域层面的乡村振兴规划编制容易出现"就村庄论村庄"等问题，不便于充分挖掘地域特色资源优势、民俗风情、人文内涵等资源要素，容易造成个别相关村域的孤立发展或者是相同地域范围内的盲目重复建设，前者往往无法形成规模效益，不便于农业的适度规模集约经营，后者则容易形成同一地域内部的无序竞争；与此同时，也将导致省域层面的乡村振兴战略规划无法真正落实到具体的某一个村域层面的乡村规划上，容易产生顶层设计与基层实践无法有机衔接等问题。

（二）特色资源有待整合

河南省第一产业的劳动生产率由 1980 年的占全员劳动生产率的 49.75% 下降到 2018 年的 24.72%（见表 6 - 11），加之农业生产收益受自然灾害影响波动较大，农业的弱质性及波动性致使特色农业产业（集群）的培育发展受到很大制约，要求必须及时整合不同地域类型乡村的各类特色优势资源。

表 6 - 11 　　　　　1980 ~ 2018 年河南省全员劳动生产率变化情况一览　　　　　单位：元/人·年

年份	全员劳动生产率	第一产业	第二产业	第三产业
1980	790	393	3180	1788
1985	1316	674	3784	2646
1990	2328	1174	4990	4831
1995	6673	2687	15560	11184
2000	9377	3382	24282	15827
2005	18884	5926	46295	25812
2010	38625	11659	77797	42971
2015	56376	15330	89926	76880
2018	71411	17650	106135	97757

资料来源：河南省统计局. 河南经济统计年鉴（2019 ~ 2020）［Z］. 北京：中国统计出版社，2020，2021.

（三）"三生融合"有待加强

改革开放初期的 20 世纪 80 年代，仍然处于短缺经济时代，首先从农村改革开始，实行家庭联产承包责任制，以解决人们的温饱问题。在20世纪80年代中后期开始有重点地发展关系到国计民生的轻工业，出现了大批量的"村村点火，户户冒烟"的乡镇企业、村办企业，乃至"遍地开花"。到20世纪90年代末期，这些乡镇企业、村办企业生产的工业产品市场趋向饱和之后，尤其是在市场供过于求时，企业又纷纷倒闭。结果这些历史时期村办企业发展遗留下来的环境污染问题，至今仍然或多或少地影响着农村的生态环境。农村青壮年劳动力常年外出务工，致使农村房屋年久失修形成的"空心村"房屋倒塌现象，以及乡村垃圾收集转运、填埋处理等方面的问题，使河南农村地区的"生产""生活""生态"尚不能进行有效融合。

（四）高端品牌亟须培育

河南农村经济结构比较单一，平原地域的绝大多数农村仍然保留着传统的农业种植模式，即冬春季节种植冬小麦，夏秋季节种植玉米、花生等秋作物，也就是种植一些需要劳动力少、技术含量低、管理极为简单的农作物。与此同时，农村地区的"跟风现象"仍然比较严重，也就是别人种植某种作物，尤其是经济作物，获得了较好的经济效益，其他人就"一窝蜂"地跟着种植，致使种植规模盲目扩大，结果造成市场上某些农产品的供过于求，最终使这些"跟风"的农户受损严重。其他如近些年来兴起的乡村旅游发展也还停留在传统发展阶段，缺乏将生态资源转化成生态资本的市场基础等。由此可以看出，河南省的乡村振兴发展尚未形成应有的高端品牌，高知名度和高美誉度的乡村仍然是凤毛麟角。

（五）人员素质亟待提升

2018年，全国农村居民家庭户主的文化程度（未上过学、小学程度、初中程度、高中程度、大学专科程度、大学本科及以上）各层次占比分别为3.9%、32.8%、50.3%、11.1%、1.6%、0.3%，仍然是以初中和小学文化程度为主（见表6-12）。

表6-12　　　　　　农村居民家庭户主文化程度变化情况一览　　　　单位：%

指标	2013年	2014年	2015年	2016年	2017年	2018年
未上过学	4.7	4.4	3.8	3.3	3.2	3.9
小学程度	32.3	31.8	30.7	29.9	29.8	32.8
初中程度	51.0	51.5	53.1	54.6	54.7	50.3

指标	2013 年	2014 年	2015 年	2016 年	2017 年	2018 年
高中程度	10.7	10.9	11.1	10.7	10.8	11.1
大学专科程度	1.2	1.2	1.2	1.2	1.3	1.6
大学本科及以上	0.2	0.2	0.2	0.2	0.2	0.3

资料来源：河南省统计局. 河南经济统计年鉴（2019～2020）［Z］. 北京：中国统计出版社，2020，2021.

2020 年河南省常住乡村从业人员 4551 万人，主要是以留守的妇女、儿童、老年人居多，缺少青壮年劳动力，缺乏精通农业种植、经营管理以及市场营销的种地能手，尤其是缺乏农业科技人员和具有企业家精神的创业者。人员素质亟待提升。

（六）基础设施仍然滞后

一是农村地区的公路等交通设施维护极为滞后。尤其是一些关乎民生的问题，老百姓利用最多的省道的路面质量长期"坑坑洼洼"，乃至无法通行。二是乡村公路，也就是我们常说的"村村通"公路，在建成后的短时间内路面损毁严重，这既涉及施工建设方面的质量问题，也涉及建成后的维护管理等方面的问题。三是通信设施建设滞后，严重制约着"互联网＋现代农业"的快速发展等，严重影响着特色农产品的销售市场范围以及外销时间周期。

（七）资金投入尚待拓展

2013～2015 年，河南省平均每一个美丽乡村建设试点项目可获得不超过 7419 万元的资金。其中，财政资金 1372 万元，社会资金 6046.5 万元。2013～2017 年已经批准的这 883 个美丽乡村建设试点村的资金投入总量，相对于河南省的 45595 个行政村来说，仍然是"僧多粥少"，远远满足不了河南乡村振兴战略规划实施的需要，乡村振兴发展的资金来源渠道尚待进一步拓展。

（八）长效管理亟须完善

乡村振兴不是一蹴而就，不是政绩工程，而是一个长期的复杂的系统工程，涉及乡村的经济社会环境等各个方面，必须实实在在地为农村发展和农民富裕谋福利。河南乡村振兴发展过程中的基础设施日趋完善，人居环境逐步改善，然而重建设、轻管理的问题仍然比较突出，甚至出现了一些公共基础设施建成后无人管理，以及在公共环境卫生方面的"边治理、边污染"等现象，造成了农村人、财、物等资源浪费以及生态环境的局部恶化等问题。

第七节　河南县域经济高质量发展应对策略

一、城市郊区县域经济高质量发展模式路径选择

（一）休闲农业集群发展路径

为满足城市居民日益增长的休闲需求，尤其是节假日以及周末休闲需要，在城市郊区农村有序地发展休闲农业，形成休闲农业集群发展模式，推动乡村振兴发展。例如，郑州市中牟县在休闲农业发展方面进行了如下尝试：一是科学编制规划。根据自然生态环境条件、社会经济条件等，编制《郑州新区（中牟）都市型现代农业示范区规划》，科学合理地进行生态休闲农业分区，包括北部的观光休闲农业以及南部的高效生态产业，使其在生态休闲农业发展方面因地制宜、各有侧重，形成赏花品花、垂钓休闲、采摘体验为主的各类园区以及集草莓、蓝莓、番茄、桑果等浆果生产、采摘、加工的展示基地，以应对市民日益增长的多样化需要。二是拓展融资渠道，多方筹集生态休闲农业发展资金。成立中牟县兴农小城镇建设有限公司，引进知名企业入驻开发，利用国外贷款建设郑州新区（中牟）都市型现代农业北部旅游观光农业示范区先导区项目等。三是规范经营管理。在生态休闲农业项目开发建设运营方面，采取企业化运作，市场化管理，以市场供求关系调整相关休闲农业项目的投产、营销与运营。政府的职能部门主要通过农产品质量监测、追溯等措施来维护市场的有序交易，重在监管。四是政府提供"一揽子"服务项目。包括基础设施建设、公共服务配套等方面（郭荣朝，2015）。

（二）数字农业集群发展路径

随着信息化技术的快速发展，农业生产环境、生产要素、生产过程、加工情景、销售环节等全过程都可以进行数字化设计、可视化表达、信息化管理，这种数字化现代农业发展有利于实时监测、定期获取相关数据，动态模拟农业生产的全过程，有利于合理利用农业资源，降低生产成本，提高农产品质量效益，改造

升级传统农业，与客户需求进行有效对接。2018 年，河南省的浚县、淇县、通许县荣膺全国县域农业农村发展水平评价先进县称号，说明浚县、淇县所在的鹤壁市等地高度重视农业农村信息化建设工程，着力构建农业智能、农村电商、农业监管、农村创业四大体系，不断提升农业农村信息化建设水平。通过在河南省农村地区扩大电商覆盖面、建设数字农业农村的新基础设施，以便于农产品进城、工业品下乡的双向流通，实现农工商的有机结合和集群发展。

（三）乡村治理发展路径

乡村治理就是通过对乡村的自然生态、经济产业、社会文化等方面资源进行合理配置和生产，以促进乡村产业健康发展、村庄布局更加合理、生态环境改善提升、基础设施建设完善、公共服务配套齐全，乡村经济—社会—环境得以协调高质量发展，居民物质和精神文化生活水平得到不断提高的过程。目前的乡村治理仍然存在着村民参与薄弱，乡村治理主体弱化；治理人才匮乏，老龄化现象很突出；组织意识不强，带头作用有待加强；经济思维固化，特色产业急需培育；治理手段单一，治理效果亟待提升等问题，无法适应新时代乡村振兴发展的要求。今后的乡村治理中：一是要加强党的领导，充分发挥国家政策导向作用。加强党的领导，深刻领会党中央国务院的农业农村发展政策；因时因地制宜，充分发挥村支部基层党组织的战斗堡垒作用。二是创新体制机制，选拔优秀的乡村治理带头人。创新体制机制，以适应新时代乡村治理要求；转变组织功能，及时转向到核心管理服务型；采取多种方式，选拔优秀的乡村治理带头人。三是创新法规制度，重塑乡村"两委"服务村民形象。创新法规制度，吸纳新型经营主体积极参与；健全完善制度，重塑乡村"两委"服务村民形象。四是健全教培制度，提升村民参与乡村治理意愿。健全教培制度，进一步提高村民的基本素质；拓宽参与渠道，提升村民参与乡村治理意愿。五是凝聚治理合力，推动乡村产业兴旺健康发展。加强协调沟通，凝聚利益主体之间治理合力；发挥治理作用，推动乡村振兴健康发展。

（四）文化遗产开发路径

"一部河南史，半部中国史"，充分说明河南历史源远流长，文化底蕴深厚，国家级、省级物质文化遗产和非物质文化遗产众多，建设文化传承型的美丽乡村有着先天优势。洛阳市孟津区平乐村在中国乡村振兴建设中成为文化传承型路径的样板，被评为 2013 年十大"中国最美乡村"之一。平乐村位于洛阳市东郊平乐镇，地处汉魏洛阳故城遗址，紧邻旅游胜地白马寺。平乐村民本身就有着崇尚文化艺术的优良传统，近年来更是借助洛阳牡丹花会的影响力从事牡丹书画创作，将平乐村打造成中国牡丹画第一村。平乐村组建了洛阳平乐牡丹书画院，建设中国平乐牡丹画创意园区，逐渐形成了集牡丹画展览、交易、学员培训、创作交流和观光于一体的文化旅游产业。

二、平原地区县域经济高质量发展模式路径选择

（一）优质高效的粮食生产路径

确保粮食产量稳步提升，促进粮食生产优质高效。2020 年河南粮食种植面积 10738.79 千公顷，比上年增加 4.25 千公顷，其中小麦种植面积减少、油料以及蔬菜种植面积增加；粮食产量 6825.80 万吨，比上年增加 130.4 万吨，其中夏粮、秋粮以及小麦产量分别比上年增加 8.35 万吨、122.05 万吨和 11.33 万吨。河南的粮食、小麦种植面积及其产量分别占全国的 9.2%、24.27%、10.2% 和 27.96%（河南省统计局，2021）。习近平总书记指出，"在粮食问题上不能侥幸、不能折腾""如果口粮依赖进口，我们就会被别人牵着鼻子走的"。河南的农业农村发展，首先要确保粮食产量的稳步提升。其次要根据人民日益增长的美好生活需要（市场需求变化趋势），及时进行粮食生产供给侧改革，调整优化种植业品种结构，大力发展循环农业、绿色农业、有机农业；通过精耕细作科学种田、适度规模集约经营、农业农村现代化等途径，不断提高粮食单产，走出一条具有河南特色的粮食生产优质高效发展道路。

（二）特色种植业集群发展路径

临颍县城关镇南街村围绕小麦优势，做足"农"字文章；围绕农业优势上工业，带动上下游产业以及旁侧产业发展；紧盯市场变化趋势，适时进行产品升级，发展旅游等相关产业。南街村特色种植业集群的形成发展过程，充分说明种植业的优质高效发展必须实施农工贸一体化、产供销一条龙的集群发展模式，必须将农业产业化、乡镇龙头企业发展、小（城）镇建设与乡村振兴有机地结合在一起，综合考虑，统筹发展（郭荣朝，2006）。

（三）特色渔业集群发展路径

荥阳市王村镇为代表的特色渔业（黄河鲤鱼）产业集群的培育发展壮大，已成为集黄河鲤鱼种质资源保护、养殖基地发展、有机蔬菜生产、生猪养殖发展、

垂钓休闲养生、家乡味道餐饮、渔业机械形成等一二三产业有效结合的循环绿色发展的品牌产业，为乡村振兴提供了有力支撑（郭荣朝，2016）。

（四）文化创意产业（集群）发展路径

特色创意产业（集群）发展路径主要包括手工艺品、建筑艺术、表演艺术、环境艺术、古董市场、工艺设计等特色产业群体的集群发展路径（见图6-11）。

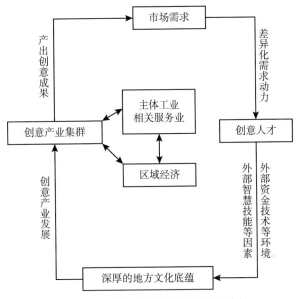

图6-11　特色创意产业集群发展路径

资料来源：作者根据郭荣朝（2016）修改。

河南省地处中原地区，历史文化源远流长，农村手工艺等非物质文化资源极为丰富，以手工艺技术开发为主的特色创意产业集群发展潜力巨大，已涌现出南阳市石佛寺镇的玉雕专业村、商丘市民权县王公庄村的画虎特色创意产业集群等。石佛寺镇隶属于河南省镇平县，是住房和城乡建设部于2017年公布的第二批国家级特色小（城）镇，先后荣获河南省特色文化产业乡镇、全国特色景观旅游名镇、国家文化产业示范基地、中国人居环境范例奖等荣誉称号。石佛寺镇是全国最大的玉雕加工生产销售集散地，除镇区的翡翠玛瑙、玉白菜、摆件等专业或综合市场外，周边分布着有大仵营、尚营、榆树庄、马隐店、李营、老毕庄、贺营、贺庄等众多玉雕专业村，素有"中国玉雕之乡"之称。该镇的玉雕文化渊源于4000年前的新石器时代，群众玉雕技艺精湛，出生于石佛寺镇大仵营村的仵应汶先生的玉雕作品先后获得"百花奖"等多种奖项，被陈列于北京人民大会堂以及法国博物馆，被授予中国玉石雕刻大师等荣誉称号。加之地方政府的科学谋划、政策引导、市场规范，个体、企业乃至集群的极强的吸收学习能力，以及集群内外部市场环境优化等，使石佛寺镇玉雕特色产业集群得到不断的发展壮大（见图 6 – 12）。

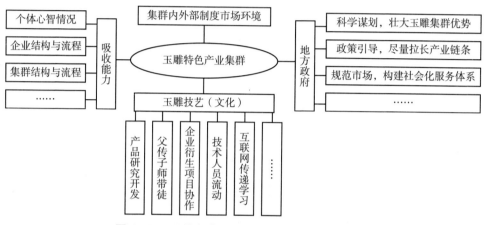

图 6 – 12　石佛寺镇玉雕村特色产业集群发展路径

由石佛寺镇特色玉雕产业（集群）的培育发展过程可以看出，自身禀赋的特色优势资源的充分挖掘——玉雕技艺的有序传承以及底蕴深厚的玉文化的发扬光大，是玉雕特色产业集群培育发展的关键（基础）；地方政府的有序引导是石佛寺镇玉雕特色产业集群健康发展的保障；个体、企业以及集群的吸收学习能力是玉雕特色产业集群不断优化升级的前提；公平、公正、有序的市场环境是玉雕特色产业集群健康发展的不竭动力。只有这些方面的有机耦合，才能促进石佛寺镇玉雕专业村的生产、生活、生态有效融合，经济—社会—环境协调健康可持续发展。

（五）乡村旅游发展路径

从人民日益增长的美好生活向往等市场需求出发，充分挖掘农业农村比较优势，积极发展乡村旅游。新密市黄固寺村瞄准郑州都市区居民日益旺盛的旅游需求，在村党支部的带领下，及时调整农业产业结构，努力发展"宜居、宜业、宜游"的乡村生态旅游产业，建设绿色生态养殖基地，开发集休闲度假、旅游观光于一体的微水湖游览区，形成儿童游乐、手工编织、特色小吃、生态采摘四大品牌,将美丽乡村建设融入新密市全域旅游大开发格局之中。黄固寺村从一个贫困落后村发展成为新密市综合实力30强村,先后入选农业农村部美丽乡村建设创建示范村、河南省新农村建设先进单位、河南省生态文明村、河南省乡村旅游特色村等。今后河南乡村旅游发展要做好以下两方面工作:一是进一步完善乡村旅游基础设施,尤其是旅游交通设施以及食、宿、娱、购配套设施。旅游交通,涉及客源地城市至目的地城市、目的地城市至旅游景点景区以及景点景区内部的交通道路建设情况,对于乡村旅游的交通建设要达到"进得来,散得开,出得去"的目的。二是提升乡村旅游服务品质。规范完善乡村旅游景区、村情介绍、安全警示标识,民宿、农家乐服务标准、消防安全水平,行业信用体系,乡风文明教育等;强化农业生产、农村生活、民俗文化、古民居建筑等原始风貌保护;加大乡村旅游人才队伍建设力度;逐步形成河南乡村旅游知名品牌。

三、山丘地区县域经济高质量发展模式路径选择

(一)特色林果业集群发展路径

灵宝市围绕自然环境条件等优势,已形成以龙头红富士苹果种植为核心,苹果产品研发、果品加工、销售中介、生态旅游、餐饮住宿、彩印包装、机械制造、化肥农药、龙头企业等一二三次产业有机衔接、协调发展的特色林果业集群发展模式,实现了规模化种植、科技化生产、集约化经营与链条化发展,为乡村振兴提供了重要的产业支撑。仍然存在着果品加工市场竞争力不强、产业标准不规范、管理体制不健全等问题(郭荣朝,2016)。

(二)特色畜牧业集群发展路径

驻马店市泌阳县充分利用气候温和,拥有大量荒山牧坡、林间隙地、滩涂草场等自然条件优势,建设国家肉牛生产基地,饲养夏南牛等名优肉牛品种,目前已形成以技术研发、种群扩繁、良种供应、规模养殖、肉牛屠宰、产品加工、"全牛宴"、市场营销、物流配送为一体的夏南牛产业集群,成功地走出了一条"公司+基地+专业合作社+农户"的特色畜牧业集群发展模式,为泌阳县乡村振兴提供了重要的产业支撑。

(三)生态旅游集群发展路径

一是依托乡村邻近的自然风景名胜和生态功能区,建设生态休闲型产业集群

发展模式，推动乡村振兴发展。注重模式要重点保护自然与田园风光的整体形态和生态环境，要在保持原生态环境和村庄传统格局的基础上，有序推进村庄更新改造，适度发展生态休闲度假旅游等环境友好型产业，以实现自然生态环境保护与形成振兴发展的良性互动。例如，荥阳市环翠峪风景区二郎庙村，占据着AAA级环翠峪风景区的落鹤涧、猴山、双龙峡等主要景点，群山秀丽，环境优美，发展生态休闲度假旅游得天独厚；该村升级改造"农家乐"，建设配套旅游设施，美化扩建旅游环线，对生态农业进行深度开发，将千亩柿子林升级打造成为集旅游、休闲、观赏、采摘于一体的现代化旅游产业，形成知名的旅游度假村。再如，巩义市民权村依托青龙山风景区，大力发展绿色生态农业，使景区内千余亩林果基地实现了集旅游、观赏、采摘、购买一条龙的生态休闲集群；改造升级"农家乐"、观光旅游等传统旅游产品，挖掘佛教文化底蕴，打造休闲禅修圣地，形成高端旅游品牌。

二是利用或培育乡村生态资源，形成生态环境保护型乡村振兴建设模式。例如，信阳市平桥区五里店街道办事处郝堂村，利用本地最常见的砂土修建村道，最大限度地保留乡村风貌；结合地方民风习俗进行新房建设和旧房改造，形成具有豫南特色的民居群落；连片种植映山红、野菊、紫云英，修复土壤，实现有机农业生产；采用荷塘作为天然的生态净水处理系统；等等。

（四）美丽乡村建设路径

美丽乡村建设使河南省的农村经济发展水平、社会文化设施建设以及生态环境治理与资源开发利用等方面均取得了较为显著的成绩。我国现有大部分乡村产业基础薄弱，人口外流和空心化现象严重，生产生活条件较差，生活垃圾处理不当，农业垃圾随意丢弃，生活污水直接排放，村庄规划不尽合理，并且随着城镇化进程的快速推进和农村生活水平的提高，污染向农村转移的趋势明显。这类乡村要科学确定村庄发展方向，加强污水垃圾等环境整治，推进"厕所革命"，营造一个良好的人居环境，这既是河南乡村振兴建设的重要内容，也是生态文明建设的必要举措。河南省洛阳市栾川县庙子镇庄子村作为河南省46个中国美丽乡村试点村之一，大力整治农村生态环境，已成为乡村振兴建设模式的成功典范。庄子村通过政府引导、群众参与，自2012年9月开始，启动了以"清垃圾、治污水、整村容"为主要内容的三年大规模农村环境集中整治工作，形成了政府投入、农民自筹、社会支持相结合的多元融资投入机制，结合《洛阳市农村环境集中整治实施方案》等文件，农村生态环境整治走上了制度化、规范化、常态化轨道。如今庄子村环境优美，民居古朴整齐，垃圾统一处理，污水统一进入人工湿地净化污水处理系统，从一个毫不起眼的深山穷村一跃成为远近闻名的生态文化旅游休闲度假村。

综上所述，不同地域类型乡村，在把农业农村发展优势转化为乡村振兴优势过程中的路径选择有着较大差别，然而其中的数字农业集群发展路径、乡村治理路径、文化创意发展路径以及美丽乡村建设路径等，只不过目前在城市郊区以及平原地区乡村做得相对突出一些，实际上可以成为三种地域类型具有相应比较优势的乡村共有的转化路径选择。

第八节　商水县城乡空间结构优化尝试

商水县位于河南省周口市域西南部，地处东经 114°15′ ~ 114°53′、北纬 33°18′ ~ 33°45′之间，下辖城关乡、平店乡、袁老乡、化河乡、姚集乡、舒庄乡、大武乡、张明乡、郝岗乡、张庄乡、汤庄乡 11 乡，谭庄镇、黄寨镇、练集镇、魏集镇、固墙镇、白寺镇、巴村镇、邓城镇、胡吉镇 9 镇，1 个农场和 3 个街道办事处，以及 16 个居委会、569 个行政村。县域总面积 1270 平方公里，2011 年县域人口 121.4 万人，其中农村人口 88.5 万人（商水县人民政府，2013）。

一、商水县域城乡现状特征

（1）经济总量小，发展水平低。2011 年，商水县生产总值为 116.42 亿元。人均 GDP 12682 元、城镇居民人均可支配收入 13898 元、农民人均纯收入 5100 元。三次产业产值分别为 45.53 亿元、40.02 亿元和 30.88 亿元，三次产业结构比例为 39.1∶34.4∶26.5。与同期的全国平均水平相比仍然存在着很大差距（2011 年全国人均 GDP、城镇居民可支配收入、农民人均纯收入以及三次产业结构比分别为 36018 元、21810 元、6977 元、9.5∶46.1∶44.3）（商水县人民政府，2013）。

（2）县城规模小，经济实力弱。商水县城作为整个县域的政治、经济、文化、交通中心，经济实力却相对较弱，缺少主导产业支撑。2011 年商水县城仅有 15 万人，只占县域总人口的 12%，建成区面积 16 平方公里，与其经济中心地位不相对应。

（3）城镇缺少产业支撑，带动能力弱。商水县域各乡镇产业主要是以农产品为基础的初加工工业、农业服务业和集贸商业，除个别乡镇外，多数乡镇缺少特色支柱产业，造成城镇职能类同，降低了城镇经济的整体功能和带动能力。

（4）城镇空间分布具有明显的沿边分布特点与交通指向特点。9个建制镇都沿县境边缘分布，分布在由县城向外围呈放射状的 S328、X020、X021、S217、S213、S206、X020、X017、S213 交通线上。

（5）村庄分布密度较大，空心村现象普遍，外出务工人员较多。外出务工人员占村庄总人口比重最大的可以达到40%~50%，最少的也在10%以上。

二、商水县域人口与城镇化水平预测

根据商水县域经济社会发展条件、资源条件、国内外经济社会发展机遇、河南省与周口市的发展政策以及商水县的发展规划、产业空间布局规划等，采用定量与定性相结合的方法对商水县域总人口和城镇化水平进行预测。

（一）县域人口规模预测

1. 增长率预测方法

自然增长率的选取。1995~2011年17年间，受国家计划生育政策和人口结构影响，人口自然增长率很不稳定。近年来，随着人们生活水平和受教育程度提高，人们的思想理念发生很大变化，人口自然增长率也趋于平缓。因此，规划至2015年，自然增长率取5.5‰；至2020年，自然增长率取5.0‰；至2030年，自然增长率取5.0‰。

机械增长率的选取。与周边县、市经济相比，商水县具有相对优势，商水县城与周口中心城市将融为一体，商水县城将承担周口中心城市的部分职能，具有较强的集聚能力，但考虑到周边省会城市辐射能力的强化以及在沿海等发达地区城市的劳务经济的影响，未来商水人口也会外流。考虑到这些原因的存在，商水县人口发展总趋势为：人口流入和流出数量同时增加，机械增长率呈逐步增加趋势。故近期至2015年人口机械增长率为6.0‰，中期至2020年随着各项建设的逐步完善，对于外来人才吸引力进一步加强，机械增长率为10.0‰，远期至2030年随着外来人口工作稳定，机械增长率将进一步提升，将达到12‰。

综合增长率的选取。综合自然增长、综合增长等因素，规划至2015年综合增长率取11.5‰，至2020年综合增长率取15.0‰，至2030年综合增长率取17.0‰。

综合增长模型：

$$P_t = P_0 (1 + M)^n$$

式中：P_t 为规划期末总人口；P_0 为现状人口；M 为人口综合增长率；n 为预测年限（$n = t - t_0$，t_0 为预测基准年份）。

2015 年县域总人口：$P_{2015} = 121.4 \times (1 + 11.5‰)^4 = 127.08$（万人）；

2020 年县域总人口：$P_{2020} = 127.08 \times (1 + 15.0‰)^5 = 136.90$（万人）；

2030 年县域总人口：$P_{2030} = 136.90 \times (1 + 17.0‰)^{10} = 162.04$（万人）。

指数增长模型：

$$P_t = P_0 e^{rn}$$

式中：P_t 为预测目标年末人口规模；P_0 为预测基准年人口规模；r 为人口年均增长率；n 为预测年限（$n = t - t_0$，t_0 为预测基准年份）。

2015 年县域总人口：$P_{2015} = 121.4 \times e^{4 \times 6.0‰} = 124.35$（万人）；

2020 年县域总人口：$P_{2020} = 124.35 \times e^{5 \times 6.5‰} = 128.46$（万人）；

2030 年县域总人口：$P_{2030} = 128.46 \times e^{10 \times 7.0‰} = 137.77$（万人）。

2. 回归分析法

在相当长一段时间内，商水县域人口变化呈稳定增长态势。从时间—人口坐标系中可以看出，商水县人口增长的直线趋势相对明显，说明人口与时间数列之间存在着线性相关。据此可构建时间数列——人口回归方程，以此推算未来一段时间商水县域人口趋势（见图 6－13）

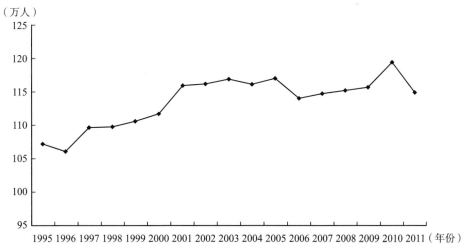

图 6－13　1995～2011 年商水县人口变化曲线

预测模型：

$$P = A + B \cdot T$$

式中：P 为规划年的总人口数；T 为规划期年的时间数值（年份 – 1994）；A、B 为回归方程参数，通过最小二乘法求得。

$$B = \frac{17 \sum T \cdot P - \sum T \cdot \sum P}{17 \sum T^2 - (\sum T)^2} = 0.7246$$

$$A = \frac{\sum P - B \cdot \sum T}{17} = 108.92$$

相关系数 $r = \dfrac{17 \sum T \cdot P - \sum T \cdot \sum P}{\sqrt{[17 \sum T^2 - (\sum T)^2] \cdot [17 \sum P^2 - (\sum P)^2]}} = 0.8727666183$

说明方程相关程度很高。

所得回归模型方程为：

$$P = 107.44 + 0.7246 \cdot T$$

时间数列与总人口统计见表 6 – 13。

表 6 – 13　　　　　　　　　时间数列与总人口统计

年份	总人口数（P）（万人）	P^2	时间数值（T）	T^2	$T \cdot P$
1995	107.14	11478.98	1	1	107.14
1996	106.05	11246.6	2	4	212.1
1997	109.62	12016.54	3	9	328.86
1998	109.82	12060.43	4	16	439.28
1999	110.61	12234.57	5	25	553.05
2000	111.70	12476.89	6	36	670.2
2001	115.93	13439.76	7	49	811.51
2002	116.20	13502.44	8	64	929.6
2003	116.82	13646.91	9	81	1051.38
2004	116.15	13490.82	10	100	1161.5
2005	116.96	13679.64	11	121	1286.56
2006	114.03	13002.84	12	144	1368.36
2007	114.68	13151.5	13	169	1490.84
2008	115.22	13275.65	14	196	1613.08

年份	总人口数（P）（万人）	P^2	时间数值（T）	T^2	$T \cdot P$
2009	115.71	13388.8	15	225	1735.65
2010	119.3	14232.49	16	256	1908.8
2011	121.4	14737.96	17	289	2063.8
合计	1937.34	221062.8	153	1785	17731.71

根据以上预测模型，预测各发展时期县域总人口分别为：

$P_{2015} = 122.62$ 万人

$P_{2020} = 126.28$ 万人

$P_{2030} = 133.53$ 万人

根据回归模型、综合增长率、指数增长模型等方法对商水县域人口增长趋势进行预测（见表 6-14），求其算术平均值，预计到 2015 年将达到 125 万人，2020 年达到 131 万人，2030 年达到 145 万人（商水县人民政府，2013）。

表 6-14　　　　　　　　商水县总人口预测值（2012～2030 年）　　　　单位：万人

年份	回归模型预测值	增长率预测法	
		综合增长率	指数增长模型
2015	122.62	127.08	124.35
2020	126.28	136.90	128.46
2030	133.53	162.04	137.77

（二）县域城镇化水平预测

2010 年商水县城镇化水平已经达到 27.19%，根据诺瑟姆曲线和商水县经济发展水平，商水县即将进入城镇化加速发展阶段。我们根据现有资料，利用非农人口回归分析法、联合国法预测城镇化水平的两种方法，对商水县城镇化水平进行预测。

1. 非农人口回归分析法

本预测方法主要根据商水县历年非农业人口随时间的发展关系，建立线性回归方程，先算出非农业人口，根据城镇人口与非农业相关的原理，乘以适当的系数，进而预测县域城镇人口。根据有关学者的研究表明，目前我国城镇化水平同非农化水平全国平均比例在 2 左右，工业化程度较高的东部地区此值 1990 年就达到了 2.5 以上，2000 年以来达到了 3 以上，中部地区一般为全国平均水平，西部地区则相对较低，以此来验证商水县城镇化水平和非农化水平的现状，也基本证实了这一论断。规划 2015 年比值取 3.2，2020 年取 3.7 计算，2030 年取 4.4 计算。

建立非农业人口线性回归预测模型如下（见表 6 – 15）：

$$P = A + B \cdot T$$

式中：P 为规划年县域非农业人口数；T 为规划期年的时间数值（年份 – 1989）；A、B 为回归方程参数，通过最小二乘法求得。

表 6 – 15　　　　　　　　　　商水县多年人口

年份	总人口（万人）	非农业人口（P）	序号（T）	$P \cdot T$	P^2	T^2	非农人口率
1995	107.14	4.81	1	4.81	23.1361	1	0.044895
1996	106.05	4.83	2	9.66	23.3289	4	0.091089
1997	109.62	4.99	3	14.97	24.9001	9	0.136563
1998	109.82	5.95	4	23.8	35.4025	16	0.216718
1999	110.61	6.28	5	31.4	39.4384	25	0.28388
2000	111.70	6.67	6	40.02	44.4889	36	0.358281
2001	115.93	6.81	7	47.67	46.3761	49	0.411196
2002	116.20	6.82	8	54.56	46.5124	64	0.469535
2003	116.82	6.85	9	61.65	46.9225	81	0.527735
2004	116.15	6.87	10	68.7	47.1969	100	0.591477
2005	116.96	6.89	11	75.79	47.4721	121	0.647999
2006	114.03	7.56	12	90.72	57.1536	144	0.79558
2007	114.68	9.36	13	121.68	87.6096	169	1.061039
2008	115.22	10.22	14	143.08	104.4484	196	1.241798
2009	115.71	11.24	15	168.6	126.3376	225	1.457091
2010	119.3	11.86	16	189.76	140.6596	256	1.590612
2011	121.4	12.25	17	208.25	150.0625	289	1.715404
合计	1937.34	130.26	153	1355.12	1091.446	1785	11.64089

取 1995～2011 年期间县域非农业人口作为建模原始数据进行回归分析：

$$B = \frac{17 \sum T \cdot P - \sum T \cdot \sum P}{17 \sum T^2 - (\sum T)^2} = 0.44799$$

$$A = \frac{\sum P - B \cdot \sum T}{17} = 3.6306$$

$$相关系数\, r = \frac{17 \sum T \cdot P - \sum T \cdot \sum P}{\sqrt{[17 \sum T^2 - (\sum T)^2] \cdot [17 \sum P^2 - (\sum P)^2]}}$$

$$= 0.9667567$$

说明方程相关程度较高。

则所得回归模型方程为：

$$P = 3.6306 + 0.44799T$$

根据以上预测模型，预测各发展时期县域非农业人口分别为：

2015 年非农业人口：$P_{2015} = 3.6306 + 0.44799 \times 21 = 13.03839$（万人）

2020 年非农业人口：$P_{2020} = 3.6306 + 0.44799 \times 26 = 13.27834$（万人）

2030 年非农业人口：$P_{2030} = 3.6306 + 0.44799 \times 31 = 17.51829$（万人）

由此计算城镇人口：

规划 2015 年比值取 3.2，2020 年取 3.7 计算，2030 年取 4.4 计算，

2015 年县域城镇人口 41.7229 万人；

2020 年县域城镇人口 49.1299 万人；

2030 年县域城镇人口 77.0805 万人。

利用以下公式计算城镇化水平：

$$PU = \frac{U}{P}$$

式中：PU 为城镇化水平；U 为城镇人口；P 为总人口。

根据规划年总人口预测结果：

$P_{2015} = 124.68$ 万人

$P_{2020} = 130.55$ 万人

$P_{2030} = 144.45$ 万人

得到商水县未来城镇化水平如下：

2015 年，城镇人口 41.7 万人，城镇化水平 33.45%；

2020 年，城镇人口 49.1 万人，城镇化水平 37.61%；

2030 年，城镇人口 77.1 万人，城镇化水平 53.37%。

2. 联合国法

根据已知的城镇人口和乡村人口，求取城乡人口平均增长率差，假设城乡人口平均增长率差在预测期内保持不变，外推求得预测期末的城镇人口比重。预测模型为：

$$\frac{PU(i)}{1 - PU(i)} = \frac{PU(1)}{1 - PU(1)} \cdot e \cdot k \cdot t$$

其中，$PU(i)$ 为 i 时的城镇人口比重；

$PU(1)$ 为前一次人口普查时的城镇人口比重；

t 为距离第一次人口普查时的年数；

k 为城乡人口增长率差。

$$k = \frac{\ln\left\{\frac{PU(2) \cdot [1 - PU(1)]}{PU(1) \cdot [1 - PU(2)]}\right\}}{n}$$

式中：k 为城乡人口增长率差；

$PU(1)$ 为前一次人口普查的城镇人口比重；

$PU(2)$ 为后一次人口普查的城镇人口比重；

n 为两次普查间的年数。

这是一条 S 形曲线，符合城镇化过程的发展规律。现在选取 2006 年和 2010 年人口数据进行预测，经过计算得到 2006～2010 年城乡人口平均增长率差 $k = 0.1402737$。代入上式，得到如下预测结果（见表 6 - 16）。

2015 年，城镇人口 41.7 万人，城镇化水平 33.45%；

2020 年，城镇人口 49.1 万人，城镇化水平 37.61%；

2030 年，城镇人口 77.1 万人，城镇化水平 53.37%。

$P_{2015} = 38.88\%$

$P_{2020} = 49.74\%$

$P_{2030} = 62.92\%$

表 6 - 16 　　　　商水县城镇化水平预测值（2012～2030 年）　　　单位：%

年份	非农人口回归分析法预测值	联合国法预测值
2015	33.45	38.88
2020	37.61	49.74
2030	53.37	62.92

在综合两种预测方法得到的城镇化水平预测值的基础上，求其算术平均值，得到商水县域规划期末城镇化水平如下：

$P_{2015} = 36.17\%$，2015 年商水县城镇人口为 45 万人。

$P_{2020} = 43.68\%$，2020 年商水县城镇人口为 57 万人。

$P_{2030} = 58.15\%$，2030 年商水县城镇人口为 84 万人。

三、商水县域城乡发展潜力综合评价

（一）影响城乡高质量发展的因素

城镇和乡村是一个有机整体，城乡空间布局受城镇发展定位、城镇分布以及城镇、乡村自身的地理区位、交通区位、资源条件、现状规模、经济发展水平、基础设施状况等多种因素影响，但影响程度不尽相同，它们对各城乡影响作用的叠加，共同决定了各城镇和各乡村发展潜力的优劣。商水县的自然地形条件属黄淮平原地区，各城镇、乡村的自然条件差异不大，影响城乡高质量发展的因素主要包括以下四个方面：

（1）经济基础。主要是指城镇和乡村的经济发展水平处于商水县中上游，发展潜力较大。城镇、乡村的经济实力较强，农民从事二、三产业的比重较高，生活较为富裕。

（2）交通区位。也就是具有较好的区位条件。一般处于几个城镇或几个乡村的几何中心，并与周边城镇、村庄交通联系较为便利。

（3）城乡规模。相对于周边城镇或乡村，城镇或乡村规模大，人口较多，具有较强的集聚辐射能力。

（4）基础设施。交通、通讯、供水、教育、卫生等基础设施和服务功能较为完善，有一定数量的社会服务设施，能为周边城镇或乡村提供基本的生产、生活服务（陈丽、花小丽、张小林等，2005）。

（二）城镇与乡村发展潜力评价指标体系

根据上述影响城镇、乡村发展潜力的因素分析，我们构建了城镇与乡村发展潜力评价指标体系，并根据专家打分法，提出了相应的参考权重（见表 6 - 17、表 6 - 18）。

表 6 – 17 城镇发展潜力评估指标体系

第一层次指标	第二层次指标	参考权重
城镇建成区规模	常住总人口	8
	户籍非农业人口	6
	其他常住人口	3
	建成区面积	3
经济发展水平	GDP	8
	工业总产值	8
	财政收入	4
商贸发展水平	社会商品零售额	5
	集贸市场建设情况	5
生活水平	城镇居民人均收入	4
	城乡居民储蓄余额	2
建成区基础设施水平	建筑总面积	3
	道路铺装面积	2
	自来水普及率	2
	电话普及率	2
交通区域	铁路	4
	公路	8
	水路	4
地理区位		6
科教文卫事业发展水平	—	6
旅游资源条件		7

表 6 – 18 乡村发展潜力评估指标体系

第一层次指标	第二层次指标	参考权重
村庄规模	总人口	20
	居民点用地	15
基础设施水平	道路硬化情况	10
交通条件	—	20
地理区位	—	10

第一层次指标	第二层次指标	参考权重
文教卫设施	学校	7
	文化大院	5
	卫生所	5
其他特色	—	8

（三）综合评价模型

$$U_i = \sum_{m=1 \to n} W_j X_{ij}$$

式中：U_i 是 i 个村镇的综合评价值，数值越大，发展条件越优越；

W_j 为第 j 个因子的权重，W_j 数值越大越重要；

X_{ij} 为第 i 个村镇中第 j 个因子的标准值；

m 为因子数；

n 为城村数。

（四）评价指标权重

确定评价指标的权重采用特尔斐法，打分采用百分制。我们将各项指标值分为 5 个等级，分别赋值为 5、3、2、1、0。然后对照各城镇、乡村发展潜力评价指标的分值进行综合计算并排序。

（五）计算结果

根据城镇、乡村评价指标体系和各个指标的权重，我们采用特尔斐法聘请相关专家对各指标进行打分，最后利用综合评价模型，计算出各个城镇与乡村的发展潜力分值，并进行相应的排序（见表 6 - 19、表 6 - 20）。

表 6 - 19　　　　　　　　商水县域城镇发展潜力一览

城镇名称	计算结果	位序
县城（含城关、汤庄）	100	1
谭庄镇（含农场）	70.5	2
黄寨镇	60.5	3

城镇名称	计算结果	位序
固墙镇	59	4
邓城镇	57.5	5
白寺镇	56.5	6
魏集镇	53.5	7
巴村镇	46	8
练集镇	43	9
胡吉镇	42	10
化河乡	42	11
姚集乡	38	12
张明乡	36.5	13
郝岗乡	34.5	14
舒庄乡	33	15
张庄乡	32.5	16
袁老乡	32	17
平店乡	30.5	18
大武乡	24	19

注：城关、汤庄计入县城，农场场部的人口和建成区面积计入谭庄镇。

表6-20　　　　　　　　商水县域乡村发展潜力一览

镇名称	中心村名称
谭庄镇	谭庄、肖谭、张老、马村、三李
黄寨镇	黄寨、刘井、郑埠口、唐店、宋王庄、周腰庄、吕墓坟、王老
邓城镇	邓城、黄翟庄、白蛇岗、杨河、腊梅庄、许村（宋庙）
固墙镇	固墙、毛屯、南赵庄、许楼、关庄、李楼、黄台、智新庄
白寺镇	白寺、保平、天坡、北岳、魏桥
魏集镇	魏集、洪桥、新集、郭屯、党桥、苏童楼
巴村	巴南、后党、党寨、大訾家、双楼田、大邵、袁吴徐
练集	练集、朱集、梁楼、村李
胡吉	胡吉、蔡庄集、蒋桥、韩屯、夏阎庄、省庄、北陈庄、张岗

镇名称	中心村名称
郝岗	郝岗、沈庙、高庙常、洄窝、黄坡、北常社店
姚集	袁桥、豆庄、周马、陈冢、姚集、窦湾
张明	西张明、寺王、龙胜、陆间楼、尚集
舒庄	舒庄、扶苏寺、钟镇昌、朱庄、北王张
张庄	张庄、李寨、南陵、徐庄、西姜庄、何湾
化河	化河、何楼、宁楼、王教、陈李庄
袁老	罗堂、杨寨、樊腰庄、承屯、二府集
平店	平店、东邓店、闻寨、施营、刘雒庄、王坡寨
大武	大武、大王、西赵庄、洼刘、程刘、边王、焦寨、后冯楼、唐镇庙、许窑、固现
原汤庄	汤庄、吴楼、魏坡、杨尤庄、大赵

四、商水县域城乡体系规划

(一) 概念界定

村簇理论。为了更好地进行新农村建设,这里首先给出一个农村居民点的新概念——村簇。村簇是由空间上相互临近,社会、经济上存在密切联系的若干村落构成的村庄群。它具有以下特点:空间上簇内自然村间相互邻近,簇间自然村相对距离较远;交通上簇内自然村间交通顺畅,道路网络化,簇间以一些乡、镇或县级交通干线联系;簇内自然村经济社会联系密切,共享教育、商业等社会设施;簇内自然村间具有局部的共同利益(见图6-14)。

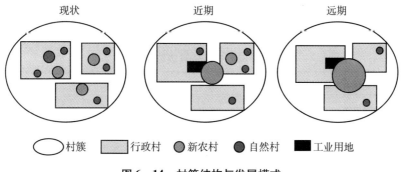

图 6-14　村簇结构与发展模式

中心镇是县域范围内区位较优、实力较强、对周边农村和乡镇具有较大吸引辐射能力、发展前景广阔，并能与省、市、县城镇体系有效衔接的城镇。它既是县域一定片区的中心，也是若干一般小城（集）镇的中心，起着片区首位城镇的作用。

中心村是由若干行政村组成的，具有一定人口规模和较为齐全的公共设施的乡村居民点，对周围村庄产生一定的辐射带动作用。

（二）县城定位

2001 年周口市实施周（周口）商（商水）一体化战略，特别是周商大道建成通车，使得周商对接融合进程明显加速。2003 年周口市提出并实施"周口—项城—淮阳"大三角经济发展战略以及 3 - 3 - 3 市域城镇空间结构发展模式，因过多强调均衡发展，周口市域城镇发展无法形成"拳头"，使周口市经济社会发展丧失诸多机遇，最终导致周口市域人均各项经济社会指标在河南 18 个省辖市中的排名不断下降，经济社会效益与实施周商一体化时期的排名产生较大差异。因此，在今后的周口市域城镇空间结构发展演化过程中，首要问题是要实质性推进周商一体发展，在城市道路网络系统建设、管线工程网络系统铺设、生态功能网络系统对接乃至城市产业发展、功能分区等方面进行实质融合，共同形成周口市域中心城市（郭荣朝，2013）。

鉴于上述原因，商水县城的定位是：（1）周口市中心城市的重要组成部分，承担部分市级职能。（2）周口市轻工业和商贸基地之一；特色商业及商务休闲中心和生态宜居城市。（3）商水县域政治经济文化交通中心。

（三）城乡体系规划

（1）城乡规模等级结构规划。商水县域城镇规划等级为：中心城区（县城）→中心镇→一般镇→中心村→特色村（见表 6 - 21）。

表 6 - 21　　　　　　　　　商水县域城乡体系等级结构规划

等级	等级结构	数量（个）	人口数（万人）	城镇名称
一级	中心城区（县城）	1	45	东城街道、老城街道、新城路街道、城关乡、汤庄乡和化河乡、练集镇的部分地区
二级	中心镇	6	2~7	谭庄镇、黄寨镇、邓城镇、固墙镇、魏集镇、白寺镇

等级	等级结构	数量（个）	人口数（万人）	城镇名称
三级	一般镇	12	1~2	巴村镇、练集镇、胡吉镇、化河镇、郝岗镇、姚集镇、张明镇、舒庄镇、张庄镇、袁老镇、平店镇、大武镇
四级	中心村	100	0.5~1	略
五级	特色村	6	0.2~0.3	略

（2）县域城乡职能类型结构规划。商水县域城镇职能等级主要分为一级中心、二级中心、三级中心、四级中心4个级别。职能类型主要分为综合型、工贸（贸工）型、集贸旅游（旅游集贸）型、旅游型、集贸型5种类型（见表6-22）。

表6-22　　　　　　　　商水县域城乡职能结构规划（2030）

职能等级	数量（个）	名称	职能类型	职能分工
一级中心	1	中心城区（县城）	综合型	周口市域农副产品加工、纺织服装制鞋等轻工业中心，特色商贸、物流、房地产、休闲娱乐等三产服务中心；商水县域政治、经济、文化、信息中心
二级中心	6	谭庄镇	综合型	县域副中心；农副产品加工、板材、建材工业基地；镇域政治、经济、文化、商贸中心
		黄寨镇	贸工型	县域东部中心城镇；市场交易中心，农副产品加工、农机配件工业基地；镇域政治、经济、文化、商贸中心
		邓城镇	旅游型	县域西北部中心城镇；文化休闲旅游目的地；镇域政治、经济、文化、商贸中心
		固墙镇	工贸型	县域南部中心城镇；农副产品（畜产品）加工基地；镇域政治、经济、文化、商贸中心
		魏集镇	工贸型	县域东南部中心城镇；有机蔬菜产品加工业基地；镇域政治、经济、文化、商贸中心
		白寺镇	工贸型	县域西南部中心城镇；板材工业基地；旅游目的地；镇域政治、经济、文化、商贸中心
三级中心	12	巴村	工贸型	镇域政治、经济、文化、商贸中心；门业、木业、板材加工基地
		练集	集贸旅游型	镇域政治、经济、文化、商贸中心；乡村采摘休闲旅游目的地

职能等级	数量（个）	名称	职能类型	职能分工
三级中心	12	胡吉	工贸型	文印产业基地；地镇域政治、经济、文化、商贸中心
		郝岗	旅游集贸型	文化旅游、乡村旅游目的，地镇域政治、经济、文化、商贸中心
		化河	集贸型	镇域政治、经济、文化、商贸中心
		姚集	集贸旅游型	镇域政治、经济、文化、商贸中心，乡村采摘休闲旅游目的地
		张明	集贸旅游型	镇域政治、经济、文化、商贸中心，文化旅游、乡村旅游目的地
		舒庄	集贸旅游型	镇域政治、经济、文化、商贸中心，文化旅游、乡村旅游目的地
		张庄	集贸型	镇域政治、经济、文化、商贸中心
		袁老	工贸型	镇域政治、经济、文化、商贸中心。农副产品加工、纺织、制鞋工业基地
		平店	集贸型	镇域政治、经济、文化、商贸中心
		大武	集贸型	镇域政治、经济、文化、商贸中心
四级中心	102	略		农资、技术、信息等服务中心，辐射周边乡村

（3）县域城乡空间布局结构规划。"一心六点两带"的城镇空间发展格局。"一心"：即中心城区。商水县中心城区位于沙颍河、南洛高速、漯阜铁路、S238等东西向复合通道与商周高速、S206、S213、S102等南北向复合通道的节点位置，是人流、物流、资金流、信息流、生态流等各种"流"的汇聚地，基础设施较为完善，具有较好的经济社会发展基础。生产要素向中心城区集聚，促进城市框架不断拉大，尤其是周商对接、周商融合、周商一体化的快速推进，使商水县城成为周口市中心城区的重要组成部分，这将进一步增强中心城区（县城）在商水县域乃至周口市域发展过程中的核心作用。"六点"：包括谭庄镇、黄寨镇、邓城镇、固墙镇、白寺镇、魏集镇等六个县域中心镇经济增长点。"两带"：一是连接谭庄镇、张庄乡、中心城区、练集乡和黄寨镇的S238—X017—X021—X020公路与漯阜铁路、南洛高速构成的复合轴带，这是商水县域城镇空间布局的主轴带；二是连接郝岗乡、张明乡、谭庄镇、巴村镇、舒庄乡、白寺镇、姚集乡、固墙镇、胡吉镇、魏集镇的S219—谭庄镇至白寺镇县道—S206—X026组成的发展轴带，这是商水县域城镇空间布局的次轴带。

（4）新农村布局规划。由于商水县域各个新农村所处区位、经济发展水平、自身条件、特色产业支撑等方面的差异，其人口规模也具有一定差异。例如，历史文化遗产以及非物质文化遗产等文化底蕴深厚、文化积淀丰富的村庄都应该予以保留，形成特色型新农村，其规模相对较小，多在 0.2 万～0.3 万人；城郊型中心村，距离中心城镇较近，区位条件较好，经济社会发展水平较高，人口集聚程度自然要高，人口规模相对较大，多在 0.8 万～1.0 万人左右；中心村由于距离中心城镇较远，区位条件较差，特色产业仍在培育过程中，为保持农业的适度规模经营与精耕细作，其人口规模不宜太小也不宜过大，一般应保持在 0.5 万～0.8 万人左右，以满足公共服务设施建设的规模效应。

根据乡村发展潜力评价结果以及乡村的历史文化特色，我们进行了商水县域乡村空间结构优化，即新农村布点规划（见表 6-23）。

表 6-23　　　　　　　　　商水县域新农村布点一览

镇名称	中心村	城郊型中心村	特色村	数量（个）
谭庄镇	三李、肖谭、张老、马村			4
黄寨镇	刘井、郑埠口、唐店、周腰庄、宋王庄、小集、王老		吕墓坟	8
邓城镇	白蛇岗、黄翟庄、杨河、西营子、陈门台、潘堂		许村（宋庙）	7
固墙镇	毛屯、南赵庄、许楼、关庄、李楼、黄台、智新庄			7
魏集镇	保平、保平、天坡、北岳、魏桥			5
白寺镇	洪桥、新集、郭屯、党桥、苏童楼			5
巴村镇	后党、党寨、大訾家、双楼田、大邵、袁吴徐、贾庄			7
胡吉镇	蔡庄集、蒋桥、韩屯、夏阎庄、省庄、北陈庄、张岗			7
郝岗镇	沈庙、高庙常、东洄窝、黄坡		北常社店	5
姚集镇	袁桥、豆庄、周马、陈冢、窦湾、王场			6
张明镇	寺王、陆间楼、尚集		龙胜	4
舒庄镇	钟镇昌、朱庄、北王张		扶苏寺	4
张庄镇	李寨、南陵、徐庄、西姜庄、河湾			5

镇名称	中心村	城郊型中心村	特色村	数量（个）
袁老镇	罗堂、杨寨、樊腰庄、承屯、二府集			5
平店镇	东邓店、闻寨、施营、刘雏庄、王坡寨			5
大武镇	大王、西赵庄、洼刘、程刘、边王、焦寨、后冯楼、唐镇庙、许窑		固现	10
化河镇		何楼、宁楼、王教庄、陈李庄		4
练集镇		朱集、梁楼、村李、刘楼		4
原汤庄乡		吴楼、魏坡、杨尤庄、大赵		4
合计	88	12	6	106

五、商水县域城乡建设时序安排

在经济发展水平较低和城镇化加速推进阶段，"增长极"理论、"点—轴"理论在区域发展过程中起着重要的指导作用，即中心带动战略。因此，商水县城、中心镇、中心村的发展实际上就是优化整合商水县域空间资源的过程，具有阶段性目标。

近期城镇发展应立足于外部环境条件变化不大的情况下，商水县域城镇发展的主要任务是提升中心城区（商水县城）地位，形成强有力的中心城市，带动县域其他地区发展。对中心村建设条件成熟的农村地区，进行先行先试。

（一）商水县城发展

周口影区和城市化滞后是影响制约商水城市发展的主要因素。纵观商水改革开放以来的经济发展过程，可以明显看到，商水县的工业化、城市化推进过程受周口市影响明显，最终导致商水工业发展成为短板，城市化明显滞后，并形成不正常的循环怪圈。生产方面：企业分散布局；社会服务体系欠完善，信息不通，技术进步缓慢；基础设施得不到充分利用或缺乏应有的配套。消费方面：城市化滞后、城市人气不足带来消费水平低，消费设施条件缺乏，进一步抑制了消费层次升级和消费范围扩大，阻碍了新一轮消费热点形成，继而影响经济社会的可持续发展。城市竞争力方面：郑州市、武汉市、合肥市等特大城市仍处于进一步集聚阶段，周口中心城市发展没有与商水县城进行有效融合，而是处于一种竞争状态，不仅影响了周口中心城市的发展壮大，也给商水城市发展产生严重影响。商水交通区位优势明显，经济社会发展水平相对较高，具备进一步发展的充分条件。但目前商水县城用地和人口规模较小，经济实力有限，无法实现生产要素（人口、工业、服务业、资金等）由周边区域向县城持续有效流动，更谈不上对周边地区的辐射带动作用。交通区位优势没有及时转化为竞争优势。因此，商水发展必须与周口中心城市的基础设施规划建设、产业发展、功能衔接等方面进行有效对接，既可以推动商水县城的快速发展，也可以促进周口中心城市进一步发展壮大，实现周口与商水的双赢局面。

（二）其他城镇发展

除商水县城（城关乡、汤庄乡）以外，商水还有9个建制镇、10个乡和1个农场。近期，应选择区位条件较好、发展潜力大、区域带动能力强的镇作为县域中心镇进行重点建设。县域中心镇建设应突出地方特色，与县城乃至周口市进行差异化发展。

（三）新农村建设

新农村建设是商水县域实施城乡统筹发展战略的重要内容，是商水县域城乡统筹发展的结合点，也是商水县推进城乡一体化的切入点、促进农村经济社会发展的增长点。在农村人均土地资源较少、农村土地流转较好、经济社会发展水平较高的地区，可以在新农村建设方面先行先试，以便于积累经验，逐步推广。新农村建设试点可采取先建后拆、拆旧建新、边拆边建等方法进行，建设模式可采用村组领导小组牵头组织建设、开发商承包建设（限制购买对象）和乡镇政府职能部门主导建设等。

六、商水县域城乡建设指引

（一）城镇建设指引

（1）重点发展区域。中心城区发展应作为近期优先发展地区。谭庄镇、黄寨镇、邓城镇、固墙镇、魏集镇、白寺镇六个中心镇应作为中远期重点区域。

（2）城镇建设规划。中心城区，一级中心，即城镇发展的主中心区。次中心区包括谭庄镇、黄寨镇、邓城镇、固墙镇、魏集镇、白寺镇等六个二级中心。要进一步强化中心城市（镇）职能建设，尤其是其承担的周口市域中心城市的部分职能建设，围绕中心职能完善相关设施，包括城市基础设施、服务设施和环卫绿化设施，提升中心城市（镇）聚合力（见表6-24）。

表6-24 中心城镇建设指引

城镇名称	综合发展方向	主要空间发展方向	2020年用地规模（公顷）	2030年用地规模（公顷）
中心城区（县城）	周口市级轻工业基地、高品位商务休闲中心、县域政治、经济、文化、商贸中心	向东、向西、向北发展	3500	5000
谭庄镇	县域二级中心，西部地区经济中心、商品集散基地	向西、向南、向北发展	119.70	850
黄寨镇	县域二级中心，东部地区经济中心、商品集散地	向北、向南发展	87.07	320
邓城镇	县域二级中心，西北部地区旅游中心、商品集散地	向南发展	74.99	430
固墙镇	县域二级中心，南部地区经济中心、商品集散地	向北发展	101.49	680
魏集镇	县域二级中心，东南部地区经济中心、商品集散地	向南、向北、向东发展	59.11	320
白寺镇	县域二级中心，西南部地区经济中心、商品集散地	向北、向东发展	71.52	300

一般镇。除中心镇以外的其他镇，主要包括巴村镇、练集镇、胡吉镇、化河镇、郝岗镇、姚集镇、张明镇、舒庄镇、张庄镇、袁老镇、平店镇、大武镇。要增强三级中心职能，着重强化道路和教育、医疗、卫生设施建设，增强其服务能力，充分发挥其在城乡之间的桥梁纽带作用（见表6-25）。

表6-25 一般镇建设指引

城镇名称	综合发展方向	主要空间发展方向	2020年用地规模（公顷）	2030年用地规模（公顷）
巴村	县域三级中心，门业、木业、板材加工基地	向东、向西发展	43.06	220
练集	县域三级中心，乡村采摘休闲旅游目的地	向西、向东发展	76.20	200

城镇名称	综合发展方向	主要空间发展方向	2020年用地规模（公顷）	2030年用地规模（公顷）
胡吉	县域三级中心，文印产业基地	向东、向西、向南发展	68.14	260
郝岗	县域三级中心，文化旅游、乡村旅游目的地	向东、向南发展	85.00	160
姚集	县域三级中心，板材工业基地	向北、向西、向东发展	150.00	160
化河	县域三级中心	向东北发展	70.00	120
张明	县域四级中心，文化旅游、乡村旅游目的地	向西发展	84.08	190
舒庄	县域三级中心，文化旅游、乡村旅游目的地	向北、向东发展	170.00	190
张庄	县域三级中心，	向南发展	130.00	160
袁老	县域三级中心，农副产品加工、纺织、制鞋工业基地	向东、向南发展	130.00	160
平店	县域三级中心	向东发展	140.00	160
大武	县域三级中心	向西发展	130.00	150

（3）城镇建设标准。用地标准。城镇建设用地规模要与其人口规模相一致，县城人均用地控制在 100～110 平方米之间。镇的人均用地因各城镇差异较大，有的大于 140 平方米，应控制在 140 平方米以内；有的在 120～140 平方米之间，总体上应适当控制。总的原则是盘活城镇存量土地资产，清理闲置土地，集约使用土地；整合城镇周边村庄用地，不用或少占耕地，提高土地利用效率。

基础设施配置标准。2015 年，中心城区（县城）道路硬化率达到 95%，人均道路面积达到 18 平方米以上；中心镇的人均道路面积争取达到 8 平方米；中心城区（县城）人均公共停车场面积争取达到 0.5 平方米。交通干线上的建制镇基本实现场路分开。2030 年，中心城区（县城）的人均道路面积达到 19 平方米，中心镇达到 10 平方米以上，一般镇达到 8 平方米；中心城区（县城）的人均公共停车场面积应达到 0.6 平方米，中心镇达到 0.5 平方米，一般镇应配套相应公共停车场设施。2015 年，中心城区（县城）自来水普及率达到 80%，基本完成供水管网改造。中心镇自来水普及率应达到 60% 以上，一般镇有比较可靠、系统、安全的供水设施。2030 年，城镇自来水普及率基本达到 100%，城镇供水安全可靠性进一步增强。开源节流并重，发展节水企业和鼓励中水利用。加强城镇供水安全保障系统建设，大力提高水质标准和水量保障，确保供水安全可靠。2015 年，中心城区（县城）燃气气化率达到 65%。中心镇和一般镇应加快推广使用太阳能、管道燃气、瓶装液化气、沼气以及其他清洁能源，提高城镇燃气的普及率。2030 年，中心城区（县城）燃气气化率要达到 90%，中心镇达到 80%以上，一般镇达到 50% 左右（商水县人民政府，2013）。

（二）新农村建设指引

（1）建设模式。综合各地新农村建设经验和建设资金来源，可以综合概括为以下 4 种建设模式，以供建设选择。一是市场运作模式。新农村建设的资金来源主要通过市场运作筹措，即充分利用市场运作机制，综合利用土地、信贷和规费减免等优惠政策，吸引房地产开发、工程设计、土建施工及其他企事业单位参与到新农村建设过程中。二是政府主导模式。对于县、乡财政基础较好或村集体经济实力较强的地方，可以充分发挥地方政府的主导作用，通过 BT、BOT 等模式有序开发建设新农村。三是企业参与模式。采用这种模式，需要积极动员有实力、有需求、有辐射带动能力的龙头企业参与到新农村建设中，把解决新农村产业发展、群众就业和企业用地等需求紧密结合起来，实现企业与新农村融合发展、互利共赢。四是自筹自建模式。对于位置比较偏远但地方政府有一定财力的地方，可采取规划一步到位，群众自筹自建模式，逐步予以推进。

（2）先行先试地区。商水县东部地区的黄寨镇、练集镇、魏集镇等乡镇人均耕地较少、土地流转效果较好、劳务经济发展势头迅猛、农村居民家庭已具有一定的经济基础，这些乡镇应在新农村科学合理布点的基础上先行先试，以便于积累经验逐步推广，并引导其他乡镇乃至其他县市进行新农村建设，推进新型农业现代化、新型工业化和新型城镇化协调发展（见表 6 - 26）。

表 6 - 26　　　　　　　　　　新农村先行先试指引

镇名称	新农村名称	数量（个）
黄寨镇	刘井、郑埠口、唐店、周腰庄、宋王庄、吕墓坟、王老	7
固墙镇	毛屯、南赵庄、智王、关庄、李楼、黄台、智新庄	7
魏集镇	洪桥、新集、郭屯、党桥、赵湾集	5
练集镇	朱集、梁楼、村李	3
平店镇	邓店、闻寨、施营、刘雏庄、王坡寨	5

（3）用地标准。因商水县域范围内各城镇的具体情况差异，新农村人口规模介于0.2万~1万人之间。魏集镇、固墙镇、邓城镇、化河镇因人均耕地不足1亩，新农村建设人均用地面积标准为70~85平方米。其余城镇人均耕地大于1亩，新农村建设人均用地面积标准为85~100平方米（见表6-27）。

表6-27　　　　　　　　　　　新农村建设用地标准

用地类别	占建设用地比例（%）	人均建设用地指标（平方米/人）	
		魏集镇、固墙镇、邓城镇、化河镇	其他镇
住宅用地	55~75	45~70	50~75
公共设施用地	8~15	6~15	6.5~16
道路广场用地	10~15	7~15	9~16
绿化用地	5~8	4~8	5~8
建设总用地	100	75~85	85~100

（4）建设标准。在新农村布局规划指导下，进一步完善规划范围内村庄迁并整合工作，进一步完善规划范围内基础设施专项规划。新农村空间发展规划应对规划范围内的各项用地做出具体安排，具体要符合以下要求：一是要与产业发展、产业布局相衔接，用地布局合理，功能分区明确，设施配套齐全，环境清新优美，充分体现乡风民情和时代特征；二是要集中紧凑，避免乡村的无序扩张，全面综合安排新农村建设的各项用地；三是新农村建设用地标准应符合表6-26的规定，各项建设用地取值相加不应超过建设用地上限。

七、商水县域城乡用地整合

（一）城乡建设用地现状

商水县域城乡建设用地现状汇总（见表6-28）。

表6-28　　　　　　　　　商水县域城乡用地明细　　　　　　　　　单位：公顷

序号	名称	建设用地			
		合计	城市	建制乡镇	农村居民点
1	中心城区（县城）	1600.00	1600		

序号	名称	建设用地			
		合计	城市	建制乡镇	农村居民点
2	谭庄镇	1273.42		280	993.42
3	黄寨镇	1084.63		162	922.63
4	练集镇	886.86		153	733.86
5	魏集镇	859.28		134	725.28
6	固墙镇	1589.85		650	939.85
7	白寺镇	777.42		111	666.42
8	巴村镇	871.49		210	661.49
9	邓城镇	1224.10		400	824.10
10	胡吉镇	780.46		200	580.46
11	城关乡	892.02		511	381.02
12	平店乡	919.07		129	790.07
13	袁老乡	799.96		102	697.96
14	化河乡	603.79		54	549.79
15	姚集乡	1027.41		127	900.41
16	舒庄乡	771.35		150	621.35
17	大武乡	803.73		110	693.73
18	张明乡	843.32		151	692.32
19	郝岗乡	672.03		78	594.03
20	张庄乡	1008.01		126	882.01
21	汤庄乡	771.05		76	695.05
22	农场总部	75.00		75	
合计		19623.25	1600（应减511）	3989	14545.25

注：中心城区建设用地面积含城关乡建设用地（511平方公里）。

（二）城乡规划建设用地

根据上述的城镇发展规划指引和城镇建设标准，至2030年商水县域新增城镇建设用地为49.22平方公里。其中，中心城区（县城）新增建设用地32.74平方公里，谭庄镇新增建设用地5.15平方公里，其他中心镇、一般镇、新农村新增建设用地共计11.33平方公里（见表6-29）。

表6-29 商水县域城镇建设用地规划一览（2030年）

序号	城镇名称	现状建设用地面积（平方公里）	规划建设用地面积（平方公里）	新增建设用地面积（平方公里）
1	中心城区（县城）	16.00+0.76	49.5	32.74
2	谭庄镇	3.55	8.5	5.15
3	黄寨镇	1.62	3.2	1.58
4	邓城镇	4.00	4.3	0.30
5	固墙镇	6.50	6.8	0.30
6	魏集镇	1.34	3.2	1.86
7	白寺镇	1.11	3.0	1.89
8	巴村	2.10	2.2	0.10
9	练集	1.53	2.0	0.47
10	胡吉	2.00	2.6	0.60
11	郝岗	0.78	1.6	0.82
12	化河	0.54	1.2	0.66
13	姚集	1.27	1.6	0.33
14	张明	1.51	1.9	0.39
15	舒庄	1.50	1.9	0.40
16	张庄	1.26	1.6	0.34
17	袁老	1.02	1.6	0.58
18	平店	1.29	1.6	0.31
19	大武	1.10	1.5	0.40
合计		50.78	99.8	49.22

根据上述的新农村建设用地标准和规划期内新农村人口规划建设用地标准，各中心镇、一般镇、新农村人口总数和规划用地面积见表6-29、表6-30，农村居民点建设用地整治情况见表6-31。

表 6-30   商水县域新农村规划建设用地（2030 年）

序号	城镇名称	村庄现状建设用地面积（公顷）	规划新农村用地面积（公顷）	规划新农村人口（万人）
1	谭庄镇	993.42	309	3.86
2	黄寨镇	922.63	276	3.45
3	邓城镇	824.10	302	4.31
4	固墙镇	939.85	376	5.37
5	魏集镇	725.28	265	3.78
6	白寺镇	666.42	247	3.08
7	巴村	661.49	203	2.54
8	练集	733.86	236	2.95
9	胡吉	580.46	250	3.12
10	郝岗	594.03	265	3.31
11	化河	549.79	162	2.32
12	姚集	900.41	368	4.60
13	张明	692.32	275	3.44
14	舒庄	621.35	187	2.33
15	张庄	882.01	261	3.26
16	袁老	697.96	228	2.85
17	平店	790.07	263	3.28
18	大武	693.73	261	3.26
合计		13469.00	4734	61.11

注：根据河南省社会主义新农村规划建设标准规划，期末魏集镇、固墙镇、邓城镇、化河镇新农村建设用地以人均 70 平方米计，其余城镇新农村建设用地以人均 80 平方米计。新农村人口按现有总人口减去现状建成区人口乘以 72%。

表 6-31   商水县域土地整理情况一览

序号	城镇名称	村庄现状建设用地面积（平方公里）	新农村规划建设用地面积（平方公里）	用地增减量（负为减少）（平方公里）
1	谭庄镇	9.94	3.09	-6.85
2	黄寨镇	9.23	2.76	-6.47
3	邓城镇	8.24	3.02	-5.22

序号	城镇名称	村庄现状建设用地面积（平方公里）	新农村规划建设用地面积（平方公里）	用地增减量（负为减少）（平方公里）
4	固墙镇	9.40	3.76	-5.64
5	魏集镇	7.25	2.65	-4.60
6	白寺镇	6.66	2.47	-4.19
7	巴村	6.62	2.03	-4.59
8	练集	7.34	2.36	-4.98
9	胡吉	5.81	2.50	-3.31
10	郝岗	5.94	2.65	-3.29
11	化河	5.50	1.62	-3.88
12	姚集	9.00	3.68	-5.32
13	张明	6.92	2.75	-4.17
14	舒庄	6.21	1.87	-4.34
15	张庄	8.82	2.61	-6.21
16	袁老	6.98	2.28	-4.70
17	平店	7.90	2.63	-5.27
18	大武	6.94	2.61	-4.33
19	原汤庄乡			-6.95
20	原城关乡			-3.81
合计		134.70	47.34	-98.12

（三）城乡土地占补平衡

基于河南省的社会主义新农村建设标准要求，对商水县域村镇耕地和建设用地进行增减核算。农村人口在减少，新农村建设用地也相应减少，根据国家政策，减少的土地宜耕则耕、宜林则林、宜草则草。商水县地势平坦，村庄整治后几乎全部可以整理成耕地。村庄整治后，多余的用地得以整理复耕后，成为新增耕地，同时，新农村、中心镇以及中心城区（县城）的扩展，将占用一定的耕地，为新增建设用地。土地占用平衡就是要计算新增建设用地与新增耕地之间的差值。商水县域城乡土地占用平衡见表6-32。

表 6－32　　　　　　商水县域城乡土地占补平衡（2030 年）　　　　　单位：平方公里

镇域名称	城镇建设用地增量	80%复耕率村庄建设用地增量	100%复耕率村庄建设用地增量	80%复耕率增减平衡	100%复耕率增减平衡
中心城区（县城）	32.74	−8.608	−10.76	24.132	21.98
谭庄镇	5.15	−5.480	−6.85	−0.330	−1.70
黄寨镇	1.58	−5.176	−6.47	−3.596	−4.89
邓城镇	0.30	−4.176	−5.22	−3.876	−4.92
固墙镇	0.30	−4.512	−5.64	−4.212	−5.34
魏集镇	1.86	−3.680	−4.60	−1.820	−2.74
白寺镇	1.89	−3.352	−4.19	−1.462	−2.30
巴村	0.10	−3.672	−4.59	−3.572	−4.49
练集	0.47	−3.984	−4.98	−3.514	−4.51
胡吉	0.60	−2.648	−3.31	−2.048	−2.71
郝岗	0.82	−2.632	−3.29	−1.812	−2.47
化河	0.66	−3.104	−3.88	−2.444	−3.22
姚集	0.33	−4.256	−5.32	−3.926	−4.99
张明	0.39	−3.336	−4.17	−2.946	−3.78
舒庄	0.40	−3.472	−4.34	−3.072	−3.94
张庄	0.34	−4.968	−6.21	−4.628	−5.87
袁老	0.58	−3.760	−4.70	−3.180	−4.12
平店	0.31	−4.216	−5.27	−3.906	−4.96
大武	0.40	−3.464	−4.33	−3.064	−3.93
合计	49.22	−78.496	−98.12	−29.276	−48.90

　　表 6－32 的数据说明，如果规划期末村庄整治进行完毕，新农村建设用地按河南省社会主义新村建设用地标准执行，村庄土地整理后原土地 80% 复耕，乡村建设用地整体上要减少 78.496 平方公里，城乡建设用地增加与减少相抵后还要整理出 2927.6 公顷的耕地；如果村庄整治后 100% 复耕，则乡村建设用地将减少 98.12 平方公里，城乡建设用地增加与减少相抵后还要整理出 4890 公顷的土地，说明农业用地以及交通、工矿、风景区等建设用地将会有一定程度的增加。

八、商水县域城乡空间结构优化对策

（一）积极推进城乡统筹发展

整合县域城乡资源要素，统筹城乡发展，有序推进新农村建设。深化户籍制度改革，建立城乡一体化的劳动就业体系。构建有利于县域农村经济社会发展的公共财政体制。

（二）量力而行迁并村庄

重点建设中心村。村庄建设的中心任务是改善基础设施、公共环境、发展村级公共事业、改善人居环境，应区分轻重缓急，突出建设重点，从农民最关心、最容易见效的事情抓起，要注重实效，不搞形式主义。尊重客观规律，从现有经济基础出发，明确阶段性目标，量力而行、典型示范、循序渐进、先易后难、逐步升级、稳步推进。

（三）加大村庄整治力度

加强村庄规划建设和管理，有序推进"万村整治、千村提升"工程。按照土地集约、人口集聚、产业集群的要求进行村庄整治规划，即新农村布点规划。

（四）强化基础设施建设

县域基础设施建设必须坚持从实际出发，实行因地制宜、分类指导。着力加强农民最急需的生活基础设施建设。促进县域内城乡基础设施的共享共建，加快推进城乡基础设施一体化进程。

（五）引导人口向城镇集中

城乡统筹发展要以吸纳农村富余劳动力为前提。目前县域范围内还存在大量农村剩余劳动力，必须稳步有序地推进农业转移人口市民化。没有就业的城镇化，是不完全的城镇化，要高度重视农民的就业问题。大力引进项目和企业，为农业转移人口提供就业培训，提高进城农民就业能力，提供就业岗位。

第九节　河南县域经济高质量发展对策建议

从上述城市郊区、平原地区、山丘地区等不同地域类型农业农村发展优势转化为乡村振兴的路径选择，以及河南乡村振兴发展取得进展和存在的问题等方面，可以看出：河南省各级党委政府在这一转化过程中的积极谋划起着重要作用；要立足于不同地域类型乡村的禀赋资源优势（包括村域、乡镇域、县市域等不同空间尺度）以及原有经济社会发展基础，以便于将农业农村发展优势及时地转化为乡村振兴优势，即因地制宜是前提条件；农业农村发展特色优势的充分利用，名优品牌的培育发展，乡村美誉度、知名度的提升，是转化路径选择的概括提炼以及应用推广的目的；与此同时，资金、人才、管理等因素，起着重要的保障作用。针对河南农业农村发展优势转化为乡村振兴优势的路径选择，以及河南乡村振兴发展中存在的问题，要及时采取应对策略，加快优势转化，全面推动河南乡村振兴高质量发展。

一、科学研判预测，加强经济高质量发展规划引领

首先，要从全省层面对乡村振兴建设进行更为详尽的规划，尤其是全省层面乡村聚落空间结构优化重组的顶层设计规划。河南乡村数量多、类型多样，要从全省层面通盘考虑，从河南省的发展战略方向以及当地的自然地理条件、资源禀赋优势、历史文化特色、产业经济基础等方面来规划乡村的振兴建设发展，形成合理的乡村聚落体系以及乡村振兴分地域推进模式。其次，县、市、区级政府要高度重视规划的示范引领作用，要依据省域层面的顶层设计与分地域推进模式，制定县、市、区级层面的乡村振兴发展规划，尤其是在乡村聚落体系方面的规划，将乡村聚落的空间结构优化重组落到实处，避免无序拆建而造成的劳民伤财局面，以便于更好地引领辖区内的乡村振兴建设发展。最后，作为乡村振兴建设发展的主体和项目实施者，不同地域的乡村要能够清醒地认识到自身的优势、劣势、机遇、威胁，充分挖掘自身的生态、经济、民俗、文化等优势资源，按照县、市、区级层面的乡村聚落体系规划，制定切合自身实际的具体的乡村振兴建设发展规划，例如，地域条件优越、资源比较优势突出的乡村就要进行重点建设，条件恶劣的乡村就要避免重复建设，要着重于整体搬迁等，最终通过规划引领河南乡村振兴分地域有序推进。

二、彰显地域特色，培育高质量发展特色产业（集群）

在日趋激烈的市场竞争中，河南省的乡村振兴建设发展必须因地制宜，依据分地域推进模式，突出地域优势特色，充分挖掘历史文化资源，培育发展特色农业产业（集群），实现产业兴旺，以支撑乡村振兴可持续发展。特色产业（集群）培育发展必须做到"人无我有，人有我优，人优我强"，必须坚持"以市场为导向，以质量求生存，以特色谋发展"，将自身的地域优势资源开发与市场需求发展趋势有机地结合在一起。河南省自然村的地域自然经济社会文化条件千差万别，乡村特色产业（集群）的培育发展，就是对具有较强地域资源禀赋优势以及较强经济社会文化优势进行充分挖掘利用，使不同地域的乡村振兴建设发展与其他地域乡村的建设发展有着明显的差异。同一地域的乡村，在资源禀赋优势等方面具有相应的一致性，例如，休闲农业等特色农业产业集群的培育发展就要依据市场需求发展趋势，按照分地域推进模式有序进行建设，而不能"一哄而上"。

三、精心谋划设计，打造高质量发展精品文化品牌

河南乡村振兴分地域推进模式不仅包括特色产业集群的培育发展，还包括创业文化的谋划设计。因此，在河南乡村振兴分地域推进模式培育发展过程中，要进一步挖掘郊区、山区、平原等不同地域类型中极具乡村特色的山水文化、宗教文化、民俗文化、圣贤文化、民宿文化等文化资源，尤其是"非遗"资源的进一步挖掘，要将地域特色文化有机地融入地域乡村振兴发展模式中，以便于形成乡村振兴的精神文化品牌。例如，民权村依托青龙山慈云寺和佛教文化打造禅修圣地；孟津县平乐村结合悠久的历史文化积淀，打造富有地域文化特色的美丽乡村；信阳市的郝堂村坚持"绿水青山就是金山银山"这一"两山理论"，保护好生态环境，巧妙地利用生态资源，形成独具特色的乡村旅游资源和环境净化系统，创建生态休闲旅游度假村，最终将生态资源转化为生态资本，实现生态、生活、生产的有机结合。强化绿色品牌打造，深挖绿色产业效益。大力推进农产品品牌建设，深化农产品全产业链布局，尤其是粮食的"生产、加工、餐饮、销售、融合"的全产业链布局，从"国人粮仓"到"国人厨房"再到"国人餐桌"的不断跨越，形成"思念""南街村""豫菜"等系列品牌，以及"地理标志证明商标""地理标志产品""农产品地理标志"等区域公用品牌。

213

四、多种策略并举，培养引进高质量发展各类人才

人才紧缺匮乏是制约河南乡村振兴分地域推进模式推广应用的关键因素之一。首先，要通过传帮带、科技活动下乡、农民培训等方式培育本地农业科技专业人才、营销人才、管理人才，为河南乡村振兴分地域推进模式推广应用中特色主导产业（集群）培育发展以及三次产业的融合发展提供人才保证和技术支持。其次，要通过宣传引导、政策激励，尤其是建立乡村人才引进机制，吸引本地外出务工人员、企业家以及相关乡村专业人才回乡创业，壮大乡村经济。再次，要加强乡村振兴建设发展的宣传教育，培育能够满足不同地域类型乡村振兴建设发展过程中的管理和服务人才。最后，就是国家以及各级地方政府要通过各种政策引导，使"种田能手"、回到或引进到乡村的创业者付出同样投入在城市能够获得的平均及以上的收益。

五、创新金融产品，加大金融支持高质量发展力度

河南乡村振兴分地域推进模式的推广，需要大量的工商资本注入，要特别注重拓宽融资渠道，创新金融产品，支持乡村振兴建设。除财政拨款外，政府还可以根据各地域乡村类型特点，及时出台相关农村金融政策，通过引导农民、社会投资、设立乡村振兴建设专项基金等方式，创新符合实际需要的、切实可行的金融产品，为乡村振兴建设发展多方面、多渠道地筹措资金，这样既能减轻政府的财政负担，盘活建设资金，还有利于提高农民参与乡村振兴建设的积极性和主人翁意识，更好地实现乡村振兴建设发展。

六、坚持"两山"理念，坚决守牢县域生态安全底线

粮食生产优质高效、特色农业集群发展、美丽乡村建设的基础就是乡村地区的生态安全。习近平总书记指出：我们既要绿水青山，也要金山银山。宁要绿水青山，不要金山银山，而且绿水青山就是金山银山。这几句话从不同角度阐释了乡村振兴发展与生态环境保护的本质关系，"两山"发展理念指明了实现乡村振兴和生态环境保护协同推进的新路径。河南省必须坚持把农业绿色发展作为推动乡村振兴、践行"两山"理念的重要抓手，从夯实绿色发展根基、提升绿色生产优势、强化绿色品牌打造等方面着手，探索出一条生态优先、绿色兴农的新

路子。一是抓好面源污染治理，夯实绿色发展根基。致力于源头减量，末端利用，加快产业转型升级。建立农资信息化系统，实行化肥农药实名制购买和定额制施用，全面推广有机肥替代化肥、水肥一体化等节地节水节肥技术。大力推广秸秆肥料化、饲料化、基料化、原料化和燃料化"五化"利用模式。开展稻渔综合种养，全面实施渔业养殖尾水治理。开展生猪养殖污染专项整治，提升全县畜禽养殖规模化率。二是推进标准化建设，提升绿色生产优势。重点围绕粮食、果蔬等主导产业，实施农业标准化"入企进社进场"工程，全面推进标准化体系建设。积极推广使用农产品质量安全监管平台和智慧监管 App，开展农业主体信息库建设，由主体追溯逐步向全程追溯。

河南省乡村振兴分地域推进模式的培育发展是一个长期的复杂的系统工程，不仅要注重建设发展，还要注重有效管理，要构建建管并重的乡村振兴分地域推进模式培育发展的长效管理机制。要做好河南乡村振兴分地域推进模式的培育发展工作，就必须实现一二三次产业的融合发展，以及生产生活生态的有效融合；要将农村人居环境治理制度化，要使村容村貌保持、垃圾污水的有效处理成为常态；要建立健全农村基础设施和公共服务设施长效管理机制；等等。建管并重，责任到人，切实解决"重建设、轻管理"的问题。与此同时，还要进一步创新体制机制，在河南省乡村振兴分地域推进模式培育发展过程中，能够引入市场化管理的乡村基础设施以及公共服务设施，要尽早实现其管理社会化。

七、创新耦合驱动，促使各影响因素有效融合发力

河南乡村振兴分地域推进模式的培育发展，不仅需要充分挖掘不同类型地域乡村内部的特色优势资源，培育发展具有自身特色优势的产业集群，形成高端品牌产品等，实现内生动力创新。与此同时，还需要从国家乡村振兴战略实施过程中国家级以及河南省级试点村的筛选、乡村振兴发展系列政策出台以及每年的国家一号文件发布等方面抢抓机遇，创新金融产品，加大资金投入，构建长效管理机制等，实现外生动力创新。最终通过内外生动力的耦合创新，实现河南乡村振兴分地域推进模式的培育发展与推广应用，实现河南乡村振兴的健康发展。

第七章

结论与讨论

县域经济高质量发展已成为我国经济健康发展的基础，水平测度、机制创新与应对策略研究已被提到重要的议事日程。

第一节　结　　论

一是县域高质量发展水平测度、机制创新与应对策略研究具有重要的意义。高质量发展，尤其是经济高质量发展，是新时代对我国经济持续健康发展提出的新要求。国内外对经济高质量发展的研究主要集中于理论分析、制约因素与动力机制、测度方法、实现路径、经验借鉴、教训汲取、国家以及区域之间的比较等方面，侧重于国家、省域等空间尺度，对县域经济高质量发展的研究成果较少，县域经济高质量发展水平测度、机制创新与应对策略研究具有重要的理论意义和实践价值。美国、德国、日本、英国等西方国家经济的高质量发展经验为我国县域经济高质量发展提供了有益借鉴。

二是县域经济高质量发展的理论基础。具体包括：劳动地域分工理论、产业结构演进升级理论、经济发展阶段理论、产业集群理论、地域生产综合体理论、低碳经济理论、生态学原理、环境库兹涅茨曲线（EKC）理论、"脱钩"发展理论、可持续发展理论等，这些理论指导着县域经济高质量健康发展。

三是县域经济高质量发展水平测度。分析影响县域经济高质量发展因素，确定构建原则，选择指标，构建评价指标体系，说明计算过程，分析空间差异。选择县域经济高质量发展水平内部耦合协调关系的评价指标，确定内部耦合协调评价模型，计算内部耦合协调水平并分类，以便于深入分析研究不同地域类型县域经济高质量发展过程中的耦合协调程度。

四是县域经济高质量发展机制创新。创新是新时代县域经济高质量发展的永恒动力。县域经济高质量发展需要进一步创新科学技术支撑机制、政策法规引导机制、财政金融支持机制、社会文化导向机制、经济发展促动机制、生态环境约束机制、空间结构优化机制以及要素耦合驱动机制等，尤其是要素耦合驱动机制创新，最终才能推动县域经济持续健康高质量发展。

五是县域经济高质量发展应对策略。地域类型不同，县域经济高质量发展主导模式、路径选择等应对策略也有着本质差异。本书概括提炼出县域产业高质量发展主导模式，县域清洁生产主导模式，县域产业转型升级主导模式，县域林业高质量发展主导模式，县域农业高质量发展主导模式，县域产业结构调整主导模式，县域能源结构优化主导模式，县域空间结构优化主导模式，县域城镇高质量建设主导模式，县域乡村高质量建设主导模式等各有侧重的县域经济高质量发展模式。县域经济高质量发展路径选择，主要有县域产业高质量发展路径、县域能源清洁生产路径、县域林业高质量发展路径、县域农业高质量发展路径、县域产业结构优化升级路径、县域能源结构优化路径、县域空间结构优化路径、城镇高质量建设路径、县域乡村高质量建设路径等。

六是县域经济高质量发展河南案例。河南不仅是我国户籍人口大省，也是我国农业大省，县域经济高质量发展研究具有典型性。测度河南县域经济高质量发展水平及其内部耦合协调情景，分析空间差异，进行内部耦合协调水平分类，以便于深入分析不同地域类型县域经济高质量发展过程中比较优势的充分利用，指出存在问题，提出有针对性的应对策略及措施建议。

第二节　创　新　点

（1）从我国最基本最稳定的行政单元——县域尺度入手，对我国县域经济高质量发展的影响因素、水平测度、机制创新以及应对策略等方面进行了较为全面的系统研究，并以河南县域经济高质量发展为例进行实证分析，指出耦合创新机制在县域经济高质量发展过程中的作用将越来越重要，对县域经济高质量发展的模式确定和路径选择等理论框架构建进行了尝试。

（2）在深入分析县域经济高质量发展影响因素的基础上，以劳动地域分工理论为基础，以产业结构转型升级理论、经济发展阶段理论、产业集群理论、地域生产综合体理论为指导，以低碳经济理论、生态学原理、环境库兹涅茨理论、脱钩发展理论以及可持续发展理论为提升，提出了及时创新经济高质量发展的科学技术支撑、法规制度引导、财政金融支持、社会文化导向、经济发展促动、生态环境约束、空间结构优化以及要素耦合驱动等机制，尤其是要素耦合驱动机制创新，已成为县域经济高质量发展的关键。

（3）通过有重点的大力培育发展以技术创新为主要内容的产业高质量发展主导模式、清洁生产主导模式、产业转型升级主导模式、林业高质量发展主导模式、农业高质量发展主导模式、产业结构优化主导模式、能源结构优化主导模式、空间结构优化主导模式，以及兼顾技术创新与生态环境优化的城镇高质量建设主导模式、乡村高质量建设主导模式等，通过要素耦合驱动创新，推动县域经济高质量健康发展。

（4）分地域推进不同类型县域经济高质量发展。城市郊区县域、平原地区县域以及山区县域，因其比较优势不同，应分别优先发展高技术产业、绿色产业、生态产业等，促进县域产业结构转型升级、能源结构调整优化、空间结构优化重组，推动县城等城镇提质增效，乡村振兴发展等，或这些路径的有机组合，以实现县域经济高质量发展。

（5）总结提炼出以休闲农业集群发展的中牟路径，以特色种植业集群发展的南街村路径，以特色林果业集群发展的路径，等等。

第三节　有待进一步探讨的问题

县域经济高质量发展测度、机制及应对研究是一个涉及自然、社会、经济、环境、政治、文化、人口、空间等诸多方面相互交织影响的极为复杂的系统工程，对其进行全面、系统的研究还需要诸多学科的共同努力。加之研究条件限制等原因，本书的研究还存在一些有待进一步探讨的问题。

（1）由于统计制度等原因，本书对全国各县（市）、乡（镇）、村的资料收集不全，在实证分析过程中主要以河南省的典型县（市）、乡（镇）、村庄为例进行了重点剖析，其他也只是从县（市）域总体上进行概括性分析。

（2）进入 21 世纪以来，尤其是党的十九大以来，高质量发展已成为党中央国务院、各级政府和专家学者关注的重大问题之一。本书中所提出的县域经济高质量发展测度、机制及应对只是其中的一小部分，县域经济高质量发展还有诸多问题需要进一步深入研究。

参 考 文 献

［1］包桂英．环境低代价的经济增长初探——以库伦旗为例［D］．内蒙古师范大学，2010．

［2］CEIE 统计数据库．中国劳动人口参与率［DB/OL］．https：//www. ceic-data. com/zh-hans/indicator/china/labour-force-participation-rate.

［3］蔡天敏，谢守祥．县城产业结构调整与科技创新［J］．江苏科技信息，2001（11）：4-6．

［4］曹清尧．西部地区低碳经济发展研究［D］．北京林业大学，2012．

［5］常文娟，马海波．生态足迹研究进展［J］．黑龙江水专学报，2010，37（1）：69-74．

［6］陈栋为，陈晓宏，孔兰．基于生态足迹法的区域水资源生态承载力计算与评价——以珠海市为例［J］．生态环境学报，2009，18（6）：2224-2229．

［7］陈飞．低碳城市研究的内涵、模型及目标策略确定——上海实证分析［D］．同济大学，2009．

［8］陈健生，任蕾．从县域竞争走向县域竞合：县域经济高质量发展的战略选择［J］．改革，2022（4）：88-98．

［9］陈丽，花小丽，张小林．中心村建设及其策略分析［J］．乡镇经济，2005（6）：8-11．

［10］陈柳钦．后危机时代中国低碳经济发展之路［J］．产业与科技论坛，2010，9（1）：29-34．

［11］陈伍香．旅游目的地低碳化发展动力机制研究［D］．厦门大学，2012．

［12］陈小姣．低碳经济的法律思考［D］．湖南师范大学，2011．

［13］陈玉英．城市休闲功能扩展与提升研究［D］．河南大学，2009．

［14］迟福林．转向高质量发展，要突出强调动力变革［J］．环境经济，2018（5）：38-41．

［15］慈中阳．运用"产业集群理论"促进威海区域经济发展［J］．环渤海经济瞭望，2005（11）：4-6．

[16] 崔功豪, 魏清泉, 刘科伟. 区域分析与区域规划 [M]. 北京: 高等教育出版社, 2006.

[17] 董锁成, 李泽红, 李斌, 等. 中国资源型城市经济转型问题与战略探索 [J]. 中国人口、资源与环境, 2007, 17 (5): 12 – 17.

[18] 杜莉, 张云, 王凤奎. 开发性金融在碳金融体系建构中的引致机制 [J]. 中国社会科学, 2013 (4): 103 – 119.

[19] 杜明军. 河南省县域经济高质量发展的支撑因素探究 [J]. 中原工学院学报, 2020, 31 (5): 1 – 14.

[20] 杜重年. 英国政府在推进科技进步加快经济发展中的作用及启示 [J]. 科技管理研究, 2005 (1): 99 – 101.

[21] 方若楠, 吕延方, 崔兴华. 中国八大综合经济区高质量发展测度及差异比较 [J]. 经济问题探索, 2021 (2): 111 – 120.

[22] 高培勇. 理解、把握和推动经济高质量发展 [J]. 经济学动态, 2019 (8): 3 – 9.

[23] 高昕. 新发展阶段河南县域经济高质量发展的路径 [N]. 河南日报, 2022 – 4 – 11: 13.

[24] 谷立霞, 王贤. 基于全要素协同的高碳产业低碳化创新系统研究 [J]. 科技进步与对策, 2010, 27 (11): 77 – 80.

[25] 顾朝林. 经济全球化与中国城市发展 [M]. 北京: 商务印书馆, 2000.

[26] 顾朝林. 中国城镇体系 [M]. 北京: 商务印书馆, 1992.

[27] 郭冬艳, 王冬艳, 钟骁勇, 杨园园. 京津冀高质量发展水平评价及障碍因子诊断 [J]. 统计与决策, 2022, 38 (15): 122 – 126.

[28] 郭福春, 潘锡泉. 金融支持低碳经济发展的影响机制研究——基于浙江省数据的经验分析 [J]. 浙江社会科学, 2011 (10): 16 – 19.

[29] 郭荣朝, 王丽娟, 杨晨晨. 河南省乡村规划建设探析 [J]. 乡村科技. 2021, 12 (23).

[30] 郭荣朝, 苗长虹, 夏保林, 等. 城市群生态空间结构优化组合模式及对策——以中原城市群为例 [J]. 地理科学进展, 2010, 29 (3): 363 – 369.

[31] 郭荣朝, 宋双华, 夏保林, 等. 周口市域城镇空间结构优化研究 [J]. 地理科学, 2013, 33 (11): 1347 – 11353.

[32] 郭荣朝. "南街村模式" 与农村经济可持续发展 [J]. 农业经济. 2006 (1).

[33] 郭荣朝. 河南省特色农业产业集群发展模式及应用研究 [J]. 湖北农

业科学，2016，55（8）：2167－2170.

［34］郭荣朝．休闲农业健康发展探析——以中牟县为例［J］．对外经贸，2015（1）.

［35］国家统计局．中国经济统计年鉴2021［M］．北京：中国统计出版社，2021.

［36］国家统计局．中国文化和旅游统计年鉴2020［Z］．北京：中国统计出版社，2020.

［37］河南省人民政府．河南概况［R/OL］．https：//www.henan.gov.cn/2018/05－31/2408.html.

［38］河南省统计局．河南经济统计年鉴（2020）［Z］．北京：中国统计出版社，2021.

［39］洪银兴，等．"习近平新时代中国特色社会主义经济思想"笔谈［J］．中国社会科学，2018（9）：4－73，204－205.

［40］胡晨沛，吕政．中国经济高质量发展水平的测度研究与国际比较——基于全球35个国家的实证分析［J］．上海对外经贸大学学报，2020，27（5）：91－100.

［41］黄坤明．把握好习近平新时代中国特色社会主义思想的世界观和方法论［N/OL］．http://gd.people.com.cn/n2/2022/1116/c123932－40196867.html.

［42］黄萍，黄颖利，李爱琴．黑龙江省森林碳汇市场构建的可行性设计［J］．资源开发与市场，2012，28（10）：917－980.

［43］黄速建，肖红军，王欣．论国有企业高质量发展［J］．中国工业经济，2018（10）：19－41.

［44］江小国．经济低碳化政策的理论依据与体系构成［J］．现代经济探讨，2013（11）：78－82.

［45］姜霞，张俊威．发达城市经济高质量发展比较研究——以北京、上海、广州、深圳为例［J］科技创业月刊，2020，33（4）：15－20.

［46］姜秀娟．基于生态足迹理论的挪威城市可持续发展研究［J］．现代城市研究，2010（2）：86－288.

［47］焦多田．产能合作：对工业革命与国际产业转移的镜鉴研究［J］．开发性金融研究，2018（1）：7.

［48］金碚．关于"高质量发展"的经济学研究［J］．中国工业经济，2018（4）：5－18.

［49］李捷．浩威特科技发展有限公司发展战略研究［D］．湖南大学，2013.

［50］李金昌，史龙梅，徐蔼婷．高质量发展评价指标体系探讨［J］．统计研究，2019，36（1）：4－14．

［51］李强．经济高质量发展评价指标体系构建与测度［J］．统计与决策，2021，37（15）：109－113．

［52］李彦．成都市圈层经济发展研究［D］．四川师范大学，2007．

［53］李泽众，沈开艳．城市群空间结构对经济高质量发展的影响［J］．广东社会科学，2020（2）：26－36．

［54］李志洋，朱启荣．中国经济高质量发展水平的时空特征及其影响因素［J］．统计与决策，2022，38（6）：95－99．

［55］李子联．中国经济高质量发展的动力机制［J］．当代经济研究，2021（10）：24－33．

［56］廖军华．新时代我国经济高质量发展的理论要义与实践路径［J］．贵州社会科学，2021（6）：131－138．

［57］林汉斌．广州区县第三产业发展与城市综合服务功能探讨［D］．中山大学，2010．

［58］林迎星．区域创新系统与区域竞争优势［D］．厦门大学，2003．

［59］刘桂文．县域低碳经济发展的制约因素和路径选择［J］．中国农学通报，2010，26（14）：461－464．

［60］刘国斌，宋瑾泽．中国区域经济高质量发展研究［J］．区域经济评论，2019（2）：55－60．

［61］刘军，边志强．资源型城市经济高质量发展水平测度研究——基于新发展理念［J］．经济问题探索，2022（1）：92－111．

［62］刘晓萍．深圳市深化"放管服"改革激发市场主体活力的调研报告［J］．中国物价，2019（4）：71－74．

［63］刘孝徽．银川市小任果业有限公司营销策略研究［D］．宁夏大学，2011．

［64］刘勇，张郁．低碳经济的科技支撑体系初探［J］．科学管理研究，2011，29（2）：75－80．

［65］刘志彪，凌永辉．结构转换、全要素生产率与高质量发展［J］．管理世界，2020，36（7）：15－29．

［66］刘志彪．理解高质量发展：基本特征、支撑要素与当前重点问题［J］．学术月刊，2018，50（7）：39－45，59．

［67］刘助仁．低碳发展是全球一种新趋势［J］．科学发展，2010（1）：

20 – 28.

［68］陆大道. 中国区域发展的新因素与新格局［J］. 地理研究, 2009, 22 (3)：261 – 271.

［69］罗仁会. 产业结构合理性分析与调整研究［D］. 西南交通大学, 2004.

［70］马弘毅. 北京市经济国际化转型模式——从区域视角出发的研究［D］. 北京工业大学, 2007.

［71］马茹, 罗晖, 王宏伟, 王铁成. 中国区域经济高质量发展评价指标体系及测度研究［J］. 中国软科学, 2019 (7)：60 – 67.

［72］马赛萍. 县域经济产业结构调整与升级的实践性探讨［J］. 经济纵横, 2012 (3)：62 – 65.

［73］彭博. 英国低碳经济发展经验及其对我国的启示［J］. 经济研究参考, 2013 (44)：70 – 76.

［74］秦放鸣, 唐娟. 经济高质量发展：理论阐释及实现路径［J］. 西北大学学报 (哲学社会科学版), 2020, 50 (3)：138 – 143.

［75］任保平. 新时代中国经济从高速增长转向高质量发展：理论阐释与实践取向［J］. 学术月刊, 2018, 50 (3)：66 – 74, 86.

［76］任力. 经济增长与低碳转型——理论、实证与政策［D］. 厦门大学, 2010.

［77］商水县人民政府, 河南省城乡规划设计研究总院有限公司. 商水县城市总体规划 (2012 – 2030)［R］. 2013.

［78］佘群芝. 环境库兹涅茨曲线的理论批评综论［J］. 中南财经政法大学学报, 2008 (1)：20 – 26.

［79］深圳可持续发展研究院. 全球碳排放的现状与情景［J/OL］. https：//www. sohu. com/a/513501055_121196929.

［80］生态环境部. 中国生态环境状况公报［R/OL］. https：//www. mee. gov. cn/hjzl/sthjzk/zghjzkgb/202205/P020220608338202870777. pdf.

［81］师博. 论现代化经济体系的构建对我国经济高质量发展的助推作用［J］. 陕西师范大学学报 (哲学社会科学版), 2018, 47 (3)：126 – 132.

［82］石忆邵. 城乡一体化理论与实践：回眸与评析［J］. 城市规划汇刊, 2003 (1)：49 – 54.

［83］石忆邵. 国内外村镇体系研究述要［J］. 国际城市规划, 2007, 27 (4)：84 – 88.

［84］孙久文, 蒋治, 胡俊彦. 新时代中国城市高质量发展的时空演进格局

与驱动因素 [J]. 地理研究, 2022, 41 (7): 1864 - 1882.

[85] 孙培蕾, 郭泽华. 经济高质量发展空间差异与影响因素分析 [J]. 统计与决策, 2021, 37 (16): 123 - 125.

[86] 孙起生. 基于低碳经济的县域产业结构优化研究——以乐陵市为例 [D]. 北京交通大学, 2010.

[87] 孙学工, 郭春丽, 李清彬. 科学把握经济高质量发展的内涵、特点和路径 [J]. 山东干部函授大学学报 (理论学习), 2019 (10): 44.

[88] 王冰, 刘威. 发展我国碳金融的思考 [J]. 金融经济, 2010 (16): 79 - 81.

[89] 王可山, 郝裕, 秦如月. 农业高质量发展、交易制度变迁与网购农产品消费促进——兼论新冠肺炎疫情对生鲜电商发展的影响 [J]. 经济与管理研究, 2020, 41 (4): 21 - 31.

[90] 王婉, 范志鹏, 秦艺根. 经济高质量发展指标体系构建及实证测度 [J]. 统计与决策, 2022, 38 (3): 124 - 128.

[91] 王文娟. 长春市国际科技合作发展研究 [D]. 东北师范大学, 2010.

[92] 王晓芳, 于江波. 我国减排承诺目标的实现路径研究——基于信贷配给机制 [J]. 审计与经济研究, 2013 (3): 91 - 98.

[93] 王行靳. 新农村建设视野中的生态农业发展策略 [J]. 现代农业, 2007 (11): 134 - 135.

[94] 王雄飞, 李香菊. 高质量发展动力变革与财税体制改革的深化 [J]. 改革, 2018 (6): 80 - 88.

[95] 王燕. 区域经济发展的自主创新理论研究 [D]. 东北师范大学, 2007.

[96] 王蕴, 姜雪, 盛雯雯. 经济高质量发展的国际比较 [J]. 宏观经济管理, 2019 (5): 5 - 11.

[97] 王增武, 袁增霆. 碳金融市场中的产品创新 [J]. 中国金融, 2009 (24): 51 - 52.

[98] 魏钢焰, 周翼翔. 低碳经济动力机制研究: 基于生态热力学和心理经济学视角 [J]. 生态经济, 2013 (2): 91 - 93.

[99] 毋娆. 新时代我国经济实现高质量发展路径研究 [J]. 领导科学论坛, 2019 (13): 23 - 27.

[100] 吴帆. 习近平新时代经济高质量发展与马克思经济质量思想的理论渊源探析 [J]. 中国商论, 2022 (10): 1 - 4.

[101] 吴力波, 汤维祺. 碳关税的理论机制与经济影响初探 [J]. 世界经济

情况，2010（3）：4－10.

[102] 谢淑娟，匡耀求，黄宁生. 中国发展碳汇农业的主要路径与政策建议 [J]. 中国人口·资源与环境，2010，20（12）：46－51.

[103] 新浪财经. 中国县域经济总量达 39.1 万亿元 [DB/OL]. https：//finance. sina. com. cn/manage/magazine/2019－08－19/doc-ihytcitn0272670. shtml.

[104] 许光建. 经济高质量发展的重要支撑与引擎动力 [J]. 人民论坛，2020（2）：97－99.

[105] 杨芙蓉. 循环经济、绿色经济、生态经济和低碳经济 [EB/OL]. 人民网理论频道，2009 年 8 月 5 日.

[106] 杨金红. 湖南省区域自主创新与区域经济协调发展研究 [D]. 湖南师范大学，2009.

[107] 杨士弘. 城市生态环境学（第二版）[M]. 北京：科学出版社，2000.

[108] 杨珍. 中国低碳经济发展水平的综合评价 [D]. 辽宁大学，2013.

[109] 于婷，于法稳. 基于熵权 TOPSIS 法的农业高质量发展评价及障碍因子诊断 [J]. 云南社会科学，2021（5）：76－83.

[110] 余泳泽，杨晓章，张少辉. 中国经济由高速增长向高质量发展的时空转换特征研究 [J]. 数量经济技术经济研究，2019，36（6）：3－21.

[111] 张存刚，张小瑛."碳金融"发展现状、前景及对策研究 [J]. 甘肃理论学刊，2010（4）：72－77.

[112] 张金杰. 河北省经济发展的数量分析与对比研究 [D]. 河北师范大学，2007.

[113] 张军扩，侯永志，刘培林，何建武，卓贤. 高质量发展的目标要求和战略路径 [J]. 管理世界，2019，35（7）：1－7.

[114] 张铃，王纪人，李志刚，霍志磊. 区域经济高质量协同发展测度及影响因素识别——以四川省为例 [J]. 统计与决策，2021，37（22）：111－115.

[115] 张水利，李若彤，王梦羽，刘东甲. 中原城市群经济高质量发展水平的测度及差异分析 [J]. 河南科学，2022，40（7）：1175－1181.

[116] 张秀生，卫鹏鹏. 区域经济理论 [M]. 武汉：武汉大学出版社，2005.

[117] 张旭，袁旭梅，魏福丽. 县域经济高质量发展内部耦合协调水平评价与障碍因子诊断——以国家级创新型县（市）为例 [J]. 统计与信息论坛，2020，35（2）：59－67.

[118] 张洋. 房地产绿色营销策略研究 [D]. 河北工业大学, 2012.

[119] 张永恒, 郝寿义, 史红斌. 美国后工业化初级阶段的转型及其对中国高质量发展的启示 [J]. 河南社会科学, 2021, 29 (3): 42 – 51.

[120] 张治河, 郭星, 易兰. 经济高质量发展的创新驱动机制 [J]. 西安交通大学学报 (社会科学版), 2019, 39 (6): 39 – 46.

[121] 赵剑波, 史丹, 邓洲. 高质量发展的内涵研究 [J]. 经济与管理研究, 2019, 40 (11): 15 – 31.

[122] 赵儒煜, 常忠利. 经济高质量发展的空间差异及影响因素识别 [J]. 财经问题研究, 2020 (10): 22 – 29.

[123] 郑玉歆. 全要素生产率的再认识——用 TFP 分析经济增长质量存在的若干局限 [J]. 数量经济技术经济研究, 2007 (9): 3 – 11.

[124] 周起业, 刘再兴, 祝诚, 等. 区域经济学 [M]. 北京: 中国人民大学出版社, 1989.

[125] 自然资源部. 全力做好要素保障　助力高质量发展 [N/OL]. http://news.sohu.com/a/576549010_121106994.

[126] Dagum C.. Decomposition and Interpretation of Gini and the Generalized Entropy Inequality Measures [J]. *Statistica*, 1997, 57 (3): 295 – 308.

[127] Damon Anderson. Productivism, Vocational and Professional Education, and the Ecological Question [J]. *Vocations and Learning*, 2008 (1): 105 – 129.

[128] Lu X., Chen D., Wang Y. Is urban sprawl decoupled from the quality of economic growth? Evidence from Chinese cities [J]. *Sustainability*, 2020, 12 (1): 218.

[129] Parzen E.. On Estimation of Probability Density Function and Mode [J]. *Annals of Mathematical Statistics*, 1962, 33 (3): 1065 – 1076.

[130] Rosenblatt M.. Remarks on some nonparametric estimates of a density function [J]. *Annals of Mathematical Statistics*, 1956 (27): 832 – 837.

后　　记

　　《县域经济高质量发展测度、机制与应对》一书，是国家社会科学基金重大项目（20&ZD185）、河南省自然科学基金项目（212300410326）、河南省高校哲学社会科学应用研究重大项目（2022－YYZD－02）、河南省高等学校重点科研项目（23B790001）的研究成果，该书从讨论提纲、实地调研、查阅资料、访谈咨询、反复修改，终于付梓。此时此刻，我们心中既有完成一件事情的欣慰，更有做事没有尽意的遗憾。

　　在课题研究和本书撰写出版过程中得到了河南财经政法大学现代教育技术中心翁玉玲书记、任剑锋主任、暴占彪副主任等多位领导、老师的指导和关心，在此深表谢意。本书出版还要感谢张永民教授、郭方博士等老师，他们参加了课题的设计论证、方案讨论、实地调研和相关研究论文撰写等，在本书的撰写过程中也参考吸纳了他们的研究成果；硕士研究生杨晨晨、罗思梦、韩冰、杨媛婷、马超群等参加了相关资料整理以及地图绘制等工作。本书撰写还参考和引用了有关专家学者的许多研究成果，从中吸取了不少有价值的东西，在此谨致诚挚谢意。

　　本书撰写过程中，在研究水平、对材料的把握等方面都有自己的局限，书中难免会存在许多缺点和不足，敬请各位专家、学者、读者批评指正。

宋双华　郭荣朝

2022 年 12 月 16 日